Estudos Aplicados
de Direito Empresarial

Estudos Aplicados de Direito Empresarial

CONTRATOS

2018

Coordenação:
Rodrigo Fernandes Rebouças

ESTUDOS APLICADOS DE DIREITO EMPRESARIAL
CONTRATOS
© Almedina, 2018

COORDENAÇÃO: Rodrigo Fernandes Rebouças
DIAGRAMAÇÃO: Almedina
DESIGN DE CAPA: FBA
ISBN: 978-85-8493-410-2

Dados Internacionais de Catalogação na Publicação (CIP)
(Câmara Brasileira do Livro, SP, Brasil)

Estudos aplicados de direito empresarial :
contratos / coordenação Rodrigo Fernandes
Rebouças. -- São Paulo : Almedina, 2018.

Vários autores.
Bibliografia.
ISBN 978-85-8493-410-2

1. Contratos - Brasil 2. Direito empresarial -
Brasil I. Rebouças, Rodrigo Fernandes.

18-21966   CDU-347.74: 338(81)

Índices para catálogo sistemático:
1. Brasil : Contratos empresariais: Direito empresarial 347.74: 338(81)
Cibele Maria Dias - Bibliotecária - CRB-8/9427

Este livro segue as regras do novo Acordo Ortográfico da Língua Portuguesa (1990).

Todos os direitos reservados. Nenhuma parte deste livro, protegido por copyright, pode ser reproduzida, armazenada ou transmitida de alguma forma ou por algum meio, seja eletrônico ou mecânico, inclusive fotocópia, gravação ou qualquer sistema de armazenagem de informações, sem a permissão expressa e por escrito da editora.

Novembro, 2018

EDITORA: Almedina Brasil
Rua José Maria Lisboa, 860, Conj.131 e 132, Jardim Paulista | 01423-001 São Paulo | Brasil
editora@almedina.com.br
www.almedina.com.br

APRESENTAÇÃO

Como sabes, a oliveira, além de símbolo da vida, da fortaleza, de batalhas e de vitórias, é, entre as arvores frutíferas (da família das oleáceas) uma das mais importantes pelo seu poder energético e fonte de saúde e vida.

Sua estatura é baixa e com galhos retorcidos, mas produz um fruto capaz de render o óleo mais puro que humanidade tem conhecimento desde o período neolítico. Óleo que serve para ungir o cristão, ou simplesmente para alimentar e fazer bem para a saúde e para o coração, alimento da alma de todos àqueles que tem acesso ao seu valor energético, além de ser adorada por todos os povos e gerações durante mais de dezenas de séculos, única entre a sua espécie capaz de gerar harmonia, calor, conhecimento e voltada para o futuro, por mais que sofra e seja atacada.

É uma árvore secular (neolítica) e capaz de produzir excelentes frutos em meio aos terrenos mais inóspitos. Pela tradição grega, é a verdadeira representante da força, do conhecimento e da vida![1]

O presente terceiro volume dedicado aos contratos da Coleção Estudos Aplicados de Direito Empresarial, é fruto dos brilhantes trabalhos selecionados por mim na honrosa posição de orientador dos trabalhos de conclusão de curso no LL.M. em Direito dos Contratos do Insper-Direito. Na presente obra temos a árdua tarefa de escolher apenas cinco artigos científicos entre inúmeros trabalhos de grande qualidade e dedicação de todos os nossos alunos. Infelizmente alguns trabalhos de igual qualidade e profundidade acabam não sendo escolhidos para a

---

[1] REBOUÇAS, Rodrigo Fernandes.

composição da obra, o que não retira o mérito de nenhum dos trabalhos e seus respectivos autores.

Como orientador dos trabalhos de conclusão de curso das turmas do LL.M. em Direito dos Contratos do Insper, este volume tem uma especial celebração de conclusão de uma etapa de grande importância. Participei ativamente de todo o processo de reestruturação da metodologia dos trabalhos de conclusão de curso do Insper que iniciamos no ano de 2012 com o objetivo de buscar uma maior qualidade dos trabalhos, mas, especialmente, de motivar os alunos na conclusão do curso e aumentar exponencialmente a quantidade de trabalhos realizados publicados.

A tarefa foi concluída com muito êxito por todo o grupo de professores orientadores e pelos alunos do Insper, uma vez que atingimos no final do ano de 2017 quase 80% dos alunos apresentando e/ou defendendo os seus trabalhos. Em junho de 2018 atingimos mais de 80 publicações em conjunto com a Editora Almedina e mais de 12.000 exemplares comercializados em todo o território nacional e fora do país, atingindo um público de mais de 20.000 profissionais, acadêmicos e estudantes do direito.

Ao assumir a coordenação do Insper Direito no ano de 2017 com o Prof. André Antunes Soares de Camargo, autor do Prefácio ao presente volume, constatei a necessidade de "passar o bastão" para outro professor que pudesse assumir esta importante tarefa de grande responsabilidade que consiste na orientação dos brilhantes trabalhos de conclusão de curso. Após um longo processo de criteriosa seleção, a nova responsável pela orientação dos alunos passou a ser desde o início de 2018 a Prof.ª Maria Isabel de Carvalho Sica Longhi, a quem desejo muito sucesso e tenho certeza que já está exercendo a função com muito mais competência do que eu pude fazê-lo. Portanto, o presente volume é constituído dos últimos trabalhos integralmente orientados por mim.

APRESENTAÇÃO

Seguindo a tradição da apresentação por ordem alfabética, presente volume inicia com o trabalho do Eduardo Augusto Arenas da Silva, o qual tratou sobre o importante tema *O Contrato "Built to Suit" e a Responsabilidade do* Cedente *de Posição Contratual.* Em seu trabalho, o Eduardo busca conciliar dois institutos pouco, ou quase nada, regulados em nosso sistema legal (*Built to Suit* e Cessão de Posição Contratual), para enfrentar as consequências práticas que devem ser observadas nas hipóteses de cessão de posição contratual dos contratos de *built to suit.* Esse desafio é bem caracterizado pelo próprio autor no seguinte ponto de seu texto: "Com um mundo cada vez mais dinâmico, exigente e célere, as relações jurídicas e econômicas passam a criar novos negócios, conceitos e, inevitavelmente, necessidades que atingem toda a sociedade, mas muitas vezes falta regulamentação – ou quando não falta, há regulamentação em demasia ou confusa – que não atende às expectativas e anseios da sociedade e dos negócios comerciais que ela pratica, criando, muitas vezes, entraves e divergências nos mercados em geral.". Remetemos o leitor às conclusões e aconselhamentos indicados por seu autor ao longo do estudo.

Na sequência é apresentado o trabalho da Lívia Souza Jorge, que tratou sobre tema a minha dissertação de mestrado igualmente publicada pela Editora Almedina (Contratos Eletrônicos), seu trabalho tem por objetivo avaliar os *Principais Aspectos dos Contratos Eletrônicos no Âmbito do Direito do Consumidor.* O estudo vem em excelente momento, primeiro pela tentativa de legislar uma temática em constante evolução, algo que me parece não ser muito recomendado, especialmente considerando que alguns projetos já tramitam na Câmara dos Deputados por mais de cinco anos, certamente desatualizados. E como segundo grande destaque é a importância do tema em relação ao volume de transações econômicas, cada dia com crescimentos exponenciais. Nesse sentido é o destaque indicado na introdução da autora "O consumidor prontamente virou um assunto atual para as contratações via internet, desde os princípios que os norteiam até a garantia das proteções envolvidas, e, deste modo, com o presente tema abordar-se-á os principais aspectos relevantes dos contratos eletrônicos no âmbito do direito do consumerista."

Seguindo a obra é apresentado o trabalho da Marilia Santos Ventura de Souza, que tratou dos *Os Contratos Associativos e a Obrigatoriedade de Submissão Prévia ao CADE – Conselho Administrativo de Defesa Econômica*. Temática muito pouco estudada no direito brasileiro, certamente de igual ou maior importância aos demais estudos que integram o presente volume. A temática é de fundamental importância no direito empresarial. Vivenciamos um momento sem precedentes na história da humanidade em que as empresas (*lato sensu*) tem encontrado como alternativa ao seu crescimento e especialização, firmar parceria de desenvolvimento tecnológico, comercial, pesquisa entre outros. Exemplo típico de tais situações são as denominadas *startups*, as quais, muitas vezes acabam se associando a outras empresas e/ou conglomerados empresarias com o objetivo de atender determinada especialização ou particularidade do negócio. Até que ponto esses contratos devem ser submetidos à uma avaliação prévia do CADE? Essa e outras dúvidas são enfrentadas no trabalho desenvolvido pela Marilia, a qual destaca que "Desta maneira, desde 2012 tornou-se essencial avaliar se os contratos firmados se enquadram na definição de contratos associativos, avaliando os elementos e requisitos de tais contratos.".

O penúltimo estudo é representado pelo trabalho da Paula Arrivabene Maino, tendo realizado importante estudo sobre a *Concentração dos Atos na Matrícula: Implicações na Due Diligence Imobiliária e a Aparente Desarmonia com o Novo Código de Processo Civil*. A Paula enfrentou um tema de grande complexidade, especialmente por envolver duas leis recentes e sem grande referência de material para consulta ou precedente jurisprudencial com base na nova legislação. Pela lei 13.097/2015 os atos que podem onerar determinada propriedade imobiliária devem estar concentrados na matrícula imobiliária, de forma que a consulta seja pública e acessível. Conforme apontado pela própria Paula, a legislação teve por objetivo gerar segurança jurídica. "Com a publicação da Lei 13.097 e a consequente legalização do princípio de concentração de atos na matrícula, tornou-se pública a intenção do legislador (i) de facilitar as negociações imobiliárias no país, especialmente os processos de *due diligence* imobiliária, bem como (ii) de proporcionar maior segurança jurídica aos adquirentes de imóveis e credores de garantia real sobre bens imóveis." Ao longo do trabalho, também é enfrentado o aparente conflito legislativa com o instituto da fraude à execução previsto no Código de Processo Civil. Remetemos o leitor à leitura e estudo do importante artigo da Paula, o qual ajuda a esclarecer diversas situações práticas aos que militam com o direito imobiliário, preventivo e contencioso civil.

Finalmente, encerrando a obra, é apresentado o texto do Ricardo Amadeu Sassi Filho, o qual conclui a obra pelo início das relações contratuais, ou seja, apresenta um relevante estudo sobre a fase inicial dos negócios jurídicos contratuais, qual seja, os *Aspectos Práticos da Fase Pré-Contratual*. No artigo, Ricardo enfrenta as questões focadas na fase pré-contratual que podem gerar responsabilidades contratuais ou extracontratuais por frustração das expectativas das partes envolvidas. Também são enfrentados os objetivos de busca de uma maior eficiência econômica dos contratos. Na expressão do seu autor, a fase pré-contratual "[...] contribui para a redução das incertezas inerentes a qualquer negócio jurídico, trazendo significativa eficiência econômica à transação e proporcionando ganhos a ambas as partes envolvidas."

Desejamos aos leitores que aproveitem ao máximo os ricos conteúdos trazidos nos artigos que integram o presente volume e, aos autores, novamente parabenizamos pelos excelentes trabalhos de conclusão de curso, com os quais eles brindam toda a comunidade jurídica. Finalmente, agradeço a todos os meus orientandos e alunos pelos incalculáveis aprendizados que me proporcionam todos os dias!

PREFÁCIO

Bons filhos constroem suas casas

Há mais de 19 anos, os sempre queridos Dr. Jairo Saddi e a Professora Rachel Sztajn talvez não tivessem a menor ideia do que estavam plantando ao idealizar os programas de LL.M. do Insper, hoje composto por cinco cursos de pós-graduação *lato sensu* e mais de dez de curta duração somente na área do Direito. São mais de 1200 *alumni*, aproximadamente 850 alunos ativos, um corpo docente com mais de 100 talentosos e bem avaliados professores e mais de uma dezena de assistentes dedicados para aprimorar constantemente a chamada "experiência Insper". São histórias e mais histórias que ilustram o incrível "Insper Direito".

Sinto-me especialmente honrado hoje por prefaciar esta 3º edição da já tradicional coleção "Estudos Aplicados de Direito Empresarial", mais um bem-sucedido projeto do Insper com a Editora Almedina Brasil, a maior do mundo em língua portuguesa e referência em publicações na área jurídica. A Coleção é novamente formada por cinco volumes, cada qual contendo as mais bem avaliadas monografias dos alunos formados pelos referidos programas de pós-graduação *lato sensu* em Direito do Insper. Tais discentes, não satisfeitos em cumprir um dos requisitos impostos pelo Ministério da Educação para a conclusão dos seus respectivos cursos, se desafiaram para alcançar um patamar ainda mais glorioso: contribuir com suas pesquisas para o mundo jurídico-empresarial. Dedicaram-se além do esperado, buscaram superar seus limites, escolheram temas pouco ou nunca explorados, aproveitaram o frutífero convívio com seu professor-orientador ao máximo e deram foco a esse objetivo extremamente nobre que é escrever não só para si próprio.

Os 25 textos que ora apresentamos são bem pesquisados, reportam-se a questões atuais e práticas do dia a dia da advocacia empresarial e não se prestam somente a rever o que já foi escrito, contribuindo efetivamente para o debate. Parabenizo cada autor pela publicação de suas ideias, pela conclusão de seu curso e aos queridos professores-orientadores pela genuína parceria e pelo carinhoso e diário trabalho junto aos seus pupilos. Só quem convive com alunos sabe o quão prazeroso é acompanhar o desenvolvimento de cada um, suas angústias, seu crescimento pessoal e suas vitórias.

Em meus quase 17 anos no Insper, aprendi e aprendo muita coisa como Coordenador Adjunto do programa LL.M. em Direito Societário, Coordenador Geral do Insper Direito e atualmente professor e prefaciador desta edição da Coleção. Aprendi uma nova profissão que é a docência e aflorei sentimentos como os da gratidão e do orgulho. Sinto-me hoje um pouco como vocês que escreveram ou que lerão estes belíssimos textos: bons filhos constroem, sim, suas casas. Boa leitura a todos!

ANDRÉ ANTUNES SOARES DE CAMARGO
Sócio de TozziniFreire Advogados e Professor do Insper

SUMÁRIO

O Contrato "Built to Suit" e a Responsabilidade do Cedente
de Posição Contratual
Eduardo Augusto Arenas da Silva — 15

Principais Aspectos dos Contratos Eletrônicos no Âmbito
do Direito do Consumidor
Lívia Souza Jorge — 67

Os Contratos Associativos e a Obrigatoriedade de Submissão
Prévia ao CADE – Conselho Administrativo de Defesa Econômica
Marilia Santos Ventura de Souza — 123

Concentração dos Atos na Matrícula: Implicações na *Due Diligence*
Imobiliária e a Aparente Desarmonia com o Novo Código
de Processo Civil
Paula Arrivabene Maino — 171

Aspectos Práticos da Fase Pré-Contratual
Ricardo Amadeu Sassi Filho — 225

O Contrato "Built to Suit" e a Responsabilidade do Cedente de Posição Contratual

EDUARDO AUGUSTO ARENAS DA SILVA

Introdução

O mercado econômico e a sociedade caminham, ao longo do tempo, em constantes mudanças, sempre no sentido de aprimorar e adequar as relações sociais, negocias/comerciais e de convivência de seus indivíduos, para melhores realizações, ou concretizações, das vontades e interesses dos indivíduos, das empresas e instituições, cabendo ao Direito observar, acompanhar e se adequar, por meio de Leis, às novas relações, costumes e necessidades que tenham surgimento.

Com um mundo cada vez mais dinâmico, exigente e célere, as relações jurídicas e econômicas passam a criar novos negócios, conceitos e, inevitavelmente, necessidades que atingem toda a sociedade, mas muitas vezes falta regulamentação – ou quando não falta, há regulamentação em demasia ou confusa – que não atende às expectativas e anseios da sociedade e dos negócios comerciais que ela pratica, criando, muitas vezes, entraves e divergências nos mercados em geral.

Diante desta realidade em que vivemos, surgem os contratos, oriundos dos negócios jurídicos praticados no mercado, com a finalidade de regulamentar as relações jurídicas e econômicas celebradas, numa composição de interesses e vontades das partes contratantes.

No entanto, conforme anteriormente elencado, muitos dos negócios jurídicos não possuem previsão ou regulamentação legal – isso quando, existindo regulamentação, ela é precária e não é solucionadora de conflitos ou dúvidas – sendo assim praticados os ditos contratos atípicos, que de uma forma mais ampla é objeto estudo deste.

O aquecimento da economia brasileira na última década impulsionou a dinâmica negocial dos mercados, fomentando a celebração de negócios jurídicos em nosso país, especialmente no mercado imobiliário, cujo tipo contratual é objeto de estudo deste.

Vivenciamos recentemente um crescimento bastante acentuado do mercado brasileiro, tendo sido contratadas inúmeras operações imobiliárias, o que possibilitou maior prática de contratações em modalidades antes pouco usuais, desenvolvendo mercados e empresas especializadas dentro do ramo imobiliário, mais especificamente no setor de construção civil.

Dentro deste cenário brasileiro, começaram a ser praticados, dentre diversos outros, os contratos na modalidade "Buit to Suit" (cuja tradução literal é "construir para servir"), também conhecido como "contrato de construção sob medida" ou "contrato de construção ajustada".

Note-se que os contratos na modalidade "Built to Suit" vêm sendo praticados cada vez mais no mercado brasileiro (e no mundo todo), tendo como particularidade ser este um contrato atípico, sem muitos parâmetros definidos ou delimitados para a sua aplicação no direito brasileiro, o que gera bastante discussão.

Em razão da alta prática desta modalidade de contratação, justamente pela fomentação do mercado imobiliário e a crescente celebração de contratos "Built to Suit", foi promulgada a Lei nº 12.744/12 (que dispõe sobre "contratos de construção ajustada"), a qual fez alterações à Lei nº 8.245/91 ("Lei de Locação de Imóveis Urbanos" ou "Lei do Inquilinato", como é popularmente conhecida), tendo sido incluído à Lei de Locação de Imóveis Urbanos o Artigo 54-A, e seus parágrafos, e a alteração da redação do Artigo 4º.

Mas, no entanto, essa tentativa de "adequar" a Lei de Locação aos contratos "Built to Suit", foi muito malsucedida, respeitando-se entendimentos contrários, não apenas por ter dado tratamento extremamente raso ao tema, mas também por, ao invés de dar um norte às interpretações desse modelo de contratação, acabou por criar mais dúvidas e insegurança jurídica.

Outra modalidade de contratação atípica em nosso ordenamento jurídico, é o contrato ou instituto que trata da cessão da posição contratual. A ausência de sua disciplina no ordenamento jurídico não impede a celebração do contrato desta natureza, tendo sido amplamente estudado pela doutrina e pela jurisprudência.

O instituto de cessão de posição contratual, assim como a contratação da modalidade "Built to Suit", ainda que haja falta de regulamentação específica, é possível tendo como referência as disposições dos Artigos 421 e 425, ambos do Código Civil (Lei nº 10.406/02), podendo as partes exercer a sua liberdade, no campo privado, de contratar, respeitando-se os limites da função social dos contratos.

A cessão de posição contratual implica, em sua essência, de forma sumária, na transferência de direitos e obrigações oriundos de um determinado contrato pelo cedente ao cessionário. Desta forma, essa cessão de posição contratual, pelo seu conceito, nos leva a compreender que, a posição contratual é integralmente cedida a terceiro[1].

---

[1] BDINE JÚNIOR, Hamid Charaf. **Cessão da posição contratual**, 2 ed, São Paulo: Saraiva, 2008. p. 36.

Ao ser o contrato assumido por um terceiro (cessionário), o cedente, em tese, deixando de fazer parte da relação contratual, estaria presumidamente (salvo previsão expressa em sentido contrário no instrumento de cessão) quite com as suas obrigações anteriores à cessão da posição contratual, perante a contraparte no contrato base.

No entanto, durante a execução do contrato, podem ocorrer imprevistos que tornam à uma das partes difícil o cumprimento da obrigação assumida no contrato. Esses imprevistos necessariamente devem ser alheios a vontade das partes, pois se a parte incumbida da prestação obrigacional assumida no contrato não a cumpre por sua própria deliberação, incorre necessariamente em inadimplência contratual.

Logo nota-se que a cessão de posição contratual à terceiro engloba uma série de consequências e efeitos, muito além do que a assunção de obrigações e direitos estabelecidos no contrato base, mas também diversos princípios jurídicos norteadores dos contratos.

Ao debruçar-se novamente ao contrato "Built to Suit", verifica-se que uma peculiar característica, que é justamente a sua essência: o contratante é quem tem o ônus de fornecer ao contratado todas as especificações, diretrizes e orientações para que este último proceda com a construção do imóvel que o contratante passará a ocupar futuramente, para atendimento de todas as suas necessidades específicas.

Se inserido o instituto da cessão da posição contratual no âmbito da contratação pela modalidade "Built to Suit", haverá o surgimento de diversas questões complexas que permeiam a essência do contrato "Built to Suit". Numa primeira análise, vêm à tona a questão da responsabilidade do cedente perante as especificações, diretrizes e orientações prestadas ao contratado (proprietário do imóvel), do qual o terceiro (cessionário) não participou, perante o contratado.

Mais ainda, o presente estudo pretende dissecar a questão referente à impossibilidade (ainda que de forma parcial) de cumprimento da prestação obrigacional pelo contratado (proprietário do imóvel) no contrato de "Built to Suit", em decorrência de falhas ou inconsistências de especificação do contratante que cedeu a sua posição contratual à terceiro, analisando-se as limitações ou exoneração de sua responsabilidade, dado não estar mais fazendo parte direta da relação contratual do "Built to Suit".

Desta forma, haja vista que existe na essência dos contratos "Built to Suit", a característica de que a construção do imóvel deverá obedecer as orientações e especificações fornecidas pelo contratante, de forma que o imóvel possa atender às suas necessidades particulares, uma vez cedida a sua posição contratual à terceiro, evidencia-se a questão a respeito de sua responsabilidade em razão das especificações fornecidas por ele ao proprietário do imóvel – o contratado, não podendo ser desconsiderada a questão referente à incidentes que podem ocorrer durante a execução do contrato "Built to Suit", alheios à responsabilidade do terceiro (cessionário no contrato de cessão da posição contratual) e ao contratado, uma vez que recebera as especificações do contratante (cedente no contrato de cessão) e a execução de seus deveres de construção em observância à estas condições previamente estipuladas perante o terceiro que passa a substituir o contratante original, mediante a celebração do contrato de cessão da posição contratual.

Atualmente, na contramão do momento econômico vivenciado na década passada, encontra-se um cenário de recessão econômica, com inúmeros contratos "Built to Suit" firmados sob a luz da prosperidade dos negócios à época, que se encontra hoje em execução, mas que os contratantes que vivem uma realidade diversa daquela anteriormente vislumbrada, desejam ceder a sua posição contratual à terceiros.

Assim, o presente trabalho vem, em observância à esta nova realidade, estudar as implicações da cessão de posição contratual no contrato "Built to Suit", com uma abordagem teórica, prática e conceituais dos institutos jurídicos relacionados, propondo-se trazer à tona as problemáticas desta situação, bem como suas possíveis soluções jurídicas, de forma a afastar inseguranças jurídicas existentes.

1. As Disposições Gerais dos Contratos

1.1. O Negócio Jurídico

O consenso entre duas ou mais partes, originário da manifesta intenção de cada uma delas, quanto a um determinado objeto, resulta num determinado acordo. Por muito tempo a humanidade celebrou acordos selados por gestos, como um simples aperto de mãos entre as partes. E, até os dias de hoje, vemos esses gestos serem ainda praticados no cotidiano.

No entanto, quanto mais refinados e quanto mais necessária seria a criação de segurança nos negócios, a humanidade passou a realizar acordos por escrito. Esses "meros" acordos passaram, por muitas vezes, a serem praticados em decorrência de negociações mais complexas e operando-se maiores riscos às partes envolvidas, cuja regulamentação se faz necessária.

A alocação de responsabilidades e riscos entre as partes criou termos mais complexos, o que demanda maior segurança jurídica aos ditos negócios jurídicos, os contratos. Como bem elenca, de forma objetiva e simplória, Fábio Ulhoa Coelho[2].

> Contrato define-se, assim, como um negócio jurídico bilateral ou plurilateral gerador de obrigações para uma ou todas as partes, às quais correspondem direitos titulados por elas ou por terceiros.

[2] COELHO, Fábio Ulhôa. **Curso de direito civil**: contratos. 8 ed, São Paulo: Revista dos Tribunais, 2016. Vol. III. p. 35.

1.2. A Contratação pelas Partes e os Princípios Norteadores da relação contratual

Ao longo da história da humanidade, podemos identificar que o seu comportamento vem mudando, sendo moldado de acordo com as necessidades que surgem para a sua sobrevivência e desenvolvimento, adaptando-se à novas realidades.

A vida e convivência dos indivíduos em sociedade possibilitou que as necessidades e anseios pessoais pudessem ter novas fontes para as suas satisfações; quando um indivíduo encontra outro disposto a lhe entregar algo que necessita, mas somente se dispõe a faze-lo se este receber algo que lhe interesse em troca.

Não é novidade que o elencado acima se trata da essência da prática comercial e mercantil, realizada entre indivíduos e que, posteriormente identificamos entre indivíduos e outra sociedade, entre sociedades e assim por diante.

Esta prática social, no âmbito mercantilista e comercial, perpetua-se até os dias de hoje e, não diferente, sempre se adequando às mais diversas novas situações e necessidades das pessoas.

Contudo, de nada adianta, e nem mesmo adiantava, a realização pura e simples dessas práticas mercantis e comerciais, pois os fatores humanos permanecem presentes e são esses fatores que tornam essas práticas mais e mais complexas. Não diferente, os anseios e necessidades se transformam e a cada dia têm-se novas questões, práticas e necessidades que permeiam a sociedade.

Daí o surgimento de regras de condutas e a implementação da previsão das consequências que os atos praticados pelas pessoas, no intuito de buscar maior equilíbrio e justiça nas negociações a serem realizadas, que começaram a serem traduzidas cada vez mais nos costumes das práticas comerciais e mercantis de uma sociedade, de um tipo de mercado, de um tipo de negócio ou de um apanhado geral com as realizações mercantis.

E é naquele cenário que se fomentaram os princípios contratuais que hoje conhecemos, nascidos da necessidade de tornarem os negócios mais justos, o mais equilibrado possível, até que tais costumes são traduzidos em leis por quem de direito, com o intuito de manter o equilíbrio econômico da sociedade e os direitos individuais e coletivos.

a) O Princípio da Autonomia da Vontade

Talvez o mais importante princípio contratual da história tenha sido da *autonomia da vontade*, pois este é o estopim para que todas as relações civis e comerciais ocorram e possibilitem o nascimento do negócio jurídico.

A *autonomia da vontade*, para o âmbito do direito, e em linhas gerais, é a livre manifestação do indivíduo para a criação de direitos e de obrigações, bem como a livre contratação com a pessoa que quiser, a livre estipulação pelas partes de cláusulas e condições contratuais, assim como a livre forma de contratação, forma de vinculação e a livre escolha do objeto, que interessar à parte.

Vale ressaltar que, no entanto, a forma de contratação, posteriormente, ao longo do tempo, teve alguma limitação legal no Brasil, sendo que para alguns determinados tipos de contratos, a lei prevê forma específica na contratação, com por exemplo, o contrato de compra e venda de imóvel, o qual deverá se dar mediante escritura pública, como determinada o Artigo 108 da Lei nº 10.406/02 (Código Civil Brasileiro), ou mesmo o contrato de concessão à outrem, pelo proprietário de terreno, do direito de construir ou plantar sobre o terreno, também deverá se dar mediante escritura pública, conforme Artigo 1.396 do Código Civil Brasileiro.

A *autonomia da vontade* precisa ser melhor conceitualizada e também contextualizada no âmbito jurídico, pois não delimitar esse princípio poderia implicar numa sociedade anárquica, aonde os seus indivíduos poderiam agir da forma como melhor atenderia a somente os seus próprios anseios. Isso significa que se um indivíduo exercer agir somente ao que lhe importar, sem medir suas concequências, fatalmente seus atos atingiriam os direitos de outrem, o que levaria à desorganização social, de direitos, ferindo-se a ética e a moralidade.

Como bem coloca Sílvio de Salvo Venosa[3], verificando-se haver duas perspectivas quanto à liberdade de contratar, podendo ser ["...*a liberdade propriamente dita de contratar ou não, estabelecendo-se o conteúdo do contrato...*"], ou, ainda, a livre ["...escolha da modalidade do contrato"]. Isso significa que as partes são livres para, ao contratarem, escolherem modalidades de contratos que já estão previstas no direito positivo (contratos típicos) ou contratarem de forma não tipificada em Lei, para satisfação plena de seus interesses.

Desta forma, como bem colocado pelo Fábio Ulhoa Coelho, ["...é fundamental que a proteção à *autonomia da vontade*, no pressuposto do que todos são livres para contratar ou não, para escolher com quem contratar e para estipular, em comum acordo, as cláusulas do contrato (*pacta sunt servanda*)][4].

b) O Princípio da Autonomia Privada

O princípio da autonomia privada difere-se da autonomia da vontade, mas possui uma mesma linha lógica como desta última. A autonomia privada compreende o poder em que as partes contratantes têm em regular e determinar, entre si, as condições, direitos e obrigações no âmbito da contratação que fazem entre si, estabelecendo o conteúdo de suas cláusulas[5].

---

[3] VENOSA, Sílvio de Salvo. **Direito civil:** teoria geral das obrigações e teoria geral dos contratos, 2 ed, São Paulo: Atlas, 2002. p. 375.

[4] COELHO, Fábio Ulhoa. **Curso de direito civil**: contratos. 8 ed, São Paulo: Revista dos Tribunais, 2016. Vol. III. p. 25.

[5] AMARAL, Francisco. **Direito civil**: introdução. 8 ed, Rio de Janeiro: Renovar, 2014. p. 84.

Em outras palavras, pode-se dizer, de forma simplória, que a autonomia privada é tudo aquilo que as partes estabelecem no negócio jurídico (Artigo 104 do Código Civil brasileiro), como bem intitula Francisco Amaral[6].

Os anseios e necessidades que impulsionam o indivíduo a satisfação daqueles vão de encontro com os anseios e necessidades do outro, criando-se, assim, naturalmente, um encaixe quanto aos interesses de cada uma das partes, originando-se a necessidade de regulamentação dos direitos e deveres de cada uma. E é desta delimitação dos direitos e deveres de cada um que estabelecem a alocação das responsabilidades de cada parte, tendo inserido dentro de deles a mensuração dos riscos assumidos por cada parte ao concordarem em trazerem para si tais responsabilidades.

c) O Princípio da Relatividade Contratual

O contrato faz lei entre as partes. Os termos, condições, obrigações e direitos estabelecidos pelas partes no contrato faz com que as partes estejam vinculadas uma a outra, podendo assim ser exigido de cada uma, pela outra, o que lhe for de direito, com fundamento e base nas próprias cláusulas contratuais.

No entanto, somente as partes contratantes estão vinculadas aos termos e condições do contrato. O contrato não cria obrigações à terceiros que não façam parte da relação contratual, via de regra.

Desta forma, podemos identificar outro princípio contratual, o da relatividade do contrato, conforme nos ensina Flávio Tartuce[7]: ["...o negócio celebrado, em regra, somente atinge as

---

[6] AMARAL, Francisco. **Direito civil**: introdução. 8 ed, Rio de Janeiro: Renovar, 2014. p. 84.

[7] TARTUCE, Flávio. **Direito civil**: teoria geral dos contratos e contratos em espécie. 8 ed, São Paulo: Editora Método, 2013. Vol. 3. p. 114.

partes contratantes, não prejudicando ou beneficiando terceiros estranhos a ele"].

Como toda regra há exceção, existem alguns mecanismos jurídicos para que um contrato possa surtir efeitos à terceiros estranhos ao negócio jurídico celebrado, pode-se promover o seu registro público ou de algum(ns) de seu(s) termo(s), como por exemplo, o registro do contrato de locação margem da matrícula do imóvel, para consignação de cláusula de vigência, com o intuito de vincular a obrigação de respeitar a locação à terceiro adquirente do imóvel.

O adquirente do imóvel não é parte do contrato de locação anterior à sua aquisição e, por isso, não está obrigado a respeitá-lo, salvo se o contrato, com cláusula de vigência, tiver sido registrado junto à matrícula do imóvel[8].

d) O princípio da Boa-fé

O atual Código Civil brasileiro, Lei nº 10.406/02, trouxe expressamente a observância ao princípio da boa-fé, para a contratação e execução dos contratos:

> Art. 422. Os contratantes são obrigados a guardar, assim na conclusão do contrato, como em sua execução, os princípios de probidade e boa-fé.

A boa-fé é a essência da ética e moralidade, que deverá sempre estar presente na negociação, contratação, execução do contrato e, sem embargo, também nos casos de resilição contratual. A boa-fé refletirá a ética nos termos e condições con-

---

[8] Artigo 8º, *caput*, da Lei nº 8.245/91, a Lei do Inquilinato. Note que a Lei do Inquilinato incluiu a expressão "averbado", para inclusão à matrícula da cláusula de vigência. No entanto, a Lei de Registros Públicos (Lei nº 6.015/73), em seu Artigo 129, 1º, estabelece que os contratos de locação estão sujeitos a "registro" à margem da matrícula do imóvel e não à averbação.

tratadas pelas partes, assegurando o equilíbrio e a confiança na contratação.

O ímpeto das partes contratantes é manifestado nas condições contratuais, e surgem já durante a negociação do contrato, delimitando-se obrigações, direitos e alocando-se os riscos, com impactos no patrimônio de cada uma das partes.

Nos dizeres do Álvaro Villaça Azevedo[9], ["...desde o início os contratantes devem manter o espírito de lealdade, esclarecendo os fatos relevantes e as situações atinentes à contratação, procurando razoavelmente equilibrar as prestações, prestando informações, expressando-se com clareza e esclarecendo o conteúdo do contrato, evitando eventuais interpretações divergentes, bem como cláusula leoninas, só em favor de um dos contratantes, cumprindo suas obrigações nos moldes pactuados, objetivando a realização dos fins econômicos e sociais do contratado"].

A transparência e ética na condução da negociação e execução do contrato são alicerces para que as partes tenham satisfeitas os seus anseios e expectativas. Desta forma, aquele que age contrário à boa-fé, omitindo informações ou induzindo a outra parte a conclusões diversas dos fatos reais, estaria sujeitando a outra parte a sofrer prejuízos e danos, em decorrência de riscos que não tinha conhecimento e, portanto, não teve a oportunidade de avaliá-los enquanto contratava.

É dever da pessoa informar à outra parte do estado, condição, natureza e peculiaridades do objeto de contratação, dever este que não necessariamente deverá estar expresso no contrato, uma vez que a obrigação de boa-fé é decorrente do direito natural, adotado socialmente, como já elucidado pelo Código Civil, em seu Artigo 422 (transcrito anteriormente), de forma que haja equilíbrio social, econômico e jurídico.

---

[9] AZEVEDO, Álvaro Villaça. **Teoria geral dos contratos típicos e atípicos**: curso de direito civil. 2 ed, São Paulo: Atlas, 2014. p. 28.

Da mesma forma, é dever da outra parte adotar postura e ânimo preventivo e diligente na celebração de seus negócios, procurando realizar questionamentos e buscando esclarecimentos de forma a entender o negócio de interesse e poder, assim, mensurar da forma mais precisa possível os riscos que estiverem envolvendo a negociação.

A interpretação dos termos e condições contratuais deverá sempre estar apoiada na boa-fé. A estipulação de cláusula contratual deverá estar livre de dúvidas e omissões, devendo estar bem meticulosa, de forma a afastar eventuais omissões ou conflitos, que posteriormente possa dar margem a afastamento de responsabilidade pela parte que eventualmente venha a cometer alguma ilicitude ou mesmo por obter vantagens indevidas.

e) A Função Social dos Contratos

O conceito e entendimentos jurídico, doutrinário e sociólogo a respeito da função social dos contratos vem evoluindo à medida em que a sociedade vem mudando ao longo do tempo.

Entendia-se a função social dos contratos como aquela reservada no âmbito dos contratantes, cujo propósito seria averiguar e resguardar juridicamente a solidez dos termos contratados, de forma que os termos da contratação não ferissem a parte mais fraca do contrato. Ou seja, numa vertente a respeito ao desequilíbrio contratual ou abuso de um direito, entre as partes contratantes, que ao contrato estão vinculadas, entendia-se que a função social protegeria o equilíbrio entre as partes contratantes, de forma a não gerar instabilidade na segurança jurídica e econômica relativa às partes contratantes.

O Código Civil brasileiro incorporou ao seu corpo normativo a previsão quanto à observância à função social do contrato: "Art. 421. A liberdade de contratar será exercida em razão e nos limites da função social do contrato".

ESTUDOS APLICADOS DE DIREITO EMPRESARIAL

Este princípio cria uma grande "esfera" que engloba todos os demais princípios contratuais e de direito, uma vez que passa a limitar a liberdade dos indivíduos e da sociedade como um todo. Essa "esfera" que limita, por exemplo, a autonomia privada e a autonomia da vontade, uma vez que a contratação deverá preencher requisitos de validade, sob pena do negócio jurídico ser considerado nulo ou anulável, conforme o caso[10].

A sociedade segue em constante modificação, alterando-se diversos valores, conceitos, costumes e padrões morais, seja por força de crença, ideologia política ou social, ou de caráter econômico, impulsionado à novas realidades e formas de relacionamento entre as pessoas. Isso tem um grande impacto no cotidiano das pessoas, na forma de se relacionarem, construção de vínculos e, inclusive, na forma de contratarem.

Os preceitos de ordem pública buscam preservar a segurança nas relações da sociedade, implicando-se, inclusive, na questão de validade dos negócios jurídicos, quando verificada violação da ordem pública. De sorte, a função social é um dos elementos – ou ferramenta, daí advinda a análise literal da palavra "função" – garantidores da ordem pública[11].

A função social do contrato deve ter observância maior do que aquela que se refere à aplicação e proteção da parte contratante que sofre pelo abuso de direito cometido pela outra

---

[10] O Código Civil brasileiro (Lei nº 10.406/02) traz, em seu Artigo 166, as hipóteses de nulidade do negócio jurídico. O inciso II desse artigo, por exemplo, estabelece que é nulo o negócio jurídico quando o seu objeto for ilícito, impossível ou indeterminável. Já o Artigo 171 do Código Civil brasileiro, traz as hipóteses em que o negócio jurídico pode ser anulável, como por exemplo, o seu inciso I, que estabelece que poderá ser anulado o negócio jurídico celebrado por agente relativamente incapaz.

[11] Parágrafo Único do Artigo 2.035, do Código Civil brasileiro: "Parágrafo único. Nenhuma convenção prevalecerá se contrariar preceitos de ordem pública, tais como os estabelecidos por este Código para assegurar a função social da propriedade e dos contratos".

parte no contrato, ou mesmo apenas a reposição do equilíbrio contratual dando-se mais peso à parte mais fraca da relação. A função social não deve restringir-se apenas às partes contratantes, ela deve abarcar em si, ainda, questões que possam ferir a sociedade, seja no âmbito moral ou ético ou costumeiro, e a ordem pública, de forma que haja uma maior harmonia social e nas relações contratuais, protegendo-se, como destinatário final, portanto, a sociedade em si.

Neste sentido, portanto, como bem elencado por Rodrigo Garcia da Fonseca[12], "o contrato é um fato social que não pode ser ignorado pelos terceiros, e que os contratantes tampouco podem pretender não tenham repercussões sociais para além dos contratantes".

Portanto, pode-se aliar o princípio da boa-fé e o da função social do contrato, como balizador de nulidade, ou anulabilidade, dos contratos, bem como a identificação de infração aos princípios contratuais, que implicaram derradeiramente em ilicitude legal, ensejadora de obrigação à parte que cometeu o ato ilícito de reparar o dano.

2. Os Contratos Atípicos
2.1. A Liberdade de Forma de Contratação
Superada a exposição anterior, quanto aos principais princípios norteadores dos contratos, avança-se o presente estudo à esfera dos contratos atípicos, também chamados de *contratos inominados*.

Apoiado ao princípio da autonomia da vontade, tem-se a liberdade de forma de contratação, através do qual as partes são livres para contratarem forma não prescrita em lei. O direito positivo abarca em si toda a normatização dos contratos através

---

[12] FONSECA, Rodrigo Garcia. **A função social do contrato e o alcance do artigo 421 do Código Civil**. São Paulo: Renovar, 2007. p. 223.

de dispositivos jurídicos, regulamentados, no Brasil, por todas as disciplinas jurídicas.

No âmbito civil, a normatização dos principais contratos está inserida e, portanto, prevista pelo Código Civil (Lei nº 10.406/02), no qual há previsão dos principais tipos contratuais, como compra e venda, locação, empreitada, transporte, doação e outros. Todos aqueles contratos que estão previstos em Lei são os chamados *contratos típicos* ou *nominados*.

Quando o contrato é típico, significa que a própria Lei traz os parâmetros e regulamentação daquele tipo de negócio jurídico, estabelecendo as responsabilidades de cada parte, direitos e deveres – ainda que não de forma exaustiva.

No entanto, não há limitação legal no sentido de que a sociedade somente poderá contratar em observância às tipificações previstas em Lei. Ao contrário, o Código Civil traz previsão expressa à livre forma de contratação, em seu Artigo 425:

> Art. 425. É lícito às partes estipular contratos atípicos, observadas as normas gerais fixadas neste Código.

Desta forma, a legislação brasileira abarcou em si a permissão expressa para a celebração, pela sociedade, de outros contratos cuja forma não está prevista no ordenamento jurídico pátrio.

O abarcamento da previsão expressa da licitude na celebração dos contratos atípicos pelo ordenamento brasileiro tem grande importância na vida social e no desenvolvimento das relações comerciais, pois, como elencado anteriormente neste estudo, a sociedade encontra-se em constante modificação, na medida em que novas necessidades aparecem aos indivíduos ou grupos sociais, trazendo novas oportunidades de empreendedorismo e desenvolvimento econômico.

Assim, numa tentativa de não limitar a expansão social e econômica, a legislação desde já projeta o seu aceite à novas tratativas e negócios jurídicos que virão surgir enquanto a sociedade se desenvolve economicamente. O direito busca acompanhar e regulamentar as relações humanas conforme surge a necessidade, com o intuito de consolidar os entendimentos e costumes praticados no local.

As normas gerais a serem observadas correspondem, não somente aos princípios gerais de direito, especialmente aos contratuais, mas também à licitude da contratação e aos pressupostos que todos os contratos devem observar: capacidade das partes; o objeto ser lícito; a legitimação das partes em relação ao objeto que estão convencionando; e a operação econômica em torno do negócio.

Portanto, no contrato atípico, em razão de não haver forma prevista em Lei, são as próprias partes que determinam a forma do contrato a ser celebrado, justamente por estar esta contratação dentro do campo da autonomia da vontade, o que é aceito pelo ordenamento jurídico pátrio[13].

2.2. O Contrato na Modalidade "Built to Suit"

A prática dessa modalidade de contratação é amplamente exercida em todo o mundo, principalmente nos Estados Unidos da América e na Europa, em países como Alemanha, Reino Unido, França e Itália.

Na última década, com o forte e estável crescimento econômico do Brasil, houve como um dos seus efeitos a grande fomentação do mercado imobiliário, com grandes números de negócios realizados, investimentos públicos e privados, geração de empregos e desenvolvimento em praticamente todos os setores do país.

O forte e rápido crescimento e desenvolvimento econômico do mercado imobiliário no Brasil abriu as portas para a massiva

---

[13] VENOSA, Sílvio de Salvo. **Direito civil:** teoria geral das obrigações e teoria geral dos contratos, 2 ed, São Paulo: Atlas, 2002. p. 408.

prática das contratações na modalidade "Built to Suit", em atendimento às necessidades das empresas que não pertencem ao setor imobiliário (construção, empreitada etc.), mas que, para alavancar seus negócios e melhor rentabilizar suas operações, passaram a alocar à terceiros a construção de imóveis para servir aos seus interesses e melhorar a performance do exercícios de suas atividades comerciais.

Assim, na última década, essa modalidade de contratação passou a ser muito praticada também no Brasil, acompanhando o "boom" ocorrido no mercado imobiliário, com certo recuo, vale dizer, em seu crescimento por conta da crise imobiliária ocorrida nos Estados Unidos da América, no ano de 2008, o que acabou afetando negativamente não somente o Brasil, mas todo o mundo.

O aquecimento do mercado financeiro e de negócios como um todo, no Brasil, gerou a necessidade de realização de novas operações imobiliárias, dentre elas, a contratação na modalidade "Built to Suit".

Como elencado na parte introducional deste trabalho, a tradução literal, do inglês para o português, da expressão "Built to Suit" é: "construir para servir". Desta forma, pode-se deduzir que se trata de uma contratação em que se opera, a princípio, em uma construção de algo, com a finalidade de servir à alguém ou à alguma coisa, ou seja, de atender à algum determinado fim.

Portanto, o contrato "Built to Suit" opera-se na medida em que um terreno/imóvel é previamente adquirido por pessoa (contratada) para edificar construção de imóvel urbano e não residencial, sendo que esta construção pode englobar ainda substancial reforma do imóvel, segundo especificações e exigências da parte contratante, a qual pretende locar o imóvel após a conclusão de sua construção, para seu uso e exercício de suas atividades.

Trata-se de uma complexa operação de construção e locação de imóvel urbano para fins comerciais. O imóvel pode ser construído pelo próprio contratado ou por terceiros, com quem, neste caso, deverá contratar diretamente[14], sempre em observância às especificações encomendadas pelo contratante – futuro locatário do imóvel – em observância às exigências técnicas especificadas pelo contratante.

Face o "boom" imobiliário e a crescente prática do mercado em celebrar contratos na modalidade "Built to Suit", foi editada e publicada no Brasil a Lei nº 12.744, de 19 de dezembro de 2012, a qual alterou em parte a Lei do Inquilinato, Lei nº 8.245/91, para refletir a locação nos contratos de modalidade "Built to Suit".

A Lei nº 12.744/12, em seu Artigo 2º, alterou o *caput* do Artigo 4º da Lei do Inquilinato, acrescentando a previsão de que o locatário, caso denuncie o contrato antecipadamente e sem justificativa (denúncia vazia), deverá pagar a multa estabelecida no contrato, cujo valor não poderá exceder a somatória dos aluguéis vincendos, até o final do prazo do contrato:

> Art. 2º O caput do art. 4º da Lei nº 8.245, de 1991, passa a vigorar com a seguinte redação:
>
> Art. 4º Durante o prazo estipulado para a duração do contrato, não poderá o locador reaver o imóvel alugado. Com exceção ao que estipula o § 2º do art. 54-A, o locatário, todavia, poderá devolvê-lo, pagando a multa pactuada, proporcional ao período de cumprimento do contrato, ou, na sua falta, a que for judicialmente estipulada.

Ademais, foi incluído, pela Lei nº 12.744/12, à Lei do Inquilinato, o Artigo 54-A e seus parágrafos:

---

[14] A construção da edificação poderá ser realizada por terceiros, como uma construtora ou empreiteira, mas o adquirente/proprietário do imóvel permanece vinculado ao contrato 'Built to Suit", respondendo perante o contratante (futuro locatário do imóvel), não havendo, portanto, qualquer relação contratual entre o terceiro e o contratante, pois aquele responde somente perante o contratado.

ESTUDOS APLICADOS DE DIREITO EMPRESARIAL

Art. 54-A. Na locação não residencial de imóvel urbano na qual o locador procede à prévia aquisição, construção ou substancial reforma, por si mesmo ou por terceiros, do imóvel então especificado pelo pretendente à locação, a fim de que seja a este locado por prazo determinado, prevalecerão as condições livremente pactuadas no contrato respectivo e as disposições procedimentais previstas nesta Lei.

§ 1º Poderá ser convencionada a renúncia ao direito de revisão do valor dos aluguéis durante o prazo de vigência do contrato de locação.

§ 2º Em caso de denúncia antecipada do vínculo locatício pelo locatário, compromete-se este a cumprir a multa convencionada, que não excederá, porém, a soma dos valores dos aluguéis a receber até o termo final da locação.

O artigo referido acima traz o conceito legal do contrato "Built to Suit", incorporando-o ao corpo da Lei do Inquilinato, no intuito de tornar essa modalidade de contratação tipificada em lei especial de locação de imóveis urbanos.

Contudo, a tentativa de tipificação do contrato "Built to Suit" via Lei do Inquilinato, em que pese entendimentos doutrinários contrários que merecem respeito, foi ineficiente e carente de maiores especificidades.

A ineficiência e carência demonstram-se em razão da Lei do Inquilinato não ter possibilidade de abarcar em si um tipo de contratação essencialmente diferente de uma pura e simples locação de imóvel. O contrato "Built to Suit" abarca em si diversas modalidades de contratos, tendo, no mínimo, um mix dos contratos de construção, empreitada, compra e venda de materiais e/ou equipamentos[15] e de locação.

---

[15] O contrato "Built to Suit" implica, ainda, numa contratação "turn key", ou seja, o contratante, quando for imitido na posse do imóvel, deverá recebe-lo

Foi tomada medida pouco eficaz pelo legislador, frente ao crescente número de prática dos contratos "Built to Suit", numa tentativa de regulamentar essa modalidade de contratação, a regulamentação pela Lei nº 12.744/12, pois acabou por esbarrar numa situação em que a sua regulamentação restou extremamente rasa e, ao invés de dar um norte às interpretações desse modelo de contrato, trouxeram ainda mais dúvidas.

Uma vez inseridas as modificações trazidas pela Lei nº 12.744/12 à Lei do Inquilinato, ao ser analisada essa Lei considerando a integralidade dos seus dispositivos, faz-se importante ressaltar a problemática com a inserção do Artigo 54-A à Lei do Inquilinato, o qual estabelece que prevalecerão as "condições livremente pactuadas" nessa modalidade de contratação, frente as nulidades previstas no Art. 45 da Lei do Inquilinato:

> Art. 45. São nulas de pleno direito as cláusulas do contrato de locação que visem a elidir os objetivos da presente lei, notadamente as que proíbam a prorrogação prevista no art. 47, ou que afastem o direito à renovação, na hipótese do art. 51, ou que imponham obrigações pecuniárias para tanto.

O contrato "Built to Suit" mostra-se, portanto, abarcar em si muito mais complexidade, em razão de suas características próprias, não possuindo a Lei do Inquilinato elementos suficientes para regulamentar esse tipo de contratação. Desta forma, entende-se que esse tipo de contratação "Built to Suit" permanece sem tipificação no ordenamento jurídico brasileiro.

---

plenamente pronto para ser usado por ele, com equipamentos como ar-condicionado, elevadores, catracas, esteiras, maquinários, central de tecnologia dentre outros, equipamentos estes adquiridos pelo contratado junto à terceiros, cujo preço é embutido no valor do aluguel do contrato "Built to Suit", em razão dos investimentos.

Desta forma, para a regular eficiência na pré-contratação, execução e conclusão do contrato na modalidade "Built to Suit", há que se considerá-lo atípico, valendo-se e prevalecendo as disposições livremente pactuadas pelas partes contratantes.

2.3. O Contrato de Cessão da Posição Contratual

De forma intuitiva e dedutiva, pode-se depreender que o contrato de cessão da posição contratual é o contrato pelo qual uma pessoa cede a sua posição num determinado contrato à outrem.

Em outras palavras, a cessão da posição contratual implica em uma parte, que tem o interesse em ceder a sua posição assumida num determinado contrato com um terceiro – ou desinteresse em se manter vinculado pelo contrato com o terceiro – para outrem, estranho à relação contratual da qual o cedente quer se desvincular.

A motivação e o interesse da pessoa em ceder a sua posição em um determinado contrato pode se dar pela oferta de outrem, a qual tem interesse no objeto do seu contrato ou nas prestações a ele relativas. Contudo, a cessão da posição contratual também pode ser motivada pelo desinteresse da parte em permanecer vinculada à determinado contrato, seja porque a parte não possui mais condições de cumprir com suas obrigações assumidas no contrato, ou o interesse em seu objeto não mais o motiva a continuar vinculado ao contrato.

No contrato de cessão da posição contratual, aquele que tem o interesse em ceder sua posição à terceiro é a parte designada como "cedente" no contrato, enquanto que o terceiro que tem interesse em substitui-lo é a parte designada como "cessionária".

Desta forma, tem-se que a cessão da posição contratual se opera por instrumento próprio, sem que este tenha sido tipificado pelo Código Civil ou qualquer outra norma.

A legislação pátria não abarcou em si a tipificação desse contrato de cessão da posição contratual, sendo que esse tipo de cessão é largamente praticada, em diversos setores econômicos em todo o mundo. E, da mesma forma, são poucos os países que possuem em sua estrutura normativa, legislação específica a respeito da cessão da posição contratual.

A cessão da posição contratual é muito praticada nos mercados em geral, principalmente no mercado imobiliário. Com muita frequência é possível deparar-se com instrumentos de cessão de posição contratual, relativos à contratos de locação, empreitada, compromisso de compra e venda de imóveis e, inclusive, em contratos de compra e venda.

Os contratos de cessão da posição contratual, em sua maioria, se dão de forma onerosa, quando o cessionário assume as prestações objeto do contrato cedido, ou mesmo quando os termos do contrato de cessão da posição contratual se derem mediante pagamento de determinada prestação, pelo cessionário ao cedente.

Alguns doutrinadores defendem haver contrato de cessão da posição contratual de forma gratuita, considerando que, para ser considerada como gratuita, a cessão deverá beneficiar apenas o cessionário. Em corrente contrária, outros doutrinadores entendem não ser possível o contrato de cessão da posição contratual de forma gratuita, pois consideram que o cessionário sempre assumirá as prestações do cedente[16].

Realizando-se uma análise mais profunda acerca da questão da onerosidade e gratuidade do contrato de cessão de posição, no que pese dever ser respeitada a posição contrária, verifica-se ser inerente a transferência de deveres e/ou direitos, conforme o

---

[16] BDINE JÚNIOR, Hamid Charaf. **Cessão da posição contratual**, 2 ed, São Paulo: Saraiva, 2008. p. 67-68. O referido autor traz à tona a discussão a respeito da possibilidade do contrato de cessão da posição contratual ser dotada de onerosidade ou gratuidade, citando atores que defendem as duas correntes (que não é possível haver gratuidade nesse tipo de contratação e, em contrário, de que é possível essa forma de contratação).

caso, pelo cedente ao cessionário, o que leva-se a verificar, inevitavelmente, que uma vez consolidada a substituição da posição contratual, haverá impacto patrimonial, no mínimo, à uma das partes contratantes, seja no sentido de aumento patrimonial ou de sua diminuição.

Elemento também importante na cessão de posição contratual é a aquiescência do terceiro que receberá o cessionário, agora como nova figura em seu contrato. O ingresso de um terceiro, até então estranho à relação contratual originária, por si só depreenderia necessariamente de concordância das demais partes, sendo que na cessão da posição contratual, o fenômeno ocorrido é a *substituição* de uma das partes, substituto este que assumirá as obrigações e direitos do cedente, com quem inicialmente fora contratado.

Sendo o contrato de cessão da posição contratual um instrumento próprio, faz-se necessário que as partes, cedente e cessionária, regrem todos os seus efeitos, condições, previsões, termos, obrigações e direitos próprios, de forma que torne a contratação com maior segurança jurídica possível. Do contrário, estar-se-ia diante de uma cessão pura e simples de cessão do contrato já em execução.

É cabível às partes, cedente e cessionário, regularem os termos e condições da cessão da posição contratual, estabelecendo responsabilidades ao cedente quanto às informações prestadas, documentos apresentados, obrigações assumidas no contrato objeto da cessão, garantias entre outros. Da mesma forma, podem ser atribuídas obrigações ao cessionário, como de pagamento, se for o caso, ou declarações expressas de aceite e concordância com eventuais condições específicas constantes no contrato cedido, que foram originalmente acordadas entre o cedente e a parte cedida – parte contrária no contrato objeto de cessão.

A regulamentação das condições em que se dá a cessão do contrato, justamente por ser um contrato sem regulamentação específica no ordenamento jurídico pátrio, é de suma importância e recomendável que seja pratica, para mitigar eventuais conflitos posteriores.

3. A Circunstância da Contratação

Diante dessas duas modalidades de contratos, ambos não tipificados pelo ordenamento jurídico brasileiro, com características particulares, mas ambos dotados de diversas questões importantes que se não observadas e reguladas, permitem grande insegurança jurídica às partes contratantes, dar-se-á sequência ao estudo consolidado neste trabalho.

O fato do Brasil, atualmente, estar enfrentando uma das maiores crises de sua história, criou uma situação constante de incertezas e inseguranças ao mercado, especialmente ao imobiliário e ao financeiro.

Em razão do crescimento acentuado da prática dos contratos "Built to Suit" no mercado imobiliário brasileiro, há grande necessidade de estudo e consolidação dos entendimentos e interpretações acerca dessa modalidade, para melhor garantia da segurança jurídica.

O aumento no número de construções realizadas por meio do "Built to Suit", alavancado pela criação do Sistema Financeiro Imobiliário (SFI)[17], que fomentou o desenvolvimento do mercado imobiliário, demonstra o grande entusiasmo das empresas em expansão, com o intuito de não imobilizar os seus ativos, para que possam maximizar o uso dos seus recursos à essência da sua atividade econômica.

Apesar do advento da Lei nº 12.744/12, que teve como finalidade tentar trazer maior segurança jurídica aos contratos "Built

---

[17] Lei nº 9.514/97, que dispõe sobre o SFI, a alienação fiduciária de imóveis, certificados de recebíveis e securitização de créditos imobiliários, dispondo sobre a capitação de recursos destinados exclusivamente ao financiamento imobiliário.

to Suit", em razão da falta de sua tipificação no direito positivo, deixou de observar muitos dos aspectos relacionados à sua essência, tendo sido observado apenas o momento final da execução do contrato, que é a parte em que a construção do imóvel é concluída e o contratante é imitido em sua posse, para então começar o período da locação.

A doutrina e a jurisprudência sobre os assuntos relacionados ao contrato "Built to Suit" são por demais escassos, havendo análises rasas, sem grande aprofundamento da matéria, tão pouco dissecação e análise da sua complexidade. E é exatamente a sua complexidade que precisa ser discutida.

3.1. A Complexidade do Contrato "Built to Suit"

Conforme já discorrido anteriormente, a prática de contratação pela modalidade "Built to Suit" tornou-se cada vez maior no mercado brasileiro, na última década.

Com a economia brasileira em constante crescimento e estabilidade, mais e mais investidores procuraram aportar seus recursos nas empresas sediadas em território nacional, somados à grande movimentação e atuação dos empresários brasileiros, que estavam diante de um horizonte de boas perspectivas de crescimento, fez com que houvesse a possibilidade de realização de maiores negócios jurídicos, criando-se novas formas de contratações, com necessidades do empresariado cada vez mais robustas.

O crescimento econômico do Brasil fez com que as empresas buscassem novos parâmetros para melhor capacitar e otimizar as suas atividades, nascendo, daí novas necessidades e despertando interesses em novas modalidades de contratação, especialmente para o mercado imobiliário.

As práticas negociais no mercado imobiliário passaram à um patamar ainda mais complexo, criando-se operações mais robustas e formas de contratação ainda mais requintadas, tanto do ponto de vista jurídico quanto econômico, ou mesmo financeiro.

Operações imobiliárias complexas passaram a ser praticadas exaustivamente, envolvendo uma pluralidade de partes e também de contratos, todos emaranhados, como, por exemplo, operações que envolviam capitação de recursos junto aos bancos, mediante operação de alienação fiduciária, com permuta de terreno por imóvel a ser construído – ou seja, com entrega futura e segundo determinadas especificações –, cessão de direitos de recebíveis de aluguel, em caráter fiduciário, com posterior securitização imobiliária, empreitada e construção da edificação, estudos de impacto ambiental, compra e venda de alguns maquinários, além da contratação de locação de outros maquinários, prestações de serviços urbanísticos, tudo numa mesma operação[18].

A grande fomentação do mercado imobiliário impulsionou as empresas a buscarem agressiva expansão no Brasil, sendo que uma das formas de viabilizarem essa forte expansão se deu através da contratação de "Built to Suit", exigindo-se do mercado imobiliário novas soluções para implantação e viabilização de seus negócios, o que, além de tudo, deve se dar com grande celeridade.

Os primeiros contratos "Built to Suit" que começaram a serem celebrados no Brasil destinavam-se, em sua maioria, para construção de galpões industriais, grandes redes de logística – atualmente, já há empresas especializadas em construir, implantar e gerir condomínios de logísticas –, armazéns, bem

---

[18] O exemplo de operação indicada pode ter a sua materialização verificada no caso da construção do Edifício Eldorado Business Tower, cuja construção foi concluída em 2007, na capital do Estado de São Paulo. O referido edifício foi o primeiro a ser ter certificação Leed Platinum na América Latina, que é o mais alto nível de certificação Greenbuilding, concedido pela *United States Greenbuilding Council*. A certificação foi realizada dois anos após a conclusão de sua construção. Disponível em: <http://www.usgbc.org/projects/eldorado-business-tower>. Acesso em: 16 jun. 2017.

como edificação de instituições de ensino[19], como faculdades e universidades.

Com a boa aceitação do mercado quanto à aderência da prática de contratação, pelos empresários, na modalidade "Built to Suit", em pouco tempo este contrato deixou de se limitar à galpões industriais e de logística, passando a ser aplicado para a construção de *shopping center*, hotel, redes das mais diversas lojas, especialmente para rede de franqueadas, *strip malls* ou também chamados de *strip centers*.

Denota-se, portanto, que se trata de modelo de contrato essencialmente complexo, dada a sua gama de componentes tão importantes, de forma que deve conter em si o mais completo aparelhamento de informações, face os seus objetos de construção, frente às expectativas do contratante, que irá gerir o seu negócio na edificação, a qual deverá atender seus anseios para que possa haver o máximo desempenho das atividades do contratante, contribuindo para melhor rentabilidade de suas atividades sociais.

A sua complexidade tem início já na parte pré-contratual, quando são indicadas as primeiras especificações do contratante ao contratado, como em qual região, tipo de via, deverá ser a escolhida para a compra do terreno aonde será edificado o imóvel. A depender do ramo de atuação do contratante, dado que cada um possui necessidades peculiares, deverá ser estudado e observado se o local do imóvel é estratégico para atrair consumidores ou clientes, ou se necessita de edificar imóvel em via estratégica para entregas, como é o caso das redes de logística.

---

[19] O primeiro "Built to Suit" do mercado educacional edificado no Brasil foi o atual Insper Instituição de Ensino e Pesquisa, na Capital do Estado de São Paulo, que na época era a IBMEC/SP (Instituto Brasileiro de Mercado de Capital de São Paulo). Disponível em: <http://www.migalhas.com.br/Quentes/17,MI19376,61044-Novo+campus+do+IbmecSP+sera+o+primeiro+no+segmento+de+educacao+a>. Acesso em: 16 jun. 2017.

Ademais, o local aonde será erguida a edificação deverá ter parâmetros mínimos, como metragem, potencial construtivo que atenda às especificações do contratante, tudo conforme leis, decretos e regulamentos da cidade, zona e/ou região.

Dando sequência às premissas básicas das especificações, são fornecidas as demais especificidades técnicas e peculiaridades de interesse do contratante ao contratado, sendo estas as condições pré-determinadas, específicas para a atividade do contratante. Obviamente, as especificações e peculiaridades que deverão constar no contrato "Built to Suit" variam de acordo com a atividade exercida pelo contratante, mas sem exceção, todas são dotadas de informações e especificações complexas, em razão da ordem econômica em questão.

Contratado pelas partes a modalidade "Built to Suit", ajustado o preço do investimento que será realizada pelo contratado, ajustado o preço do aluguel, que, além de ser composto pelo valor de aluguel comum[20], deverá abarcar em si a margem de retorno do investimento a ser auferido pelo contratado, a ser pelo contratante a partir do momento em que este começar a usufruir do imóvel edificado.

Celebrado o contrato, é iniciada a sua execução, em observância aos prazos estipulados pelas partes, o contratado, de posse de todas as especificações do contratante, prossegue à aquisição do terreno que atenda às referências que lhe foram outorgadas, juntamente a verificação da possibilidade de desenvolvimento do empreendimento no local, de forma que atenda aos requisitos e especificações para a construção da edificação nos exatos termos estabelecidos no contrato "Built to Suit".

---

[20] Entenda como sendo este o valor do aluguel no mercado imobiliário, considerando algumas referências bairro, densidade populacional do local, vias, obras públicas de acesso ao local, tais como avenidas importantes, estação de metrô, acesso por ônibus, dentre tantas outras, que não relacionadas ou que o imóvel contenha em si.

Todas essas obrigações assumidas pelo contratado englobam uma gama de outros contratos, como o de compra e venda do terreno, a prestação se serviços para elaboração de projeto por arquiteto, o fornecimento dos materiais específicos, ainda que a construção se dê por empreitada, prestação de serviço de gerenciamento de obra, todos estes, antes ainda da locação do imóvel ao contratante.

Ademais, a contratação "Built to Suit" é realizada sobre valores consideráveis. O investimento realizado pelo contratado, na grande maioria das operações, ultrapassa a casa dos milhões de reais. Os contratos são firmados com prazos longos, geralmente a partir de 10 (dez) anos de vigência, por se tratar de investimentos de longo prazo. É comum verifica-se prazos de 20 (vinte) ou 30 (trinta) anos de vigência.

Portanto, há de se compreender, ainda, que as partes contratantes são grandes empresários, multinacionais, empresas de médio ou grande porte, com alto poder aquisitivo e/ou de contratação, com robustez para operar este tipo de negócio.

Por estas razões elencadas acima, é preciso ressaltar que essa modalidade de contratação demanda cuidados especiais. Cada uma das etapas da contratação é igualmente importante, desde as especificações do imóvel a ser erguido, quanto ao tempo de execução da obra, forma de entrega do imóvel com contratante, cláusulas penais e declarações de direitos e deveres.

O contratante haverá de ser imitido na posse de imóvel que atenda estritamente as suas especificações, sendo ele o detentor do melhor conhecimento para a exploração de sua atividade comercial, sem que tenha que destinar seu capital à ativo imobiliário, o que lhe permite dispor de mais recursos para investir no exercício de suas atividades comerciais. O contratado, por sua vez, visa, através da construção da edificação encomendada, obter retorno financeiro quanto ao capital aplicado na referida construção, sendo essencial a ele, inclusive, a permanência do contratante como locatário do imóvel, dado que seu retorno financeiro advém do recebimento dos aluguéis, os quais já são pré-fixados no momento da contratação, possibilitando ao contratado verificar, no tempo, o fluxo de pagamento do seu investimento.

A necessidade de confeccionar o contrato com um maior detalhamento de cláusulas e condições contratuais pelas partes é essencial ao contrato "Built to Suit", inclusive por conta de sua atipicidade, devendo ser detalhado os efeitos e consequências para quando do término do contrato, a forma de devolução, sendo válido, inclusive, desde sua contratação estipular a forma e condição de eventual prorrogação, ou eventual direito do contratante de exercer a aquisição da edificação ao final do prazo da locação.

3.2. As Partes Envolvidas no Contrato "Built to Suit"

Além da complexidade do contrato "Built to Suit", exaustivamente elencada no presente trabalho, vale destacar, ainda, qual o perfil e estrutura das partes que usualmente praticam esse tipo de contratação.

Normalmente, as partes que celebram esse tipo de contratação são dotadas de suficiente capacidade de negociação, com apoio de profissionais contratados, especializados em diversos assuntos que não apenas atinente a atividade principal da empresa. São empresas com formas e estrutura hierárquicas e de distribuição de competências para análise das mais diversas questões que envolvem, ainda que indiretamente, os exercícios das atividades comerciais da empresa, como, por exemplo, dotadas de departamento fiscal, financeiro, jurídico, marketing, contabilidade, dentro tantos outros. Cada área de apoio com profissionais especializados nos seus respectivos ofícios, convergindo seus esforços para melhor rentabilizar os interesses da empresa como um todo.

ESTUDOS APLICADOS DE DIREITO EMPRESARIAL

Ainda, quando não possuem dentro de sua estrutura institucional todas as áreas de apoio necessárias, possuem parceiros terceirizados, com escritórios de advocacia, contabilidade, agência de publicidade etc. Não raro são as empresas, ainda, possuírem as duas formas de estruturação e condução de seus negócios, com áreas e profissionais especializados, cada um ao seu respectivo ofício, os quais ainda têm a possibilidade de pedir apoio à empresas, escritórios e/ou profissionais também especializados em cada uma das áreas profissionais existentes.

Não obstante à esta estruturação empresarial, cada vez mais tem sido adotado pelas empresas regulamentações internas para regramento da condução dos negócios empresariais, como adoção de métodos de governança corporativa, códigos de conduta e ética, regras de *compliance*[21], políticas de transparência e demais regramentos e fluxos internos estabelecidos para condução das atividades da empresa.

Desta forma, resta evidente que o perfil dos contratantes são empresas profissionais altamente capacitadas e dotadas de estrutura e bom preparo para exercerem suas atividades no mercado econômico, enrijecidas de forma a estarem aptas para celebrarem contratos complexos e de alto valor monetário.

Considerando, mais ainda, que as operações imobiliárias de contratação via "Built to Suit" envolvem, além da complexidade já exaustivamente elencada acima, são contratações que envolvem valores consideráveis.

Para melhor elucidar a questão de valores para abertura de um negócio, tomemos como exemplo a rede de *fast food* da marca

---

[21] Em sentido estrito, trata-se de conjunto de regras e orientações de condutada com o objetivo de fazer cumprir regras legais, regulamentos, normas, bem como estabelecer políticas e diretrizes para a condução e execução dos negócios de uma empresa. As regras de *compliance* de uma empresa visam evitar, ou minimamente mitigar, a prática de condutas que possam trazer riscos à operação da empresa, detectando-se inconformidades legais, éticas e morais, não aceitas para as práticas e exercícios das atividades empresariais e sociais.

McDonald's. A marca é um dos maiores sucessos no seu ramo de atividade – comercialização de produtos alimentícios – e conta com mais de 33.000 (trinta e três mil) restaurantes, espalhados em 119 (cento e dezenove) países em todo o mundo[22]. Para a abertura de uma loja – lanchonete – da rede McDonald's, o custo do investimento variava, em 2013, de R$ 1.600.000,00 (um milhão e seiscentos mil reais) a R$ 2.600.000,00 (dois milhões e seiscentos mil reais)[23], valores estes que devem ser corrigidos até o presente ano.

Desta forma, fica mais clara a acepção de que, neste exemplo, a abertura de uma loja da rede McDonald's mediante contratação de "Built to Suit" implica na capacidade de dispor-se do alto valor de investimento que o contratado deverá realizar, atendendo às especificações da rede de *fast food*, com longa vigência de locação, de forma que lhe seja possibilitado haver para si o retorno financeiro de seu investimento na edificação do imóvel.

O referido exemplo demonstra que a prática do contrato "Built to Suit" não se restringe apenas à construção de grandes complexos comerciais e empreendimentos, sendo praticado em diversos ramos comerciais, atendendo às mais variáveis atividades.

O investimento econômico para a contratação do "Built to Suit" demonstra-se ser relevante, dotando-se, portanto de mais uma de suas características de sua complexidade, e, em razão disto, as partes contratantes tendem a ser, em sua vasta maioria, altamente capacitadas e dotarem de condições suficientes para celebração do negócio jurídico.

---

[22] Informação obtida junto à empresa Arcos Dourados Comércio Alimentos Ltda., detentora da marca McDonald's no Brasil. Disponível em: <http://www. mcdonalds.com.br/quem-somos/franquias>. Acesso em: 17 jun. 2017.

[23] Valores indicados, segundo a InfoMoney, em pesquisa realizada em 2013 para aberturas de lojas de marcas que operam com franquias. Disponível em: <http://www.infomoney.com.br/franquias/noticia/3095956/franquias-que-faturam-mais-por-ano-saiba-quanto-custa-investir>. Acesso em: 17 jun. 2017.

4. A Cessão da Posição Contratual no Contrato de "Built to Suit"

Abordados e discorridos os princípios básicos dos contratos, importantes para a compreensão da situação e problemática hipotética, objeto de estudo da presente monografia, adicionadas as questões igualmente importantes quanto à atipicidade dos dois modelos de contratação (o contrato "Built to Suit" e o contrato de cessão de posição contratual), contextualizando-se a grande complexidade do contrato "Built to Suit", bem como o perfil das partes que usualmente a ele contratam, podemos nos debruçar, adiante, à análise da questão problemática, tema deste trabalho.

A situação hipotética estudada nesta monografia se dá sob o âmbito do contrato "Built to Suit", cujo contratante – futuro locatário do imóvel a ser edificado segundo suas especificações – cede à terceiro sua posição contratual. Para melhor identificação das partes integrantes dessa situação hipotética, elenca-se abaixo as figuras em cada um dos contratos e a substituição da parte contratante no contrato "Built to Suit":

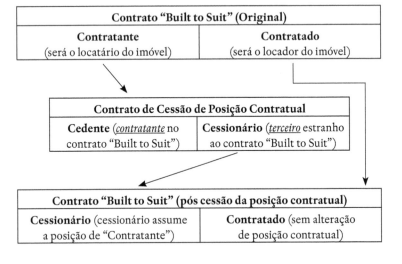

Desta forma, consolida-se que as figuras ou partes dos contratos, para exposição no presente estudo, quando referenciados, adotam as denominações conforme segue: (i) "contratante" ou "cedente" – contratante original no contrato "Built to Suit"; (ii) "cessionário" – terceiro que substitui o cedente no contrato "Built to Suit"; e (iii) "contratado" ou "cedido" – parte no contrato "Built to Suit" sem alteração de posição contratual.

Ocorrida a cessão da posição contratual do contratante à terceiro – sendo que o primeiro, no contrato de cessão da posição, é denominado cedente, e o segundo, naquele mesmo contrato, é denominado cessionário – este último substitui o contratante no contrato "Built to Suit", assumindo os direitos e obrigações oriundos deste perante o contratado. Esse é o efeito prático e da cessão, em sua essência.

Vale dizer, não se trata de novação contratual ou qualquer outro instituto jurídico, uma vez que a figura do contratante é substituída por um terceiro. Os termos e condições do contrato "Built to Suit" permanecem inalterados, estando o contrato, inclusive, já em fase de execução.

Ainda, vale destacar também que, para a situação hipotética tratada nesta monografia, presume-se que a cessão da posição contratual não possui embargo pelo cedido, ou seja, pelo contratado no contrato "Built to Suit", haja vista que este permanece na relação jurídica original. A anuência do cedido é imprescindível para que o contrato de cessão da posição contratual tenha eficácia, pois se operado da forma contrária, sem a aquiescência do cedido, o contrato de cessão da posição contratual é sucessível de anulação.

A autorização, pelo cedido, da substituição da parte contrária no contrato pode se dar de forma prévia ou posteriormente. Sendo que neste último caso, aconselha-se obter autorização escrita do cedido, com declaração expressa de conhecimento dos termos do contrato de cessão, sem oposição aos seus termos, ratificando todos os termos e condições nele estabelecidos e, por fim, reconhecendo o terceiro, cessionário, como titular dos direitos e obrigações oriundas do contrato original, em que se operou a substituição da posição contratual.

Se já constar no contrato autorização à(s) parte(s) da cessão de sua posição contratual, entende-se suficiente para considerar como autorização prévia, ainda que o cedido não tenha conhecimento de quem será o terceiro que substituirá a parte com quem inicialmente contratou, salvo se houver na cláusula especificação de pré-requisitos condicionantes à autorização[24].

Pontuada a questão da autorização do cedido, para cessão da posição contratual, dar-se-á seguimento à discussão hipotética do caso em tela.

Para que haja a cessão da posição contratual, invariavelmente o momento do negócio jurídico em análise se dá após as tratativas iniciais de negociação, tendo sido já o contrato "Built to Suit" firmado e, portanto, em fase de sua execução.

Desta forma, vale ressaltar, portanto, que o cessionário, no contrato "Built to Suit", não participou da fase pré-contratual, em que as especificações e peculiaridades indicadas ao contratado, bem como os acertos comerciais (como valor do investimento, valor do aluguel, início, prazo do cronograma de obras, prazo de entrega da construção da edificação regularizada, prazo da locação etc.), não assistindo, assim, oportunidade para o cessionário opinar, especificar ou realizar quaisquer ajustes às especificações de construção da edificação que irá lhe servir.

Todas as especificações, requisitos, conceito da edificação e suas peculiaridades foram fornecidas pelo cedente, ao cedido

---

[24] A falta de autorização do cedido, para que cedente ceda a sua posição no contrato a outrem, sujeita essa cessão à uma possível anulabilidade do contrato de cessão, nos termos do Artigo 176, do Código Civil: "Art. 176. Quando a anulabilidade do ato resultar da falta de autorização de terceiro, será validado se a der posteriormente".

(na figura de contratado, no contrato "Built to Suit"). Logo, uma vez cedida a posição contratual, pelo cedente ao cessionário, todos os ativos e passivos, créditos e débitos, são abarcados ao cessionário.

O contratado executará o projeto[25] e a obra de construção da edificação, por si mesmo ou através de terceiros, segundo as especificações fornecidas pelo contratante, ficando de responsabilidade deste a mais precisa clareza, diligência e objetividade na prestação das especificações que lhe convém, sendo ele o detentor, evidentemente, do melhor conhecimento a respeito de suas necessidades e das especificações que melhor lhe convém.

Desta forma, há que se elencar que na hipótese de, o contratado, executar o projeto em estrita observância às especificações do contrato, bem como executar o projeto em perfeito atendimento à ele, também em cumprimento as especificações do contratante, eventuais inconsistências, restrições ou características que não atendam as expectativas do contratante não poderão ser atribuídas como falhas do contratado, haja vista que este teria executado exatamente o que lhe foi solicitado.

A responsabilização pelas falhas na edificação oriundas das especificações do contratante não pode ser atribuída ao executor do projeto e/ou da construção da edificação. Para atribuição de responsabilidades, deverá, em primeiro lugar, ser identificada a culpa pela falha que acarretou a deficiência na edificação. Identificado que a falha provém das especificações concedidas

---

[25] O projeto também poderá ser fornecido pelo contratante ao contratado, se assim for acordado entre as partes, restando ao contratado a obrigação de executar o projeto recebido. No entanto, se seguido desta forma, haverá uma alocação de parte da responsabilidade pelo sucesso da edificação, do contratado ao contratante, pois todas as projeções arquitetônicas e técnicas terão sido elaboradas por este último, não lhe cabendo, portanto, direito de reclamar do contratado por eventuais falhas no projeto, que impossibilitam ou restrinjam a boa utilização do imóvel pelo contratante.

ESTUDOS APLICADOS DE DIREITO EMPRESARIAL

pelo contratante, não poderia este atribuir ao contratado a responsabilidade pela deficiência na edificação, considerando ter sido o projeto e sua execução atentado às suas especificações.

Diferente seria se as falhas tivessem sido originadas do projeto ou de sua execução, realizados pelo contratado, em desconformidade com as especificações do contratante. Neste caso, haveria de ser o contratado responsabilizado, ensejando-se, inclusive, em descumprimento de cláusula contratual, uma vez que o contratado se obriga no contrato "Built to Suit" a executar exatamente aquilo que lhe foi pedido, pois, se não for assim, o imóvel perde a sua serventia ao contratante, ferindo a essência dessa modalidade de contratação, uma vez que, assim, a construção não serviria aos anseios do contratante.

Em sequência à problemática do presente estudo, considerando as especificações do contratante, cedida a sua posição contratual no contrato "Built to Suit" ao cessionário, ocorre a substituição da parte contratante, assumindo os direitos e obrigações perante o cedido, contratado.

Portanto, a execução do contrato "Built to Suit" permanece constante, sem alterações. A problemática hipotética fomentada nesta monografia se dá na situação em que há falha nas especificações e peculiaridade de construção da edificação, fornecidas ao contratado, mas falhas estas ainda não identificadas, as quais viriam à tona em momento oportuno, mas após a substituição do contratante pelo terceiro, cessionário.

O cessionário reclamaria do cedente responsabilidade pelas especificações fornecidas ao contrato, o cedido, em razão da boa utilidade do imóvel edificado não corresponder aos seus anseios e necessidades. Pois, como verificado, essa responsabilidade não pode ser atribuída ao contratado, em razão deste estar livre de culpa pela falha.

A culpa pela falha independe de haver ciência pelo cessionário de sua existência. Não havendo ciência do cessionário quanto à falha em suas especificações, poderia lhe ser imputada negligência no fornecimento delas, as especificações.

As falhas nas especificações fornecidas para construção da edificação necessitam, portanto, de serem sanadas, para que o imóvel possa servir ao seu destino. O saneamento da falha implica, necessariamente, na realização de intervenções que podem alterar o projeto e, fatalmente, as obras e benfeitorias que foram executadas, e essas intervenções acarretam em investimento suplementar ao que foi inicialmente planejado.

Como o investimento é realizado pelo contratado e o retorno de seu investimento se dá mediante o recebimento do valor do aluguel a ser devido após a entrega do imóvel ao cessionário e, portanto, início da locação, o preço do contrato deverá ser alterado, criando-se impactos econômicos tanto ao cessionário quanto ao cedido.

Seria, portanto, plausível considerar, segundo esta tese, que o custo do valor suplementar do investimento fosse suportado pelo cessionário, que, por ação ou omissão, compreende a culpa pela falha nas especificações fornecidas pelo cedente, podendo onerar o cessionário, que não concorreu com a culpa.

A tese que defenderia a atribuição ao cedente a responsabilidade pelas falhas nas especificações estaria repousada, aparentemente, à questão da hipossuficiência da parte cessionária, pois ela teria que comprovar não ter capacidade para identificar tais falhas previamente e, desta forma, não poderia estar à mercê do ônus de arcar com o valor suplementar necessário para sanar tais irregularidades.

Contudo, como importantemente discorrido no item 4 desta monografia, para compreensão da discussão em tela, mais precisamente quanto ao abordado nos subitens 4.1 e 4.2, as *circunstâncias* desse tipo de contratação acabam, por si só, afastando a invocação de situação de hipossuficiência das partes.

Como elencado e enfatizado nos referidos itens, o contrato "Built to Suit" tem abarcado em si a alta complexidade quanto ao tipo de negócio celebrado, tendo como partes do contrato pessoas, empresas, dotadas de poder econômico relevante, capacitadas a celebrarem contratos complexos, como o em referência, analisando e mensurando os riscos a eles inerentes. Ainda que, eventualmente, as empresas não disponham de estrutura interna para absorver demandas para análise dos fatores de riscos, são dotadas de recursos suficientes para terceirizarem esse tipo de análise, sejam contratando escritórios de advocacia, planejamento financeiro ou diversos tipos de consultorias em negócios.

Logo, há de se perceber que a atribuição da responsabilidade ao cessionário não parece ser dotada de bom fundamento jurídico ou econômico, pois essa responsabilidade não traz consigo o risco do negócio. Ou seja, a parte que tem interesse em ser o cessionário da posição contratual no "Built to Suit" é quem assume o risco em abarcar para si os direitos e deveres oriundos do contrato em que se pleiteia a substituição da parte contratante.

Ademais, intuitivamente é levado a crer que, sem que o cedente tenha conhecimento das falhas ou inconsistências nas especificações que forneceu ao cedido, alocar a ele a responsabilidade para tanto parece, que pese respeitar entendimentos diversos, não ser dotado de bom argumento jurídico a questão de hipossuficiência.

Contudo, se o cedente tem consciência das falhas e inconsistências existentes nas especificações que forneceu ao cedido, sem, contudo, que as tenha elencado ao cessionário, haveria a possibilidade de ser defendida uma outra tese: a de não observância ao princípio da boa-fé contratual.

Pois bem. Diante desta situação hipotética, haveríamos de estabelecer, do ponto de vista do cessionário, um raciocínio lógico que pudesse atribuir ao cedente a responsabilidade por suportar os custos de saneamento das falhas.

O princípio da boa-fé, como já abordado e estudado nesta monografia[26], estabelece que as partes contratantes devem observar alguns comportamentos e ânimos para a realização de negócios jurídicos.

Assim, preceito indispensável nas relações negociais é o da boa-fé, que estabelece que as partes contratantes devem agir com ética, transparência, honestidade e prestar as informações de forma clara e livres de interpretações dúbias.

Nota-se que, ferindo-se o princípio da boa-fé, inevitavelmente estar-se-á diante de uma infração à dispositivo legal, pois é inserido ao nosso ordenamento jurídico a obrigação de agir com boa-fé, pelo Artigo 422 do Código Civil[27].

Assim, diante da situação hipotética em que o cedente, ciente da falha nas especificações que forneceu, omite-se em comunica-la ao cessionário, poderia ser invocado a tese de atribuição da responsabilidade ao cedente, em decorrência da falta de transparência e ética, ou seja, afronta ao dever de boa-fé.

Portanto, estaria fundado que o cedente agiria em desacordo com a norma legal, ferindo o disposto no Artigo 422 do Código Civil e, por assim ser, cometeria ato ilícito, nos termos do Artigo 187 do Código Civil:

> Art. 187. Também comete ato ilícito o titular de um direito que, ao exercê-lo, excede manifestamente os limites impostos pelo seu fim econômico ou social, pela boa-fé ou pelos bons costumes.

Assim, configurado que o cedente teria ferido dispositivo legal (Art. 422 do Código Civil) e, ao feri-lo, cometeria ato ilícito (Art. 187 do Código Civil), chegaria a conclusão de que,

---

[26] Vide Capítulo 2, item 2.2, alínea "d", da presente monografia.

[27] Relembrando, diz Artigo 422 do Código Civil: "Art. 422. Os contratantes são obrigados a guardar, assim na conclusão do contrato, como em sua execução, os princípios de probidade e boa-fé".

ESTUDOS APLICADOS DE DIREITO EMPRESARIAL

quem comete ato ilícito é obrigado a reparar o prejuízo, também fundado no Código Civil, em seu Artigo 927:

> Art. 927. Aquele que, por ato ilícito (arts. 186 e 187), causar dano a outrem, fica obrigado a repará-lo.

Sistematicamente, o cessionário poderia invocar essa tese para atribuir a responsabilidade de reparação da falha ao cedente, utilizando-se do seguinte raciocínio lógico-jurídico: (i) as falhas ou inconsistência do imóvel edificado tem origem – ou causa – no fornecimento equivocado de especificações para construção do imóvel, informadas pelo cedente; (ii) o cedente, por sua vez, ao ceder sua posição contratual ao cessionário, omitiu a existência de tais falhas; (iii) a omissão da informação relevante configura afronta ao princípio da boa-fé (Artigo 422 do Código Civil); (iv) ocorrida a infração legal, estaria configurado o ato ilícito praticado pelo cedente, ensejador, portanto, da obrigação de reparar o dano (Art. 927 do Código Civil).

No entanto, é justamente no princípio da boa-fé que o cedente construiria a sua tese de defesa. Para tanto, há de se trazer essa problemática às circunstâncias da contratação e do negócio jurídico, mais precisamente a complexidade do contrato "Built to Suit".

A circunstância dessa contratação implica em dois importantes fatores: (i) o contrato "Built to Suit" é complexo, não sendo tipificado pelo direito positivo, sem haver, portanto, normas jurídicas que regulamentem a distribuição de responsabilidades específicas às partes contratantes; e, não menos importante, (ii) o afastamento da hipossuficiência das partes contratantes, incluindo-se aqui, ademais, o cessionário que passa a assumir a parte de contratante no contrato "Built to Suit".

De certo é que, não sendo o cessionário parte hipossuficiente na relação, ele dota de responsabilidade com a observância da boa-fé; ou seja, é obrigação sua adotar postura diligente para avaliar os riscos que assumirá na substituição do cedente, frente ao cedido, no contrato "Built to Suit".

Ora, se a boa-fé deve ser observada pelo cedente, da mesma forma deve ser observada pelo cessionário. O princípio da boa--fé não é aplicável somente a uma das partes, pois tem abarcado em si a característica de ser exercida entre as partes como uma "via de mão dupla".

O cessionário, que é dotado de plena capacidade de realizar boa diligência, tem o dever de investigar todos os preceitos que repousam no contrato "Built to Suit", devendo analisar, inclusive, as especificações e peculiaridades fornecidas pelo terceiro, o cedente, ao contratado, o cedido.

Deverá adotar postura que permita verificar, a fundo, todos os termos e condições em que foram formalizados no contrato "Built to Suit", exigindo-se do cedente a prestação da mais completa informação sobre os termos que forem referenciados para o projeto e a sua execução, para a construção da edificação.

O poder econômico das partes envolvidas em contratos "Built to Suit" não comporta alegação no sentido de não serem dotadas de condições para averiguação das condições em que se encontra o contrato, quanto aos seus termos, o projeto e a execução real da obra. Ainda que a parte, o cessionário no caso hipotético em tela, não tenha atuação na área de engenharia civil, projetista ou legal, ela tem plenas condições de contratar profissionais especializados em cada área, para averiguarem a real condição em que o contrato "Built to Suit" se encontra, os preceitos técnicos e operacionais.

Dada a complexidade do contrato "Built to Suit", espera-se uma conduta condizente do cessionário para que este assuma a posição contratual de contratante no referido contrato. Essa conduta deve ser fundada numa postura ativa, ética, diligente, com diretrizes capazes de mitigar os riscos e inseguranças jurídicas.

Do contrário, haveria a possibilidade de afrontamento à função social do contrato, à ordem econômica e à ordem pública, uma vez que acolher a tese de que o cessionário não estaria dotado de condições para diligenciar sobre tal situação documental e fática, atribuindo ao cedente a responsabilidade pelas falhas ou inconsistências das especificações fornecidas ao cedido, incorrer-se-ia na insegurança da ordem jurídica.

Isto porque, teoricamente, se essa postura for largamente adotada e incorporada nas relações empresariais, estas estariam fadadas ao insucesso, uma vez que haveria margem à qualquer tipo de postulação jurídica decorrente de acontecimentos negativos oriundos do próprio risco do negócio, o que desmotivaria a prática das relações comerciais como um todo.

Ora, se desconsiderada a boa-fé da cessionária, no tacante a sua obrigação de diligência para a celebração do negócio, tamanha seria a insegurança jurídica, que invariavelmente afetaria as práticas comerciais de forma incalculável, sendo que os seus efeitos e consequências no tocante à parte econômica, pois as análises de risco, em um cenário de insegurança jurídica, alteram consideravelmente o preço do negócio, visando a parte preservar sua margem de lucro, o que poderia causar um efeito em cascata no mercado, dificultando a fomentação e desenvolvimento desses negócios, e trazendo prejuízos à economia como um todo.

Ademais, as partes contratantes estão inseridas à negociação comercial cada uma por sua livre escolha e iniciativa, tal qual é a decisão privativa de cada uma delas de firmarem o acordo ou não, devendo cada parte avaliar se está confortável ou não para concluírem o negócio nos termos até então expostos.

Desta forma, em se tratando de parte altamente profissional e capacitada, a diligência para mensuração do risco e das condições do negócio faz-se imprescindível à ela, não podendo alegar desinformação ou indução a erro[28]. Logo, não há que se falar em desequilíbrio entre as partes, pois ambas residem sobre o mesmo plano.

Portanto, aquele que age pela boa-fé, tem dever não somente de fornecer informações, de transparência e ética, mas também de ser ativo, diligente e seguir diretrizes para o bom desempenho no exercício de suas atividades, estudando e avaliando os riscos que envolvem a operação ao qual está interessado.

5. Conclusão

A modalidade de contratação do "Built to Suit" envolve, conforme demonstrado neste trabalho, em sua essência, a implicação em uma diversificação de outros contratos inserido em um mesmo negócio jurídico, pois ele implica, no mínimo, em contratação de construção de imóvel, empreitada, prestação de serviços (projeto, arquitetônico, legalização – estudo de impactos face legislação local, como lei orgânica) e o de locação.

Por se tratar de contrato atípico, bem como ter sido inserida a sua previsão no âmbito da Lei de Locação de Imóvel Urbano (em seu Artigo 54-A), de forma a conflitar com os demais artigos da referida Lei, vem à tona inúmeros questionamentos, discussões e divergências em sua interpretação, ainda muito carente de discussão doutrinária e jurisprudencial.

Pode-se verificar, ainda, outro instituto do Direito Civil que também não tem previsão expressa no ordenamento jurídico pátrio, ou seja, também não tipificado em Lei. O instrumento de cessão da posição contratual, modalidade contratual que

---

[28] A indução a erro estaria abarcada à outra situação hipotética, residindo no campo da ilegalidade por conduta dolosa, como, por exemplo, o cedente forjar documentação, ou adulterá-la, para que o cessionário não pudesse ter condições de identificar as falhas no negócio contratado. Isto poderia levar à nulidade do contrato de cessão da posição contratual, tema este também pertinente, mas que não é objeto deste estudo.

ESTUDOS APLICADOS DE DIREITO EMPRESARIAL

também não é dotado de quaisquer regras específicas, limites ou exonerações de responsabilidades no ordenamento jurídico, exceto pelas regras gerais e princípios contratuais norteadores da relação jurídica civil.

Ademais, o presente estudo procurou denotar as questões jurídicas envolvendo aplicação à uma condição hipotética, e problemática, em que essas duas modalidades atípicas de contratos (o "Built to Suit" e o da cessão da posição contratual) ocorram sob o mesmo campo de ação, considerando a cessão da posição contratual, no contrato "Built to Suit", da parte contratante, que, por si só, são lançadas à tona inúmeras situações de inseguranças jurídicas e econômicas, questionamentos e conflitos.

O presente estudo teve como intuito, portanto, fomentar as questões que envolvem as responsabilidades contratuais do contratante, no contrato "Built to Suit", na situação hipotética em que ele é quem cede a sua posição contratual à terceiros, adicionando-se, à esta situação, a problematização no sentido de que eventuais questões referentes ao fornecimento de orientação, especificação e suas peculiaridades realizadas pelo contratante original, como é a forma da contratação "Built to Suit", para a construção (ou reforma substancial) da edificação ao contratado (adquirente e proprietário do imóvel que sofrerá a edificação ou reforma substancial), relacionados à imprevistos, falhas ou desconformidades na edificação, ou mesmo constante de seu projeto, com origem nas informações, especificações e orientações prestadas pelo contratante original ao contratado.

Assim, ao ser introduzido um terceiro à problemática mencionada no parágrafo anterior, sendo que este terceiro ocupa a posição contratual em substituição ao contratante original no contrato "Built to Suit", sem que esse terceiro, portanto, tenha prestado orientações quanto às especificações de construção do imóvel, questiona-se a sua obrigação ou dever em corrigir a irregularidade (ainda que em forma de indenização), ao seu exclusivo ônus, bem como analisar a responsabilidade para tanto, se transfere-se para ele, terceiro, ou se o contratante original deve responder pelas orientações fornecidas quando da celebração do contrato "Built to Suit".

Para a realização desse estudo, foram abordados os principais princípios jurídicos contratuais, norteadores dos negócios jurídicos do direito privado, princípios obrigacionais previstos no âmbito da legislação pátria, justamente em razão da atipicidade de ambos os contratos objeto de estudo.

Os princípios regedores dos contratos, após estudados, foram aplicados à hipóteze da situação/problemática estabelecida, sendo possível observar teses e linhas de raciocínio jurídico a partir da problemática, apoiando-se nos princípios da boa-fé e da autonomia privada.

Diante disto, faz-se necessário limitar as responsabilidades inerentes a situação jurídica das partes, analisando-se conceitos de forma a conjugar um maior detalhamento das circunstâncias da contratação, tendo dois pilares como referência: (i) a complexidade do contrato "Built to Suit"; e (ii) as condições das partes praticantes dessa modalidade de contratação.

Desta forma, pode-se verificar neste estudo que o ponto central da responsabilidade contratual do cedente perante o cessionário por conta das especificações de construção no contrato "Built to Suit", foi balizada pelo princípio da "boa-fé" contratual.

Ora, se a modalidade da contratação "Built to Suit" é amplamente complexa e as partes que celebram esse tipo de contrato são igualmente capacitadas para tanto, há de se afastar questões indutoras de hipossuficiência, como um dos elementos discutidos dentro da autonomia privada, haja vista serem as partes dotadas de boa estrutura e capacitação econômica para celebração desse tipo de contrato ou, no menos, são dotados de condições econômicas para contratação de profissionais especializados e dotados de condições técnicas para avaliar e realizar diligência quanto ao negócio jurídico em questão.

Logo, ao serem analisados os princípios de direito que norteiam as relações contratuais, essa responsabilidade, frente às essências dos contratos de "Built to Suit", aliados aos aspectos jurídicos da cessão da posição contratual, verificou-se que a problemática atinge os princípios da boa-fé, da autonomia privada, da ordem pública e, ainda, a função social dos contratos.

Sendo assim, ao ser realizado o presente estudo, fomentando-se a questão da responsabilidade do contratante/cedente de sua posição contratual no contrato "Built to Suit", com base na situação hipotética problematizada, há de se concluir que não assiste ao cedente responsabilidade quanto à eventuais falhas ou inconsistências nas informações, especificações e peculiaridades que transmitiu ao contratado no contrato "Built to Suit", em razão do cessionário, que assume a posição contratual em substituição daquele, ter o dever de boa-fé em ser diligente na condução e estudo do negócio jurídico em questão, haja vista não poder ser o cessionário considerado parte hipossuficiente.

Em complementação, resta evidenciado que um dos fatores essenciais para determinação dessa responsabilidade se dá por conta das circunstâncias da contratação (complexidade contratual e capacidade das partes em contratarem, quanto ao seu poder econômico e dever de boa-fé).

Por fim, é recomendável a regulamentação pelas partes de forma robusta na celebração dessas duas modalidades de contratos, havendo de serem negociadas cláusulas que estipulem as condições em que cada parte assumirá responsabilidades por determinados atos (ou não), de forma a mitigar os riscos do negócio e a insegurança jurídica, em atendimento ao princípio da boa-fé e à função social do contrato.

Referências

AGUIAR DIAS, José de. *Da responsabilidade civil.* 10 ed, Rio de Janeiro: Forense, 1997.

ALVIM, Agostinho. *Da inexecução das obrigações e suas consequências.* 5 ed, São Paulo: Saraiva, 1980.

AMARAL, Francisco. *Direito civil:* introdução. 8 ed, Rio de Janeiro: Renovar, 2014.

ANDRADE, Fabio Siebeneichler de. *Considerações sobre os contratos atípicos à luz do novo código civil.* São Paulo: Ed. Quartier Latin, 2005.

ANTUNES, Marcelo Piazzetta. A causa sistemática e a teoria das redes contratuais: a influência do elemento causal na para-eficácia dos contratos. In: TEPEDINO, Gustavo; FACHIN, Luiz Edson (coord.). *Diálogos sobre o direito civil.* São Paulo: Ed. Renovar, 2008. pp. 589-61.

ASSIS, Araken; ANDRADE, Ronaldo Alves de; ALVES, Francisco Glauber Pessoa. In: ALVIM, Arruda; ALVIM, Thereza (coord.), *Comentários ao código civil brasileiro.* Rio de Janeiro: Forense, 2007.

AZEVEDO, Álvaro Villaça. *Teoria geral dos contratos típicos e atípicos.* 1 ed, São Paulo: Atlas, 2009.

AZEVEDO, Álvaro Villaça. *Teoria geral dos contratos típicos e atípicos:* curso de direito civil. 2 ed, São Paulo: Atlas, 2014.

AVVAD, Pedro Elias. *Direito imobiliário:* teoria geral e negócios imobiliários. 4 ed, Rio de Janeiro: Forense, 2014.

BDINE JÚNIOR, Hamid Charaf. *Cessão da posição contratual.* 2 ed, São Paulo: Saraiva, 2008. 140p.

BENEMOND, Fernanda Henneberg. *Contratos Built to Suit.* Coimbra: Almedina; São Paulo: Insper, 2013.

BETTI, Emilio. *Teoria geral do negócio jurídico.* Tradução Fernando de Miranda. Coimbra: Coimbra Editora, 1969. Tomo I.

BEVILAQUA, Clóvis. *Código civil dos estados unidos do Brasil:* Comentado. Rio de Janeiro: Editora Rio, 1976.

BOTTESINI, Maury Ângelo; NADEU, Kelly Durazzo. *Construção para arrendar no sistema financeiro imobiliário.* In: AMORIM, José Roberto Neves; ELIAS FILHO, Rubens Carmo. *Direito imobiliário:* Questões Contemporâneas. Rio de Janeiro: Elsevier, 2008.

BRASIL. Lei nº 8.245, de 18 de outubro de 1991. Dispõe sobre as locações dos imóveis urbanos e os procedimentos a elas pertinentes. *Palácio do Planalto Presidência da República,* Brasília, DF, 18 out. 1991. Disponível em: <http://www.planalto.gov.br/ccivil_03/leis/L8245.htm>

ESTUDOS APLICADOS DE DIREITO EMPRESARIAL

BRASIL. Lei nº 9.514, de 20 de novembro de 1997. Dispõe sobre o Sistema de Financiamento Imobiliário, institui a alienação fiduciária de coisa imóvel e dá outras providências. *Palácio do Planalto Presidência da República*, Brasília, DF, 20 nov. 1997. Disponível em: <http://www.planalto.gov.br/ccivil_03/leis/L9514.htm>

BRASIL. Lei nº 10.406, de 10 de janeiro de 2002. Institui o código civil. *Palácio do Planalto Presidência da República*, Brasília, DF, 10 jan. 2002. Disponível em: http://www.planalto.gov.br/ccivil_03/leis/2002/L10406.htm

BRASIL. Lei nº 12.744, de 19 de dezembro de 2012. Altera o art. 4º e acrescenta art. 54-A à Lei nº 8.245, de 18 de outubro de 1991, que "dispõe sobre as locações dos imóveis urbanos e os procedimentos a elas pertinentes", para dispor sobre a locação nos contratos de construção ajustada. *Palácio do Planalto Presidência da República*, Brasília, DF, 19 dez. 2012. Disponível em: <http://www.planalto.gov.br/ccivil_03/_Ato2011-2014/2012/Lei/L12744.htm

CAMARGO, Estela L. Monteiro Soares de. Direito de superfície. In: TIMM, Luciano Benetti; TUTIKIAN, Claudia da Fonseca; PAIVA, João Pedro Lamana. *Novo direito imobiliário e registral*. São Paulo: Quartier Latin, 2010.

CARVALHO, Orlando. *Negócio jurídico indireto*. In: _____. Escritos. Páginas de Direito I. Coimbra: Almedina, 1998.

CAVALIERI FILHO, Sergio. *Programa de responsabilidade civil*. 10 ed, São Paulo: Atlas, 2012.

CHALHUB, Melhim Namem. *Propriedade imobiliária, função social e outros aspectos*. Rio de Janeiro: Ed. Renovar, 2000.

COELHO, Fábio Ulhoa. *Curso de direito civil:* contratos. 5 ed, São Paulo: Saraiva, 2012. 513p.

COELHO, Fábio Ulhoa. *Curso de direito civil:* Contratos. 8 ed, São Paulo: Revista dos Tribunais, 2016. Vol. III.

DINIZ, Maria Helena. *Curso de direito civil brasileiro:* Teoria das Obrigações Contratuais e Extracontratuais. 20 ed, São Paulo: Saraiva, 2004.

DINIZ, Maria Helena. *Curso de direito civil brasileiro:* Responsabilidade Civil. 20ª ed, São Paulo: Saraiva, 2006.

DINIZ, Maria Helena. *Curso de direito civil brasileiro:* Teoria das Obrigações Contratuais e Extracontratuais. 29 ed, São Paulo: Saraiva, 2013. Vol. III.

DUARTE, Rui Pinto. *Tipicidade e atipicidade dos contratos*. Coimbra: Almedina, 2000.

ENEI, José Virgílio Lopes. Contratos coligados. *Revista de Direito Mercantil, Industrial, Econômico e Financeiro*, nº 132, ano LXII, out-dez 2003.

FIGUEIREDO, Ivanildo. *Direito imobiliário*. São Paulo: Editora Atlas, 2010.

O CONTRATO "BUILT TO SUIT" E A RESPONSABILIDADE DO CEDENTE...

FIUZA, César. *Direito civil*. 13 ed, Belo Horizonte: Del Rey, 2009. 1.101p.

FONSECA, Rodrigo Garcia da. *A função social do contrato e o alcance do artigo 421 do código civil*. 1 ed, Rio de Janeiro: Renovar, 2007. 276p.

FRANÇA, Pedro Arruda. *Contratos atípicos: legislação, doutrina e jurisprudência*. 4 ed, Rio de Janeiro: Forense, 2006. 310p.

FRANCO, Vera Helena de Mello. *Teoria geral do contrato*: confronto com o direito europeu futuro. 1 ed, São Paulo: Revista dos Tribunais, 2011. 240p.

GASPARETTO, Rodrigo Ruete. *Contratos Built to Suit*: um estudo da natureza, conceito e aplicabilidade dos contratos de locação atípicos brasileiros. São Paulo: Scortecci, 2009.

GASPARETTO, Rodrigo Ruete. *Contratos Built to Suit*. São Paulo: Fábrica de Livros, 2011.

GOMES, Orlando. *Empreitada*: responsabilidade do dono da obra. São Paulo: Saraiva, 1988.

GOMES, Orlando. *Contratos*. 22 ed, Rio de Janeiro: Florense, 2000.

GONÇALVES, Carlos Roberto. *Responsabilidade civil*: de acordo com o novo Código Civil. 8 ed, São Paulo: Saraiva, 2003.

HÖHN, Christiane Scabell; BATISTA, Cristiana Moreira. *Direito imobiliário*. 1 ed, Rio de Janeiro: Ed. FGV, 2014.

KATAOKA, Eduardo Takemi. *A Coligação contratual*. Rio de Janeiro: Ed. Lumen Juris, 2008.

LARENZ, Karl. *Metodologia da ciência do direito*. Tradução José Lamego. 3 ed. Lisboa: Fundação Calouste Gulbenkaian, 1997.

MARTINEZ, Rodrigo R.B. *A legislação aplicável ao Built to Suit*. Valor Econômico, São Paulo, 17 mai. 2011, Caderno E, Legislação e Tributos.

MEZZALIRA, Samuel. *Conexão contratual no direito civil brasileiro*. 2011. Dissertação de (Mestrado) – Universidade de São Paulo, São Paulo.

MIRANDA, Pontes de. *Tratado de direito privado*. Atualizado por TOMASETTI JUNIOR, Alcidez; VANZELLA, Rafael Domingos Faiardo. 1 ed, São Paulo: Revista dos Tribunais, 2012. 605p.

NERY JUNIOR, Nelson; NERY, Rosa Maria de Andrade. *Manual de direito civil*: obrigações. São Paulo: Editora Revista dos Tribunais, 2013.

NERY JUNIOR, Nelson; NERY, Rosa Maria de Andrade. *Instituições de Direito Civil*: Teoria Geral do Direito Privado. São Paulo: Editora Revista dos Tribunais, 2014.

NORONHA, Fernando. *O direito dos contratos e seus princípios fundamentais*: autonomia, boa-fé, justiça contratual. São Paulo: Saraiva, 1994.

PEREIRA, Caio Mário da Silva. *Instituições de direito civil*. 18 ed, Rio de Janeiro: Forense, 2014.

RIZZARDO, Arnaldo. *Contratos*. 9 ed, Rio de Janeiro: Forense, 2009.

RIZZARDO, Arnaldo. *Direito das obrigações*. 8 ed, Rio de Janeiro: Forense, 2015.

RODRIGUES, Silvio. *Direito civil*: dos contratos e das declarações unilaterais de vontade. 30 ed, São Paulo: Saraiva. Vol. III.

ROPPO, Enzo. *Contrato*. Tradução Ana Coimbra. Coimbra: Almedina, 1988.

SACAVONE JÚNIOR, Luiz Antônio. *Direito imobiliário*: Teoria e Prática. 10 ed, Rio de Janeiro: Forense, 2016.

TARTUCE, Flávio. *Direito civil*: teoria geral dos contratos e contratos em espécie. 8 ed, São Paulo: Editora Método, 2013. Vol. 3.

TIMM, Luciano Bemetti; TUTIKIAN, Cláudia Fonseca; PAIVA, João Pedro Lamana. *Novo direito imobiliário e registral*. 2 ed, São Paulo: Quartier Latin, 2010.

THEODORO JÚNIOR, Humberto. *O contrato e sua função social*. Rio de Janeiro: Forense, 2004.

VASCONCELOS, Pedroa Paes de. *Contratos atípicos*. Coimbra: Almedina, 1995.

VELMOVITSKY, Arnon. *Surge uma nova modalidade de locação, o built to suit*. V/ Lex Brasil, 22 jan. 2014. Disponível em: https://consultor-juridico.vlex. com.br/vid/surge-uma-nova-modalidade-built-suit-487393142

VENOSA, Silvio de Salvo. *Direito civil*: teoria geral das obrigações e teoria geral dos contratos. 2 ed, São Paulo: Atlas, 2002. Vol. II.

VENOSA, Silvio de Salvo. *Direito civil*: responsabilidade civil. 7 ed, São Paulo: Atlas, 2007.

VENOSA, Silvio de Salvo. *Lei do inquilinato comentada*: doutrina e prática. 14 ed, São Paulo: Atlas, 2015.

VENOSA, Silvio de Salvo. *Direito civil*. 16 ed, São Paulo: Atlas, 2016. Vol. I.

VENOSA, Silvio de Salvo. *Direito civil*: contratos em espécie. 16 ed, São Paulo: Atlas, 2016. Vol. III.

WALD, Arnoldo. *Direito civil 3*: contratos em espécie. 20 ed, São Paulo: Saraiva, 2015. 472p.

ZANETTI, Cristiano de Souza. *Built to Suit*: qualificação e consequências. São Paulo: Ed. Lex Magister, 2011.

Principais Aspectos dos Contratos Eletrônicos no Âmbito do Direito do Consumidor

LÍVIA SOUZA JORGE

Introdução

É cediço que junto com a evolução tecnológica vem a inovação e assim, além dos diversos fenômenos digitais, o contrato eletrônico passou a ser presença corriqueira na vida de qualquer pessoa.

No ano de 2016, segundo o Ebit[1], o comércio eletrônico no Brasil movimentou, em venda, 44,4 bilhões de reais, valor que vem a cada ano aumentando exponencialmente.

Cada vez mais há a migração dos consumidores das lojas físicas ao ambiente virtual, tendo em vista que não só o computador permite a efetuação do comércio eletrônico, como os dispositivos móveis também, confirmando a facilidade que os meios de transações comerciais trazem, aliada à mobilidade, praticidade que vem trazendo o consumidor cada vez mais para o mundo virtual.

Dessa forma, com essa evolução e o hábito de utilização da contratação de forma eletrônica, naturalmente vêm as inse-

---

[1] Empresa de informações sobre o varejo eletrônico no país, pesquisa disponível em: http://cdn2.istoedinheiro.com.br/wp-content/uploads/sites/17/2017/05/din1017-privalia3.jpg. Acesso em 18 jun.2017.

guranças de ambas as partes: consumidores e fornecedores e, portanto, surge a necessidade dos operadores do direito em conduzir a realidade tecnológica junto com a aplicação das normas em vigor.

O consumidor prontamente virou um assunto atual para as contratações via internet, desde os princípios que os norteiam até a garantia das proteções envolvidas, e, deste modo, com o presente tema abordar-se-á os principais aspectos relevantes dos contratos eletrônicos no âmbito do direito do consumerista

Primeiramente, se faz necessário passar pelas principais considerações da doutrina consumerista, abordando desde seu conceito, princípios estabelecidos desde a Constituição Federal como princípios próprios e norteadores da matéria.

Ainda, cabe passar pelo instituto da responsabilidade civil e suas especificações no qual pretende-se deixar claro quando se tratar de relação de consumo como se aplicará a responsabilidade civil em suas hipóteses.

Entrando na seara do direito eletrônico em si, se faz imperioso passar pelos principais aspectos dos contratos eletrônicos como sua formação, planos de existência, requisitos de validade, fatores de eficácia assim como a legislação aplicável e suas lacunas.

Imprescindível dentro dos requisitos voltar à teoria geral dos contratos, abordando conceitos como negócio jurídico, princípios como autonomia da vontade, boa-fé, aspectos esses fundamentais no entendimento da contratação eletrônica.

No mais, voltar-se-á às matérias dos elementos dos contratos, analisando a aplicabilidade dos artigos relacionados do Código Civil de 2002 aos contratos eletrônicos.

Assim, indispensável, na seara da legislação aplicável, se faz analisar o contrato eletrônico em comparação com o contrato em sua forma física, principalmente no tocante à teoria geral dos contratos.

PRINCIPAIS ASPECTOS DOS CONTRATOS ELETRÔNICOS NO ÂMBITO...

Tratará o presente trabalho de uma análise reflexiva da aplicabilidade das leis, lacunas, necessidade de regulamentação, partindo ainda para o âmbito dos princípios consumeristas aplicáveis à contratação feita pela rede de internet, chamado de contrato eletrônico.

Indispensável no presente tema haver uma passagem pela evolução histórica da internet, das relações de consumo em seu ambiente, inclusive trazendo dados do comércio eletrônico e suas possíveis falhas.

Não olvidando com certeza de explicitar os benefícios que o comercio eletrônico traz a ambas as partes como economia de tempo e redução de custo nos processos e cadeias produtivas das empresas, além da comodidade e facilidade ao consumidor.

Sendo assim, o que se trará no trabalho é, no lado do consumidor, se toda a vantagem oferecida, no mínimo, garante a aplicabilidade dos princípios da lei consumerista e o reveste de segurança ao realizar as transações via internet. E, no lado do empresário, como se resguardar e cumprir a legislação no oferecimento de produtos ou serviços em ambiente virtual.

Ao consumidor o enfoque dado será pela análise de todos os conceitos trazidos e assim analisá-los dentro do ambiente virtual, se estes garantem a aplicabilidade dos princípios constitucionais e dos próprios ao direito do consumidor como por exemplo a publicidade, informação, boa-fé, etc.

E será na reflexão dos dois institutos: Direito do Consumidor e Contrato Eletrônico, que pontos como a vulnerabilidade do consumidor no ambiente virtual e o direito à informação serão colocados de forma a conjeturar se hoje tudo está garantido ou se realmente existem lacunas em nosso ordenamento jurídico.

O principal aspecto dentro desse trabalho é analisar, dentro da velocidade da tecnologia, como o direito está se comportando e/ou se adaptando e como ele pode se adequar, afinal nenhuma

ESTUDOS APLICADOS DE DIREITO EMPRESARIAL

novidade que o direito caminha em velocidade menor que a evolução tecnológica.

Inclusive ao abordar a responsabilidade civil no presente trabalho perceber-se-á o quanto esta evoluiu mas precisa evoluir ainda mais junto às tecnologias, raciocínio que parece lógico mas não tão presente na nossa jurisprudência, porém já refletida por alguns autores como Renato Opice Blum:

> Esclarece que o instituto da responsabilidade civil e sua constante evolução, necessidade e adequação – consequência direta da sociedade industrial – demonstram que se transformaram no centro das atividades jurídicas. Como instituto jurídico de primeira ordem, que acompanha a evolução da sociedade em suas várias etapas, não pode ficar alheios à sociedade da informação e omitir-se perante as implicações que essa nova tecnologia suscita.[2]

Hoje, com a evolução das relações de consumo, é necessário que o direito a acompanhe de forma que mantenha ainda essas relações seguras e estáveis para ambas as partes, portanto, nesse contexto, é forçoso colocar em pauta as principais questões jurídicas envolvendo as relações de consumo atuais dentro do contrato constituído eletronicamente.

Dessa forma, com essa problemática chegar-se-á a reflexão e conclusão se, hoje, as relações de consumo estão devidamente resguardadas pelas leis vigentes dentro dessa modalidade de contrato e o quais as formas de se adequar a essa realidade, mantendo o devido equilíbrio contratual.

---

[2] OPICE BLUM, Renato M. S. Contratos eletrônicos. In: BLUM, M. S Opice; BRUNO, Marcos Gomes da Silva; ABRUSIO, Juliana (Coord.). **Manual de direito eletrônico e internet**. São Paulo: Lex, 2006, p. 80.

1. Direito do Consumidor
1.1. Conceito
É notório que para que haja desenvolvimento econômico e tecnológico tem que haver consumo e, para que haja consumo, a lei deverá permitir um desenvolvimento do mercado não só a proteção ao consumidor.

Newton de Lucca assume essa mesma linha de raciocínio:

> A legislação consumerista não se destina, como é obvio, a proteger apenas quem praticou diretamente o ato de consumo, mas sim a preservar os interesses de todos aqueles que, de alguma forma, hajam intervindo na relação de consumo[3].

A preocupação com a tutela do consumidor advém de um contexto histórico no qual os países da Europa passavam pela Revolução Industrial que trouxe uma grande mudança social e junto uma necessidade maior de justiça.

Assim passando pela Revolução Francesa, o senso de igualdade aflorou pelo mundo todo e junto com as duas grandes guerras que vieram no século XX o desenvolvimento industrial, a produção em massa e o desenvolvimento de teorias contratualistas.

Todos os eventos acima descritos levaram ao pensamento de que pessoas desfavorecidas deveriam ter tratamento distinto das demais e assim, no Brasil, as leis começaram a caminhar para esse cenário: com o Código Civil de 1916, que começou a desenvolver essas ideias, e a própria Constituição Federal de 1988 que também que expressava o contexto histórico pós regime militar de preocupação da sociedade com seu bem-estar de saúde, proteção, consumo, etc.

---

[3] LUCCA, Newton de. **Direito do consumidor: teoria geral da relação de consumo**. São Paulo: Quartier Latin, 2003., p. 120.

ESTUDOS APLICADOS DE DIREITO EMPRESARIAL

Sendo assim, o Código de Defesa do Consumidor, advindo da lei 8.078 de 1990, veio confirmar todas as ideias supracitadas e ainda trazer inovações às relações de consumo. A sistematização das normas de direito consumeristas foi além de normatizar somente, houve de fato uma mudança na relação de consumo e assim ela passou a ter princípios diferentes das demais relações jurídicas estabelecidas.

O Código de Defesa do Consumidor passou a assumir que há a vulnerabilidade de uma das partes na relação de consumo e buscou reestabelecer o equilíbrio e a igualdade nessas relações ante ao crescimento demasiado da indústria e a procura incessante ao lucro e à produção em larga escala.

O legislador brasileiro se mostrou bem protecionista no tocante ao Código de Defesa do Consumidor, regulando-o para resguardar os interesses de quem está consumindo, mas também permitindo o desenvolvimento econômico e tecnológico do país.

A lei 8.078 de 1990 acabou por balancear as relações de consumo no Brasil, compensando a vulnerabilidade do consumidor, permitindo que as relações estabelecidas pudessem ser mais equilibradas, muito em linha com o senso de igualdade que aflorou nos últimos dois séculos.

Preconiza Adolfo Mamoru Nishiyama a respeito da sociedade de consumo:

> Assim, o direito – como ordem jurídica que é – não ficou alheio a essas transformações econômicas e sociais, passando a proteger o consumidor das mais variadas formas, como, por exemplo, dando-lhe igualdade de condições nos contratos, responsabilizando o produtor/fornecedor por eventuais lesões causadas ao consumidor, protegendo-o contra a propaganda enganosa, etc[4].

---

[4] NISHIYAMA, Adolfo Mamoru. **A proteção constitucional do consumidor**. 2. ed. rev., atual. e ampl. São Paulo: Atlas, 2010, p. 50.

PRINCIPAIS ASPECTOS DOS CONTRATOS ELETRÔNICOS NO ÂMBITO...

Ainda, ao longo da vigência do código consumerista observa-se a criação de órgãos especializados, de leis que completam os princípios que norteiam à defesa ao consumidor como, por exemplo, a lei nº 12.291, publicada em 2010, que obrigou os estabelecimentos comerciais e de prestação de serviços a manter, para consulta aos consumidores, um do Código de Defesa do Consumidor.

A preocupação com a relação de consumo é tanta que sua garantia de defesa está disposta na Constituição Federal em clausula pétrea[5], além de alguns de seus princípios também estarem ali dispostos, como será visto mais adiante.

Não restam dúvidas que o direito do consumidor mudou as relações, desenvolveu o comércio e que atualmente tem-se uma tutela ao direito de quem consome que se mostra segura e sustentável no contexto que se vive, mas como toda lei, precisa ser revista dado o desenvolvimento histórico e tecnológico, esse último em alta velocidade.

Assim, com as contratações eletrônicas tem-se de suma importância a manutenção do desenvolvimento do código do consumidor e dos princípios que o norteiam explicitados mais adiante.

1.2. Princípios Constitucionais

Sabe-se que as constituições federais do ocidente são documentos históricos políticos ideológicos que refletem o andamento do pensamento jurídico da humanidade[6] e assim, diante do contexto

---

[5] Art. 5º Todos são iguais perante a lei, sem distinção de qualquer natureza, garantindo-se aos brasileiros e aos estrangeiros residentes no País a inviolabilidade do direito à vida, à liberdade, à igualdade, à segurança e à propriedade, nos termos seguintes:
XXXII – o Estado promoverá, na forma da lei, a defesa do consumidor;

[6] NUNES, Rizzatto. Curso de direito do consumidor. 6. ed. rev. e atual. São Paulo: Saraiva, 2011, p. 44.

histórico acima exposto, a Constituição Brasileira de 1988 foi a primeira a expressar sobre a proteção do consumidor, que aparece de forma explícita em alguns artigos e implícitas em outros. Adolfo Mamoru Nishiyama, nessa mesma linha, acredita que:

> O operador do direito deve analisar a Constituição concretamente, verificando qual a eficácia e aplicabilidade de cada dispositivo. Somente assim as normas constitucionais que protegem o consumidor terão significado[7].

O texto da Carta Magna possui uma gama de artigos com a explícita proteção ao consumidor que vai desde o artigo 5º, XXXII que dá ao Estado o poder de promover a defesa dos direitos do consumidor aos demais artigos que dispõem sobre a responsabilidade por danos, impostos, propagandas e diretrizes como se verá mais adiante.

No tocante à proteção implícita disposta na Constituição Federal, tem-se o direito à igualdade, ao acesso à informação, à proteção judicial, ao devido processo legal, à resposta, etc.

A proteção constitucional ao direito consumerista é abrangente e o Código de Defesa do Consumidor não esgotou todas as possibilidades de tutela do direito do consumidor, assim há a possibilidade de surgirem e serem plenamente eficazes outras normas voltadas à defesa desse direito.

Os princípios constitucionais levam à interpretação do Código de Defesa do Consumidor, que não só tem base na Constituição Federal de 1988 (Artigo 48 da ACDT[8]) como tem todo o princípio de proteção amplamente assegurado por ela[9].

---

[7] NISHIYAMA, Adolfo Mamoru. **A proteção constitucional do consumidor**. 2. ed. rev., atual. e ampl. São Paulo: Atlas, 2010, p. 114.

[8] Art. 48. O Congresso Nacional, dentro de cento e vinte dias da promulgação da Constituição, elaborará código de defesa do consumidor.

[9] LUCCA, Newton de. **Direito do consumidor: aspectos práticos: perguntas e respostas**. 2. ed. rev. atual. Bauru: EDIPRO, 2000, p. 34.

Insta ressaltar que as normas constitucionais são imperativas, ou seja, obrigam a pessoa física, jurídica e até o Estado ao seu cumprimento e que tanto elas como os princípios ali dispostos que resguardam o direito do cidadão são extensíveis ao consumidor[10].

Passando à análise dos princípios constitucionais que regem o direito do consumidor, por ser um rol extenso, cabe no presente capítulo trazer um rol mais sucinto e não exaustivo, porém de maior importância à discussão trazida.

Iniciando com o princípio da dignidade da pessoa humana, disposto no artigo 1, inciso II da Constituição Federal[11], esse acaba por refletir os valores e fins seguidos pela sociedade brasileira, que deverá ser interpretado em conjunto com o artigo 170[12] do mesmo dispositivo legal, que dispõe que a ordem econômica tem que garantir a todos existência digna de acordo com

---

[10] NUNES, Rizzatto. Curso de direito do consumidor. 6. ed. rev. e atual. São Paulo: Saraiva, 2011, p. 50.

[11] Art. 1º A República Federativa do Brasil, formada pela união indissolúvel dos Estados e Municípios e do Distrito Federal, constitui-se em Estado Democrático de Direito e tem como fundamentos:
III – a dignidade da pessoa humana;

[12] Art. 170. A ordem econômica, fundada na valorização do trabalho humano e na livre iniciativa, tem por fim assegurar a todos existência digna, conforme os ditames da justiça social, observados os seguintes princípios:
I – soberania nacional;
II – propriedade privada;
III – função social da propriedade; IV – livre concorrência;
V – defesa do consumidor;
VI – defesa do meio ambiente, inclusive mediante tratamento diferenciado conforme o impacto ambiental dos produtos e serviços e de seus processos de elaboração e prestação;
VII – redução das desigualdades regionais e sociais;
VIII – busca do pleno emprego;
IX – tratamento favorecido para as empresas de pequeno porte constituídas sob as leis brasileiras e que tenham sua sede e administração no País

os ditames da justiça social observando todos os princípios ali estabelecidos, dentre eles, a defesa do consumidor.

A defesa do consumidor deverá ser interpretada em torno do princípio da dignidade da pessoa humana, dando ao consumidor uma maior e irrestrita proteção para uma vida digna, assim impondo ao Estado uma atuação para essa proteção.

No que tange ao princípio da isonomia, disposto no *caput* do artigo 5º da Constituição Federal[13], de forma genérica e abrangente (estende-se a estrangeiros no Brasil e à pessoa jurídica) interpretar-se-á que a lei não poderá tratar de forma desigual situações iguais, ou seja, todos deverão ter o mesmo tratamento perante à lei.

A lei que protege o consumidor de práticas abusivas do fornecedor ou fabricante não irá infringir o princípio da isonomia vez que a proteção e defesa aso direitos do consumidor é prevista e assegurada pela Constituição Federal.

Além disso, no direito do consumidor, por ser ele a parte mais vulnerável da relação e economicamente mais fraca, a lei deverá ser desigual para atingir a igualdade[14], conforme também assevera Rizzatto Nunes:

> A interpretação adequada de tal princípio é tão antiga quanto Aristóteles, que já explicava que seu resultado adequado advinha da fórmula: dar tratamento igual aos iguais e desigual aos desiguais, na medida dessa desigualdade[15]

---

[13] Art. 5º Todos são iguais perante a lei, sem distinção de qualquer natureza, garantindo-se aos brasileiros e aos estrangeiros residentes no País a inviolabilidade do direito à vida, à liberdade, à igualdade, à segurança e à propriedade, nos termos seguintes:

[14] NISHIYAMA, Adolfo Mamoru. **A proteção constitucional do consumidor**. 2. ed. rev., atual. e ampl. São Paulo: Atlas, 2010, p. 128.

[15] NUNES, Rizzatto. **Curso de direito do consumidor**. 6. ed. rev. e atual. São Paulo: Saraiva, 2011, p. 72.

Ao que concerne ao direito à intimidade, vida privada, honra e imagem também previsto no texto constitucional no inciso X do artigo 5º[16], tem-se que o consumidor poderá ser vítima de violação dos direitos garantidos nesse artigo e assim a interpretação da lei deverá levar em consideração tal proteção.

Especialmente na seara do direito eletrônico e das relações de consumo por meio eletrônico, destaca-se esse artigo na medida que mais vulnerável estará o consumidor em sua intimidade, honra, imagem visto que os meios eletrônicos possuem seus dados pessoais, controle dos links dos sites que disponibilizam compra, além de outros pontos que se verá mais adiante.

Ainda no intuito de resguardar a intimidade, vida privada, honra e imagem dos cidadãos e, obviamente, do consumidor, a Carta Magna de 1988 previu a possibilidade de indenização por danos morais inclusive acumulado com danos materiais. O Código de Defesa do Consumidor no mesmo intuito, em seu artigo 6º, inciso VI[17] também confere ao consumidor a possibilidade de reparação por danos morais e materiais como direito básico.

Passando ao princípio da informação, que pode ser conceituado como o direito da coletividade à informação, tem-se o inciso XIV do Artigo 5º[18] da Constituição Federal que assegura a todos o direito à informação e o inciso XXXIII[19] do mesmo dispositivo que dispõe do direito de todos a receber informa-

---

[16] X – são invioláveis a intimidade, a vida privada, a honra e a imagem das pessoas, assegurado o direito a indenização pelo dano material ou moral decorrente de sua violação;

[17] Art. 6º São direitos básicos do consumidor:
VI – a efetiva prevenção e reparação de danos patrimoniais e morais, individuais, coletivos e difusos;

[18] XIV – é assegurado a todos o acesso à informação e resguardado o sigilo da fonte, quando necessário ao exercício profissional;

[19] XXXIII – todos têm direito a receber dos órgãos públicos informações de seu interesse particular, ou de interesse coletivo ou geral, que serão prestadas

ções de órgãos públicos quando estas forem de interesse particular ou coletivo, sobre esse inciso especificamente Nishiyama bem pontua:

> Esse direito à informação é mais específico, não se tratando de mero direito individual, pois se misturam interesses particulares, gerais e coletivos. Entendemos que, mediante esse dispositivo constitucional, o consumidor poderá averiguar na via administrativa, perante os órgãos públicos, a idoneidade de certos tipos de empresas antes da aquisição de um determinado produto ou serviço. É o que acontece, por exemplo, com os consórcios de veículos, os quais tem as suas atividades controladas pelo Banco Central do Brasil. O consumidor poderá obter informação daquele órgão público, sobre a idoneidade de determinado consórcio, bem como verificar a existência ou não da liquidação extrajudicial decretada contra a empresa de consórcio.

Mais um exemplo de informação da Constituição Federal tem-se o parágrafo 5º do artigo 150[20] que obriga especificamente a informação aos consumidores dos impostos incidentes sobre as mercadorias e serviços.

Assim, cabe esclarecer que o dever de informação não poderá se confundir com o dever do fornecedor de anunciar o seu produto e serviço e sim a obrigação de dar informações claras ao consumidor sobre ele, seria uma clareza e transparência na venda do material ou do serviço.

Rapidamente também passando pelo princípio da proporcionalidade, este se mostra de suma importância no âmbito do consumidor na medida que se trata de um freio à liberdade

no prazo da lei, sob pena de responsabilidade, ressalvadas aquelas cujo sigilo seja imprescindível à segurança da sociedade e do Estado;

[20] § 5º A lei determinará medidas para que os consumidores sejam esclarecidos acerca dos impostos que incidam sobre mercadorias e serviços.

do legislador incumbida de não permitir excessos. Resumidamente, define Nishiyama que o princípio da proporcionalidade é o ordenador do Direito e corresponde a um direito ou garantia fundamental incrustado na isonomia constitucional, chamada igualdade proporcional ou justiça distributiva[21].

Por fim, vale destacar o princípio da publicidade, disposto no inciso II, do parágrafo 3° do artigo 220[22] da Constituição Federal como no parágrafo 4°[23] do mesmo dispositivo, ambos com intenção de garantir uma propaganda não nociva à saúde, ao meio ambiente, ao consumidor.

A publicidade será o meio no qual se divulga ou apresenta determinado produto ou serviço e assim deverá seguir as normas constitucionais de proteção ao consumidor de igual forma, afinal ela que anuncia, oferece, propaga e descreve o serviço ou material do fornecedor.

A intenção da Carta Magna é a proteção à ética, à verdade na condução da publicidade, não permitindo que o consumidor seja levado a erro ou ilusão. Não se deve na propaganda em momento algum o fornecedor faltar com a verdade, seja ela por sua ação ou por omissão, muito menos com a utilização de recursos que possam confundir o consumidor.

Assim, todos esses princípios, na seara da contratação eletrônica, se mostram importantes e essenciais para garantir os

---

[21] NISHIYAMA, Adolfo Mamoru. **A proteção constitucional do consumidor**. 2. ed. rev., atual. e ampl. São Paulo: Atlas, 2010, p. 123.

[22] II – estabelecer os meios legais que garantam à pessoa e à família a possibilidade de se defenderem de programas ou programações de rádio e televisão que contrariem o disposto no art. 221, bem como da propaganda de produtos, práticas e serviços que possam ser nocivos à saúde e ao meio ambiente.

[23] § 4° A propaganda comercial de tabaco, bebidas alcoólicas, agrotóxicos, medicamentos e terapias estará sujeita a restrições legais, nos termos do inciso II do parágrafo anterior, e conterá, sempre que necessário, advertência sobre os malefícios decorrentes de seu uso

direitos do consumidor também nesse meio que muitas vezes aparenta não ter toda a segurança jurídica necessária.

1.3. Princípios Norteadores

O Código de Defesa do Consumidor, diferente dos outros códigos, que buscam disciplinar exaustivamente uma matéria com um sistema de regras, é uma norma princípiológica, ou seja, é composta por princípios que norteiam o tema e obrigatoriamente deverão ser seguidos por qualquer legislação que venha a surgir sobre o assunto e, ainda, não deverá de maneira alguma revogar direitos e garantias ali estabelecidos.

Interessante a pontuação de Rizzatto Nunes sobre o Código de Defesa do Consumidor que será concretizada na verificação de todos os princípios que norteiam a lei consumerista:

> Tem-se dito que se a Lei 8.078/90 se tivesse limitado a seus primeiros sete artigos, ainda assim o consumidor poderia receber uma ampla proteção, pois eles refletem concretamente os princípios constitucionais de proteção ao consumidor e bastaria aos intérpretes compreender seus significados[24].

Vale também ressaltar que toda a proteção prevista no Código de Defesa do Consumidor não exclui a possibilidade de tratados ou convenções internacionais virem a disciplinar da matéria e, o Brasil sendo signatário, teremos regulamentos válidos inclusive com princípios e regras gerais da matéria.

Agora passa-se à análise dos princípios norteadores da Lei 8.078/90 que cabem mais ao tema aqui proposto.

Primeiramente a boa-fé como princípio no Código de Defesa do Consumidor, que vem no inciso III do artigo 4º onde há a

---

[24] NUNES, Rizzatto. Curso de direito do consumidor. 6. ed. rev. e atual. São Paulo: Saraiva, 2011, p. 172

previsão de harmonização dos interesses das partes na relação de consumo e a compatibilização da proteção ao consumidor com o desenvolvimento econômico e tecnológico junto com o princípio disposto no artigo 170 da Constituição Federal, no qual se baseia a ordem econômica, assim conferindo boa-fé nas relações entre consumidor e fornecedor.

A boa-fé nada mais é que uma regra de conduta na qual as partes deverão seguir, é a obrigação de como deverão agir na relação contratual estabelecida, conforme algumas diretrizes estabelecidas de valores tais como lealdade, honestidade, transparência.

Na relação consumerista, havendo já um desequilíbrio natural das partes, esse princípio justamente busca equilibrar a posição contratual na medida que garante uma relação sem abuso ou danos às partes.

E a lei consumerista, baseada nesse princípio, não irá tolerar dessa forma um contato injusto sendo assim a boa-fé um pilar de muita importância para interpretação do contrato bem como às partes do negócio jurídico estabelecido.

Khouri discorre sobre o tema:

> A boa-fé elevada a princípio de direito contratual, não é, naturalmente, apenas a boa-fé subjetiva, mas, sobretudo, a boa-fé objetiva. Um padrão de conduta imposto objetivamente pelo legislador, obrigando as partes contratantes à sua fiel observância[25].

Assim, tem-se que um contrato desequilibrado, com cláusulas abusivas e com vantagens claras para a parte menos vulnerável, é ofensivo à boa-fé. Não há uma relação estabelecida de forma justa quando se deparada com as condições aqui des-

---

[25] KHOURI, Paulo R. Roque. **Direito do consumidor: contratos, responsabilidade civil e defesa do consumidor em juízo.** 3. ed. São Paulo: Atlas, 2006, p.66.

ESTUDOS APLICADOS DE DIREITO EMPRESARIAL

critas, a boa-fé estando presente vai haver uma delimitação da autonomia da vontade nas relações de consumo, não permitindo abuso na imposição das cláusulas.

Tal princípio nas relações estabelecidas por meio eletrônico é de suma importância na medida que o próprio ambiente virtual proporciona uma "ausência" das partes e que pode dificultar a interpretação da boa-fé.

Passando ao princípio da igualdade, este disposto no inciso II do artigo 6º da Lei 8.078/90[26], buscou-se que o tratamento dado pelos fornecedores aos consumidores em uma mesma relação seja dado de forma igualitária, não podendo diferencia-los entre si. É a garantia de não haver privilégios nas relações de consumo, a não ser aos que necessitam, por força de lei, de tratamento diferenciado, a exemplo os idosos.

No entanto, o princípio da igualdade no ambiente virtual parece ser de mais fácil aplicação se pensarmos que no geral contratos de consumo são iguais a todos os usuários de um site, a uma compra e venda pela internet, etc.

Outro princípio importante na análise das relações de consumo no meio eletrônico é o da informação, que também está presente no inciso II do artigo 6º do Código de Defesa do Consumidor bem como no artigo 4º[27] que dispõe sobre o objetivo de transparência nas relações de consumo.

Assim, esse princípio acaba por trazer ao fornecedor a obrigação do fornecedor em oferecer as informações claras e precisas ao

---

[26] Art. 6º São direitos básicos do consumidor:
II – a educação e divulgação sobre o consumo adequado dos produtos e serviços, asseguradas a liberdade de escolha e a igualdade nas contratações;
[27] Art. 4º A Política Nacional das Relações de Consumo tem por objetivo o atendimento das necessidades dos consumidores, o respeito à sua dignidade, saúde e segurança, a proteção de seus interesses econômicos, a melhoria da sua qualidade de vida, bem como a transparência e harmonia das relações de consumo, atendidos os seguintes princípios:

consumidor quando da oferta de um produto ou serviço, seja essa informação referente à qualidade, quantidade, preço e até riscos que o fornecedor está sujeito na celebração do referido contrato.

A informação clara consiste inclusive em não omitir nenhuma informação que seja relevante ao consumidor, não basta informar o que ele entende como necessário, mas sim que não omita o que se mostra importante a quem venha a consumir seu material.

Ainda, esta informação deverá se estender aos termos do contrato celebrado, não só ao produto ou serviço que está sendo contratado, portanto, o fornecedor tem um amplo dever de informação inclusive sobre os elementos do instrumento do negócio jurídico celebrado.

E dessa forma o meio eletrônico, principalmente nas compras virtuais, dispõe de um amplo recurso, os sites, para o atendimento ao princípio da informação, visto que o fornecedor consegue dispor em uma única página todas as informações do que está sendo vendido, sem escusas para omissões.

Já o princípio da proteção contra a publicidade enganosa ou abusiva deriva do princípio da informação como uma espécie de consequência do mau uso desse. Disposto no inciso IV do artigo 6º da lei consumerista[28] o legislador deixa claro que o consumidor tem plena proteção da prática de publicidade que venham a enganar ou abusar dele.

A publicidade enganosa é definida pelo Código do Consumidor no parágrafo 1º do artigo 37[29] como qualquer informa-

---

[28] Art. 6º São direitos básicos do consumidor:
IV – a proteção contra a publicidade enganosa e abusiva, métodos comerciais coercitivos ou desleais, bem como contra práticas e cláusulas abusivas ou impostas no fornecimento de produtos e serviços;
[29] Art. 37. É proibida toda publicidade enganosa ou abusiva.
§ 1° É enganosa qualquer modalidade de informação ou comunicação de caráter publicitário, inteira ou parcialmente falsa, ou, por qualquer outro modo, mesmo

ção ou comunicação com dados falsos, sejam eles parciais ou a simples omissão que induza ao erro o consumidor.

Dessa forma, considerando que a publicidade tem um poder de convencimento do consumidor e mais, de estimular o consumo nas pessoas, a verdade se torna imprescindível e tem que acompanhá-la de toda maneira visto que tem influência direta no comportamento do consumidor.

Assim, a propaganda do material oferecido poderá ser um instrumento de convencimento, mas desde que respeite os limites éticos.

No tocante à propaganda abusiva, essa se mostra ainda mais grave que a enganosa, conforme preconiza o parágrafo 2º do artigo 37[30] visto que não se trata apenas de falsas informações ou alguma omissão e sim de abuso de uma condição com o estimulo a comportamento inadequado do consumidor ante a si mesmo.

A gravidade é tanta dessas práticas acima descritas que foram dispostas no rol de infrações penais pela lei consumerista[31] punível com detenção inclusive.

Conclui-se então que é imperiosa a cautela que os fornecedores deverão ter ao veicular seu produto e serviço nas mídias e, principalmente, no ambiente da internet onde a fiscalização não chega a todos os ambientes e assim perde-se controle do

---

por omissão, capaz de induzir em erro o consumidor a respeito da natureza, características, qualidade, quantidade, propriedades, origem, preço e quaisquer outros dados sobre produtos e serviços.

[30] Art. 37. É proibida toda publicidade enganosa ou abusiva.

§ 2° É abusiva, dentre outras a publicidade discriminatória de qualquer natureza, a que incite à violência, explore o medo ou a superstição, se aproveite da deficiência de julgamento e experiência da criança, desrespeita valores ambientais, ou que seja capaz de induzir o consumidor a se comportar de forma prejudicial ou perigosa à sua saúde ou segurança.

[31] Art. 67. Fazer ou promover publicidade que sabe ou deveria saber ser enganosa ou abusiva: Pena Detenção de três meses a um ano e multa.

que é verdadeiro ou do que tem dolo de prejudicar podendo acarretar à graves lesão ao consumidor.

Nessa mesma esteira de proibição à abusividade nas relações de consumo, também cabe trazer a proibição de cláusulas abusivas, estas muito presentes em contratos de adesão via internet, que são nulas de pleno direito conforme preconizam os artigo 51 a 53 da Lei 8.078/90.

O consumidor é vulnerável, princípio reconhecido no inciso I do artigo 4º do Código de Defesa do Consumidor[32]. Esse reconhecimento decorre da garantia constitucional de isonomia dado pela Constituição Federal e significa que o consumidor é a parte fraca da relação jurídica de consumo, fragilidade de ordem técnica e econômica[33].

A tecnicidade está ligada ao meio de produção visto que o fornecedor pode escolher onde, como e o que produzir ligado ao seu interesse econômico enquanto o consumidor acaba ficando com o que é disponibilizado no mercado por este. Já no aspecto econômico trata-se da capacidade econômica que via de regra é maior do fornecedor do que o consumidor.

Cumpre diferenciar a vulnerabilidade da hipossuficiência do consumidor, visto que essa última é um fenômeno no campo processual é não é geral, é analisada pelo juiz no caso concreto. Trata-se de uma presunção relativa e tem grandes exemplos na Lei 1.060/50 que concede assistência judiciária a quem necessita

---

[32] Art. 4º A Política Nacional das Relações de Consumo tem por objetivo o atendimento das necessidades dos consumidores, o respeito à sua dignidade, saúde e segurança, a proteção de seus interesses econômicos, a melhoria da sua qualidade de vida, bem como a transparência e harmonia das relações de consumo, atendidos os seguintes princípios:
I – reconhecimento da vulnerabilidade do consumidor no mercado de consumo;
[33] KHOURI, Paulo R. Roque. **Direito do consumidor: contratos, responsabilidade civil e defesa do consumidor em juízo**. 3. ed. São Paulo: Atlas, 2006, p.172.

ESTUDOS APLICADOS DE DIREITO EMPRESARIAL

ou quando há a concessão da inversão do ônus da prova quando for reconhecida a hipossuficiência do consumidor, prevista no inciso VIII do artigo 6º da Lei 8.078/90[34].

Pode-se assim concluir que todo consumidor é vulnerável, porém não necessariamente hipossuficiente.

Todos os princípios que norteiam a defesa dos direitos do consumidor disposta na Lei 8.078/90 são importantes, porém escolheu-se trazer os destrinchados acima pois estes têm uma grande importância nos contratos eletrônicos na medida que têm que ser preservados e nem sempre o meio poderá propiciar essa segurança jurídica ao consumidor.

1.4. Responsabilidade Civil no Código de Defesa do Consumidor

A Lei de proteção ao consumidor, o CDC, dispõe em seu inciso VI do artigo 6º[35] a garantia de que a reparação integral pelos danos patrimoniais ou morais sofridos pelo consumidor. Assim, o consumidor poderá ser reparado pelas perdas efetivamente sofridas em seu patrimônio (danos emergentes), o que deixou de ganhar por conta do dano (lucro cessante) e ainda, pelo sofrimento causado (danos morais).

Rizzato Nunes ao lecionar sobre a matéria pontua que o CDC estabelece o dever de indenizar e quer que tal indenização seja ampla na medida de suas consequências[36].

---

[34] Art. 6º São direitos básicos do consumidor:
VIII – a facilitação da defesa de seus direitos, inclusive com a inversão do ônus da prova, a seu favor, no processo civil, quando, a critério do juiz, for verossímil a alegação ou quando for ele hipossuficiente,

[35] Art. 6º São direitos básicos do consumidor:
VI – a efetiva prevenção e reparação de danos patrimoniais e morais, individuais, coletivos e difusos;

[36] NUNES, Rizzatto. Curso de direito do consumidor. 6. ed. rev. e atual. São Paulo: Saraiva, 2011, p.222.

Qualquer descumprimento de deveres que acarretem em dano material ou moral a outra parte deverá ser reparado e assim, não seria diferente na relação jurídica de consumo. No Código de Defesa do Consumidor o descumprimento de uma obrigação ou de um contrato, de maneira geral, gerará o dever de reparar o dano nos termos do artigo 389 do Código Civil[37], porém a lei consumerista, pelo risco integral da atividade econômica do fornecedor, dispõe que a responsabilidade civil deste é objetiva, ou seja, independente da comprovação de culpa, trabalhando na exceção à regra geral disposta no Código Civil em seus artigos 186[38] com o caput do artigo 927[39].

Quanto à teoria do risco, que embasa a responsabilidade civil objetiva no âmbito do direito do consumidor, Sérgio Cavalieri dispõe das seguintes considerações:

> Risco é perigo, é probabilidade de dano, importando, isso, dizer que aquele que exerce atividade perigoso deve-lhe assumir os riscos e reparar o dano dela decorrente. A doutrina do risco pode ser, então, assim resumida: todo prejuízo deve ser atribuído ao seu autor e reparado por quem o causou, independentemente de ter ou não agido com culpa. Resolve-se o problema da relação de causalidade, dispensável qualquer juízo de valor sobre a culpa do responsável, que é aquele que materialmente causou o dano.[40]

---

[37] Art. 389. Não cumprida a obrigação, responde o devedor por perdas e danos, mais juros e atualização monetária segundo índices oficiais regularmente estabelecidos, e honorários de advogado.

[38] Art. 186. Aquele que, por ação ou omissão voluntária, negligência ou imprudência, violar direito e causar dano a outrem, ainda que exclusivamente moral, comete ato ilícito.

[39] Art. 927. Aquele que, por ato ilícito (arts. 186 e 187), causar dano a outrem, fica obrigado a repará-lo.

[40] CAVALIERI, SERGIO apud KHOURI, Paulo R. Roque. **Direito do consumidor: contratos, responsabilidade civil e defesa do consumidor em juízo. 3.** ed. São Paulo: Atlas, 2006, p. 162-163

ESTUDOS APLICADOS DE DIREITO EMPRESARIAL

Assim, entende-se que aquele que exerce atividade econômica auferindo lucro com ela, arcará com o ônus dessa atividade na medida em que assumirá seu risco de forma integral.

Na lei consumerista temos os seguintes tipos de responsabilidade imputada ao fornecedor de produto ou serviço: a responsabilidade pelo fato do produto (artigo 12 do CDC[41]) e a responsabilidade pelo fato do serviço (artigo 14 do CDC[42]), responsabilidade pelo vício do produto e do serviço (artigo 18 do CDC[43]), sendo que todos independem da comprovação da culpa do fornecedor conforme se verificará mais adiante.

Se faz necessário o esclarecimento que a responsabilidade do fornecedor pelo fato do produto ou do serviço não condiz com sua conduta e sim como um fato da coisa (produto ou serviço oferecido), ou seja, ao colocar no mercado um produto com defeito ou prestar um serviço defeituoso já lhe imputa a responsabilidade de reparar o dano causado ao consumidor. Como já visto nos princípios explicitados acima, já é obrigação do fornecedor oferecer segurança ao consumidor em relação ao seu pro-

[41] Art. 12. O fabricante, o produtor, o construtor, nacional ou estrangeiro, e o importador respondem, independentemente da existência de culpa, pela reparação dos danos causados aos consumidores por defeitos decorrentes de projeto, fabricação, construção, montagem, fórmulas, manipulação, apresentação ou acondicionamento de seus produtos, bem como por informações insuficientes ou inadequadas sobre sua utilização e riscos.

[42] Art. 14. O fornecedor de serviços responde, independentemente da existência de culpa, pela reparação dos danos causados aos consumidores por defeitos relativos à prestação dos serviços, bem como por informações insuficientes ou inadequadas sobre sua fruição e riscos.

[43] Art. 18. Os fornecedores de produtos de consumo duráveis ou não duráveis respondem solidariamente pelos vícios de qualidade ou quantidade que os tornem impróprios ou inadequados ao consumo a que se destinam ou lhes diminuam o valor, assim como por aqueles decorrentes da disparidade, com a indicações constantes do recipiente, da embalagem, rotulagem ou mensagem publicitária, respeitadas as variações decorrentes de sua natureza, podendo o consumidor exigir a substituição das partes viciadas.

PRINCIPAIS ASPECTOS DOS CONTRATOS ELETRÔNICOS NO ÂMBITO...

duto ou serviço oferecido, ele se torna responsável no momento em que torna disponível para venda eles com defeito.

A proteção é tamanha que todos os que concorrerem ao dano responderão perante o consumidor e ainda, se não for possível identificar o responsável, imputa-se ao comerciante nas situações prevista no artigo 13 do CDC[44], tudo isso para que o consumidor, em nenhum momento, sinta desamparo ao demandar e não tenha a quem imputar responsabilidade pelos danos sofridos.

E todas essas disposições protetivas fazem sentido se pensar como seria identificar a culpa do fabricante ou de um fornecedor em um processo industrial de produção em série, massificado, quando apenas um produto de vários colocados a mercado apresentar defeito[45].

Sabendo que o produto ou o serviço oferecido poderá ter defeitos que impeçam seu uso ou diminuam seu valor, sem causar necessariamente dano ao consumidor, o legislador apartou a responsabilidade do fornecedor pelo vício do produto e serviço por este não acarretar nenhum acidente de consumo.

O vício é nada mais que um defeito, que pode ser de mau funcionamento do produto, algo que o torna inadequado ou até mesmo afetando sua segurança. E quanto ao serviço ele gira em torno de sua execução, informação ou até na sua concepção.

---

[44] Art. 13. O comerciante é igualmente responsável, nos termos do artigo anterior, quando:
I – o fabricante, o construtor, o produtor ou o importador não puderem ser identificados;
II – o produto for fornecido sem identificação clara do seu fabricante, produtor, construtor ou importador;
III – não conservar adequadamente os produtos perecíveis.
[45] KHOURI, Paulo R. Roque. **Direito do consumidor: contratos, responsabilidade civil e defesa do consumidor em juízo.** 3. ed. São Paulo: Atlas, 2006, p.165.

Khouri ao dispor sobre a responsabilidade do fornecedor por vício do produto e serviço, assevera:

> Embora os defeitos de concepção e fabricação do produto ou execução dos serviços que impõe responsabilização objetiva do fabricante, produtor, construtor e importador possam ser os mesmo que autorizam a responsabilidade pelo vício do produto, o consumidor ainda não sofreu nenhum dano físico ou moral decorrente do consumo do bem. O defeito não traz em si potencialidade danosa alguma[46].

Assim, pode-se concluir que o vício, que trata a lei de proteção ao consumidor, afetará apenas a coisa, não trazendo nenhum risco em potencial ao consumidor.

Não diferente da responsabilidade civil disposta do Código Civil, a responsabilidade civil pelo fato do produto e serviço, tratada no Código de Defesa do Consumidor, também possui excludentes que vale trazer ao trabalho em comento.

Conforme disposto no parágrafo 3º do artigo 12[47] da lei consumerista, o fornecedor não responderá pelos danos causados ao consumidor quando conseguir comprovar que inexistiu defeito no produto ou no serviço prestado ou ainda, houve a culpa exclusiva do consumidor ou de terceiro.

Assim, nem que o consumidor haja com culpa ele consegue eximir o fornecedor de responsabilidade, apenas se houver a comprovação de sua culpa exclusiva que ele deixa de ter seu dano reparado, disposição própria e em conformidade com a

---

[46] KHOURI, Paulo R. Roque. **Direito do consumidor: contratos, responsabilidade civil e defesa do consumidor em juízo.** 3. ed. São Paulo: Atlas, 2006, p.185.

[47] § 3º O fornecedor de serviços só não será responsabilizado quando provar:
I – que, tendo prestado o serviço, o defeito inexiste;
II – a culpa exclusiva do consumidor ou de terceiro.

essência protetiva que a lei confere ao consumidor com os princípios que a regem.

Além disso, a hipótese de caso fortuito ou força maior disposta no Código Civil também aplicar-se-á ao direito do consumidor em caso de exclusão de responsabilidade do fornecedor.

2. Contratos Eletrônicos
2.1. Conceito

A denominação contrato eletrônico sem dúvida hoje é mais utilizada para citar os contratos celebrados através de um computador ou qualquer disposto que permita sua celebração, inclusive a legislação brasileira se utiliza *dessa* denominação ao ser referir a essa modalidade de contratação.

Ainda, ressalta-se que os contratos tratados no presente trabalho e, conceituados nesse capítulo, são os celebrados em ambiente digital ou da internet.

Cabe aqui conceituar o contrato eletrônico bem como diferenciá-lo de algumas modalidades que facilmente tem suas características confundidas com este.

Não é novidade que os contratos, independente do meio no qual são celebrados, e, respeitando a formalidade exigida, obrigam as partes. A manifestação da vontade das partes que vai defini-lo. Sendo assim, como bem pontuado por Sheila do Rocio Cercal do Santos Leal:

> Eletrônico é o meio utilizado pelas partes para formalizar o contrato. Assim, pode-se entender por contrato eletrônico aquele em que o computador é utilizado como meio de manifestação e de instrumentalização da vontade das partes.[48]

---

[48] LEAL, Sheila do Rocio Cercal Santos. **Contratos eletrônicos: validade jurídica dos contratos via internet**. São Paulo: Atlas, 2007, p.79.

Portanto, o que vai definir o contrato eletrônico será o meio pelo qual houve a manifestação de vontade das partes e sua consequente formalização.

Rodrigo Fernandes Rebouças entende que:

> O contrato eletrônico *deve ser conceituado* como negócio jurídico contratual realizado pela manifestação de vontade, das posições jurídicas ativa e passiva, expressada por meio (=forma) eletrônico no momento de sua formação[49].

Assim, os contratos cujo objeto incluem tecnologia, mundo digital, virtual não devem ser confundidos com os contratos eletrônicos, esses poderão ser formalizados em meios que não sejam eletrônicos.

É imperioso ressaltar que a ciência da oferta de um produto via internet ou, por exemplo, a confecção de um documento pelo computador não conceitua o contrato celebrado como eletrônico.

Também bom destacar que o objeto do contrato ser voltado para o ambiente virtual não conceitua o contrato como eletrônico, por exemplo, contratos de desenvolvimento tecnológico, de publicidade via internet, de licença de software são contratos que podem ser celebrados eletrônica como fisicamente com papel, se não houver forma exigida em lei, porém têm objeto ligado à tecnologia.

Sendo assim, pode-se afirmar que o contrato eletrônico independe do objeto que ele tratar. Se caracteriza eletrônico pelo meio no qual a manifestação de vontade ocorre e assim, tira-se a impressão também de que o contrato eletrônico necessariamente terá de tratar de comércio eletrônico.

---

[49] REBOUÇAS, RODRIGO FERNANDES. **Contratos Eletrônicos: Formação e Validade – Aplicações Práticas**. São Paulo: Almedina, 2015

PRINCIPAIS ASPECTOS DOS CONTRATOS ELETRÔNICOS NO ÂMBITO...

Outro ponto que se faz importante trazer à baila é a fase obrigacional do contrato eletrônico, que se mostra fundamental na hora de conceituá-lo ou ainda, de confirmar se está realmente diante de um contrato eletrônico. Não se pode classificar um contrato como eletrônico pelo fato de esse ter tido uma fase preliminar eminentemente eletrônica ou, que sua execução seja apenas no ambiente virtual.

Na verdade, as fases contratuais preliminares ou a execução do contrato pouco importam para sua classificação como eletrônico, podem ser feitas da maneira que mais convir às partes, o que vai defini-lo como eletrônico será sua instrumentalização e formalização, que se feitas de maneira eletrônica vai caracterizar o contrato como eletrônico, bem em linha do que conceitua Paulo Nader:

> São contratos que se realizam, necessariamente, entre pessoas ausentes. A oferta e a aceitação se fazem mediante mensagens transmitidas por aparelhos ligados à internet[50].

Outra autora, Maria Eugenia Finkelstein, entende que o contrato eletrônico nada mais é que o negócio jurídico bilateral resultado de duas declarações de vontade celebrado portransmissões eletrônicas de dados, assim cabendo a oferta pública via internet ou e-mail, que deverá conter a descrição mínima do negócio celebrado[51].

Concluindo, o contrato eletrônico precisa necessariamente ter a manifestação de vontade das partes ligadas ao ambiente

---

[50] NADER, Paulo apud REBOUÇAS, RODRIGO FERNANDES. **Contratos Eletrônicos: Formação e Validade – Aplicações Práticas**. São Paulo: Almedina, 2015, p.

[51] FINKELSTEIN, Maria Eugenia apud REBOUÇAS, RODRIGO FERNANDES. **Contratos Eletrônicos: Formação e Validade – Aplicações Práticas**. São Paulo: Almedina, 2015, p.34.

virtual, não importando o meio no qual deu-se sua negociação, não importando seu objeto e ainda, não importando onde se dará sua execução. Nada mais é a permissão do meio virtual, da rede de internet de que as partes formalizem sua vontade dentro de um negócio jurídico.

2.2. Os Planos do Negócio Jurídico no Contrato Eletrônico

Por conceituar o contrato eletrônico apenas como forma de celebração do negócio jurídico, este deverá ter todos os requisitos de existência, validade e eficácia que o nosso ordenamento jurídico exige, não afastando nenhuma condição necessária à contratação tradicional.

Sendo assim, conceituar o negócio jurídico se mostra de suma importância na presente análise e a definição de Antônio de Junqueira de Azevedo:

> In concreto, negócio jurídico é todo fato jurídico consistente em declaração de vontade, a que o ordenamento jurídico atribui os efeitos designados como queridos, respeitados os pressupostos de existência, validade e eficácia impostos pela norma jurídica que sobre ele incide[52].

A declaração de vontade citada na definição acima é nada mais que a manifestação de vontade com efeito jurídico, ela é destinada a produzir os efeitos jurídicos do negócio a ser celebrado e as diversas manifestações de vontade dentro do negócio jurídico celebrado que a formam.

Insta ressaltar que nos dias de hoje, pela grande disseminação e popularidade dos contratos eletrônicos, a análise se torna muito mais social do que psicológica tendo em vista que o negó-

---

[52] AZEVEDO, Antônio Junqueira. **Negócio Jurídico – existência, validade e eficácia**. São Paulo: Saraiva, 1974, p.20

cio jurídico não vai exprimir o que o agente quer e sim o que a sociedade enxerga como declaração de vontade. Nessa seara cumprirá analisar todos os atos da declaração de vontade ante a expectativa da sociedade e seus efeitos perante ela.

Essa análise do negócio jurídico, no âmbito dos contratos eletrônicos, com o viés social impõe que sejam também examinados a conduta dos agentes, bem como princípios éticos e a boa-fé. Ainda, considerando que nesse modelo de contratação as diferenças sociais podem se agravar, como se verá mais adiante, se tornará imprescindível a boa-fé como instrumento de controle de vontade das partes.

Além disso, bom ressalvar que hoje a análise dos contratos eletrônicos na seara dos planos do negócio jurídico tem que ser feita com os requisitos de validade, eficácia e existência, mas também precisa que sejam analisados os fatos jurídicos junto com os demais elementos sociais, econômicos, tecnológicos, etc.

Ainda, os exames dos contratos celebrados eletronicamente exigem um aprofundamento e relevância maior da interpretação de acordo com os usos e costumes, vez que esses se tornam mais relevante dado que o próprio meio tecnológico possui uma dinâmica muito mais volátil que a dos contratos e a lei jamais conseguiria acompanhar todas as mudanças.

Nessa mesma senda, Rodrigo Fernandes Rebouças bem pontua:

> Assim nos parece praticamente impossível realizar qualquer interpretação de um negócio jurídico dissociado do princípio de concretude e a sua consequente validade jurídica de acordo com os usos e costumes locais ou habitualmente praticado pelas partes contraentes[53]

---

[53] REBOUÇAS, RODRIGO FERNANDES. **Contratos Eletrônicos: Formação e Validade – Aplicações Práticas**. São Paulo: Almedina, 2015, p.65.

Assim, pode-se entender que a análise do contrato eletrônico nos planos do negócio jurídico não deixa de ser uma análise diferente dos contratos celebrados fisicamente pelas suas características e, principalmente, para preservar os princípios que darão às partes toda a segurança jurídica necessária.

2.3. Elementos da Existência

Inicia-se aqui o exame dos elementos de existência do negócio jurídico, porém, primeiramente, compete ressaltar o objetivo de hoje separar os três planos do negócio jurídico em existência, validade e eficácia, como bem coloca Rodrigo Fernandes Rebouças[54], é permitir a análise da formalização do contrato, bem como sua exigibilidade entre as partes que podem ser afetadas pelos seus efeitos.

Se o negócio pretendido não superar o plano da existência, não será necessária a análise dos demais requisitos, visto que o que importa no caso é a realidade da existência, não importando a validade ou eficácia dos fatos jurídicos se o primeiro não for existente.

Para Antonio Junqueira de Azevedo os elementos do negócio jurídico no plano da existência são divididos em elementos gerais, elementos categorias e elementos particulares[55] e essa divisão que se adotará no presente trabalho para exame dos requisitos de existência.

Entende-se como elementos gerais todos aqueles que compõem a existência do negócio jurídico, fazendo parte obrigatoriamente dele, sendo imprescindíveis, mandatórios e indistintos. Estes são divididos em elementos intrínsecos e extrínsecos, nos quais os primeiros são a forma, o objeto e as circunstân-

---

[54] REBOUÇAS, RODRIGO FERNANDES. **Contratos Eletrônicos: Formação e Validade – Aplicações Práticas**. São Paulo: Almedina, 2015 p. 69.

[55] AZEVEDO, Antônio Junqueira. **Negócio Jurídico – existência, validade e eficácia**. São Paulo: Saraiva, 1974, p. 41.

cias negociais, enquanto o segundo tem-se o agente, o lugar e o tempo.

Destrinchando os elementos gerais intrínsecos, tem-se primeiramente a forma que nada mais é que a declaração de vontade exteriorizada comprovando a existência do negócio jurídico celebrado. Depois tem-se o objeto que é o conteúdo do negócio jurídico, o núcleo do que é declarado e, por fim, as circunstâncias negociais que se tratam da manifestação de vontade socialmente apta a produzir os efeitos jurídicos, ou seja, a materialização da vontade das partes.

Indo para os elementos gerais extrínsecos, tem-se o agente, o sujeito da declaração de vontade, que nada mais é que a origem da manifestação de vontade que deverá legítima e capaz para praticar o ato jurídico, além de possuir o mínimo discernimento para isso.

Passando pelo lugar, esse não está explícito no ordenamento jurídico, mas é fundamental para a realização e concretização do negócio jurídico, principalmente se tratando de contrato eletrônico, onde a maior parte é celebrada entre ausentes e terá como imprescindível o lugar para determinar a lei aplicável, foro além dos usos e costumes.

No que tange ao tempo, esse também se mostra essencial nas contratações eletrônicas visto que será ele que definirá quem é o proponente do negócio jurídico celebrados, além de eficaz no momento de prazos e garantias estabelecidos em lei ou no próprio contrato.

Já os elementos categoriais no plano de existência do negócio jurídico tratam da natureza jurídica do negócio jurídico, não sucedida da vontade das partes, mas sim do ordenamento jurídico brasileiro, assim nada mais que a tipificação do negócio jurídico, sendo eles essenciais e inderrogáveis.

Passando pelos últimos elementos, tem-se os particulares do negócio jurídico, os elementos colocados pelas partes, espe-

ESTUDOS APLICADOS DE DIREITO EMPRESARIAL

cíficos e particulares, como o seu próprio nome diz, de determinado negócio jurídico como cláusulas, condições negociais estipuladas pelas partes. No geral, o negócio jurídico pode existir sem os elementos particulares, porém, se determinado negócio ou determinada situação tiver como condição essencial algum elemento particular, esse será sim requisito de existência, quem segue essa mesma linha de pensamento é, novamente, Rodrigo Fernandes Rebouças:

> entendemos que quando o elemento particular integrar o negócio jurídico como uma circunstância negocial essencial a sua formação, este deverá ser considerado no plano da existência[56].

Por fim, o plano da existência nos contratos eletrônicos, não se observa nenhum aspecto diferente dos contratos formalizados por outros meios, pois nada mais é que um negócio jurídico como todos os outros, porém, formalizado de maneira eletrônica. Se puder destacar algum aspecto relevante na contratação eletrônica no plano da existência, entende-se que o tempo e o lugar se mostram de suma importância.

2.4. Requisitos de Validade

O plano da validade dos negócios jurídicos nada mais é que a qualidade dos requisitos acima expostos no que tange a existência. O negócio jurídico não bastará apenas tendo os requisitos de existência, mas sim, se estes forem válidos. É a qualificadora dos elementos de existência para que estes sejam cobertos de validade.

A legislação exige que os elementos do negócio jurídico possuam algumas características para serem válidos, sendo assim

---

[56] REBOUÇAS, RODRIGO FERNANDES. **Contratos Eletrônicos: Formação e Validade – Aplicações Práticas**. São Paulo: Almedina, 2015, p.74.

a sua simples existência não o torna apto para produzir seus efeitos regulares.

Sheila do Rocio Cercal Santos Leal entende que:

> Numa acepção de dogmática jurídica, válido é o ato ou negócio jurídico que está em plena consonância com o ordenamento jurídico, ou, em outras palavras, que preenche os requisitos determinados em lei[57]

Assim, os requisitos de validade, em seu entendimento, são os que possuem todos os elementos de acordo com o que está disposto na legislação vigente. Já Rodrigo Fernandes Rebouças[58] traz o conceito de que os elementos de existência seriam o gênero e os requisitos de validades a espécie do negócio jurídico. Porém, independente da conceituação aqui, todos levam à conclusão que o negócio jurídico válido é aquele que está de acordo com as regras jurídicas estabelecidas.

Novamente, para a validade dos contratos eletrônicos, deverão ser observados exatamente todos os requisitos dos contratos em geral vez que se considera que apenas o meio de formalização que o diferencia dos demais, quais sejam: a capacidade das partes, o objeto, a declaração de vontade e a forma.

Sendo assim, os requisitos extrínsecos são: a capacidade das partes que consistirá na capacidade de agir ou praticar atos da vida civil que no caso será de celebrar o negócio jurídico, que é determinada em lei[59] para as pessoas físicas e para as pessoas jurídicas o determinado em seus respectivos estatutos. O objeto,

---

[57] LEAL, Sheila do Rocio Cercal Santos. **Contratos eletrônicos: validade jurídica dos contratos via internet**. São Paulo: Atlas, 2007, p.129.

[58] REBOUÇAS, RODRIGO FERNANDES. **Contratos Eletrônicos: Formação e Validade – Aplicações Práticas**. São Paulo: Almedina, 2015, p.77.

[59] Art. 4o São incapazes, relativamente a certos atos ou à maneira de os exercer:
I – os maiores de dezesseis e menores de dezoito anos;
II – os ébrios habituais e os viciados em tóxico;

ESTUDOS APLICADOS DE DIREITO EMPRESARIAL

esse deverá ser lícito, possível e determinado ou determinável e a forma que deverá a exigida ou não proibida pela lei.

Entrando na seara do contrato eletrônico especificadamente, vale destacar a importância de se destacar a capacidade das partes como requisito extrínseco de validade do negócio jurídico, vez que é comum crianças e adolescentes (incapazes e relativamente incapazes) têm hoje amplo acesso à internet e aos computadores, podendo realizar contratos desse tipo.

Será o contrato eletrônico celebrados por esses agentes nulo ou anulável? Pelo costume poderia haver uma exceção a esse requisito tratando-se de contrato eletrônico?

Há de considerar que hoje faz parte da vida cotidiana das crianças e dos adolescentes a celebração de contratos via internet, sejam eles jogos para computadores, compras de aplicativos em dispositivo móvel ou até a compra de algum produto nas lojas virtuais. Para que o direito acompanhe a evolução tecnológica, deverá haver uma relativização do requisito de capacidade das partes principalmente levando em consideração o costume e assim, uma tolerância dos tribunais ante a lacuna da legislação sobre situações como essa.

Sheila do Rocio Cercal Santos Leal, em sua obra Contratos Eletrônicos, pontua de maneira assertiva sobre o tema:

> Embora as normas sobre incapacidade tenham por escopo final a proteção dos incapazes, a doutrina e a jurisprudência têm amenizado a sua aplicação, considerando válidos alguns atos corriqueiros praticados por menores, como, por exemplo, a compra de um lanche, de entrada para o cinema, o transporte de ônibus, enfim, atos nos quais pode presumir a autorização dos pais[60].

III – aqueles que, por causa transitória ou permanente, não puderem exprimir sua vontade;
IV – os pródigos.
[60] LEAL, Sheila do Rocio Cercal Santos. **Contratos eletrônicos: validade jurídica dos contratos via internet.** São Paulo: Atlas, 2007, p.131.

Dessa forma, para a aplicação do direito diante das novas realidades tecnológicas onde a lei não se manifestou se faz necessária a relativização de alguns dos requisitos de validade dos negócios jurídicos, principalmente na seara do contrato eletrônico.

Como bem colocado por Sheila do Rocio Cercal Santos Leal[61], a lei não abarcará todos os pormenores da celebração do contrato eletrônico por incapazes e relativamente incapazes, vez que deverá se analisar situações circunstanciais de cada caso como condição social e econômica do agente, sendo assim, uma questão levada a litígio incumbirá ao magistrado a análise do caso concreto e a decisão com base na proteção que a lei dá aos incapazes e a boa- fé objetiva das partes envolvidas.

A declaração de vontade é um dos requisitos fundamentais à constituição do negócio jurídico. Entende-se que a manifestação de vontade, sendo expressa ou tácita, se mostra necessária à sua formação e o negócio jurídico nada mais é que a formalização de uma ou mais vontades das partes que deverão conter algumas características para assim revesti-lo de validade jurídica.

A declaração de vontade precisará ser o resultado da vontade das partes do negócio jurídico, desde que essa vontade esteja livre de má-fé com plena consciência das partes do que consta declarado e ainda, com liberdade e espontaneidade.

E como revestir de validade a declaração de vontade no meio eletrônico?

As manifestações de vontade dentro do contrato celebrado por meio eletrônico se dão da mesma forma que o contrato físico, apenas o meio que mudará. Será a interação pelo ambiente de internet, troca de mensagem eletrônica ou qual-

---

[61] LEAL, Sheila do Rocio Cercal Santos. **Contratos eletrônicos: validade jurídica dos contratos via internet**. São Paulo: Atlas, 2007, p.132.

quer outro recurso do ambiente digital que permita a manifestação de vontade das partes que necessariamente deverão respeitar as qualidades acima descritas.

O mais comum que se tem hoje nas contratações eletrônicas são os negócios jurídicos celebrados através de uma pessoa e um sistema como estabelecimento virtual para a prática de comércio eletrônico de consumo onde a "demonstração volitiva do aceitante se concretiza, via de regra, como clicar do botão do *mouse* sobre as palavras exibidas na tela do computador, tais como *sim, concordo, confirmar, finalizar*[62]."

É cediço que, se a lei brasileira não exigir determinada forma para alguns atos, sendo a manifestação de vontade feita por meio eletrônico ou físico, terá sua validade inquestionável de acordo com o artigo 107 do Código Civil[63], mais uma vez Sheila do Rocio Cercal Santos Leal se manifesta sobre o assunto:

> Em nosso ordenamento jurídico vigora o princípio da liberdade de manifestação de vontade negocial, a qual pode ser expressa (por escrito ou verbalmente) ou tácita. Assim, não se pode negar a validade à declaração de vontade das partes pelo fato de ser produzida em meio eletrônico[64].

Sendo assim, insta concluir que não basta que o consentimento ou a declaração de vontade estejam livres de vício e sim, que o ambiente eletrônico permita uma informação clara de todos os detalhes para que as partes consigam enxergar os riscos que estão expostos nessa modalidade de contratação, ponto

---

[62] Leal, Sheila do Rocio Cercal Santos. **Contratos eletrônicos: validade jurídica dos contratos via internet**. São Paulo: Atlas, 2007, p.135.

[63] Art. 107. A validade da declaração de vontade não dependerá de forma especial, senão quando a lei expressamente a exigir.

[64] Leal, Sheila do Rocio Cercal Santos. **Contratos eletrônicos: validade jurídica dos contratos via internet**. São Paulo: Atlas, 2007, p.137.

muito importante quando se tratar de relação de consumo no ambiente virtual como se verá mais adiante.

2.5. Fatores de Eficácia

Passando à análise dos fatores de eficácia do negócio jurídico cumpre esclarecer que se trata tão somente de eficácia jurídica, não fática na medida que alguns negócios jurídicos para surtir efeitos podem necessitar de fatores de eficácia e esse tem impacto direto no plano de validade.

Porém é de muita valia esclarecer que o fatores de eficácia não se confundem com nenhum dos outros elementos e requisitos nos planos de existência e validade, ves que o ato nulo pode ser eficaz como o ato válido pode ser ineficaz.

Segundo Fernandes Rebouças os fatores de eficácia são fatos jurídicos extrínsecos ao negócio em si, porém, são fatores que contribuem para o resultado dos efeitos manifestados e pretendidos pelas partes contratantes[65].

Junqueira Azevedo discorre sobre o tema nessa mesma linha:

> De fato, muitos negócios, para a produção de seus efeitos, necessitam de fatores de eficácia, entendida a palavra "fatores" como algo extrínseco ao negócio, algo que dele não participa, que não o integra, mais contribui para a obtenção do resultado visado[66].

Nesse capítulo usar-se-á a classificação adotada por Junqueira de Azevedo de três modalidades de fatores de eficácia: os fatores de atribuição de eficácia em geral, os fatores de atribuição da eficácia diretamente visada e os fatores de atribuição de eficácia mais extensa.

---

[65] REBOUÇAS, RODRIGO FERNANDES. **Contratos Eletrônicos: Formação e Validade – Aplicações Práticas**. São Paulo: Almedina, 2015, p.82.

[66] AZEVEDO, Antônio Junqueira. Negócio Jurídico – existência, validade e eficácia. São Paulo: Saraiva, 1974, p. 65.

ESTUDOS APLICADOS DE DIREITO EMPRESARIAL

Os fatores de atribuição de eficácia em geral são os que sem eles, o ato não produz nenhum efeito como os contratos celebrados com condições suspensivas. Na seara do contrato eletrônico, temos um exemplo clássico desse tipo de fator quando se deparam com a compra e venda on-line que só irá se concretizar com a efetuação e confirmação do pagamento.

A segunda classificação cabe trazer na íntegra a explicação dada por Junqueira Azevedo:

> *b)* os fatores de atribuição da eficácia diretamente visada, que são aqueles indispensáveis para que um negócio, que já é de algum modo eficaz entre as partes, venha a produzir exatamente os efeitos por ele visados; quer dizer, antes do advento do fator de atribuição da eficácia diretamente visada, o negócio produz efeitos, mas não os efeitos normais; os efeitos, até a ocorrência do fator de eficácia, são antes efeitos substitutivos dos efeitos próprios do ato[67];

Bom exemplo dessa classificação é a prática de ato jurídico válido por representante sem poderes para tal prática na qual o negócio jurídico será existente, válido e eficaz entre as partes, porém ineficaz em relação a seu representante.

Agora os fatores de atribuição de eficácia mais extensa são aqueles imprescindíveis para o negócio jurídico, com plena eficácia e já produzindo efeitos, porém o fator lhe dará a eficácia em relação a terceiros. Temos nesse exemplo a necessidade de levar a registro a celebração de negócio jurídico de direito real e, na seara da contratação eletrônica, a hipótese de registro de contrato por adesão que será dado conhecimento a todos que pretendem firmar contratos por meio de site de prestação de ser-

---

[67] AZEVEDO, Antônio Junqueira. Negócio Jurídico – existência, validade e eficácia. São Paulo: Saraiva, 1974, p. 67.

viços ou compra e venda de produto seja caracterizada como relação de consumo ou não, presunção legal de efeitos *erga omnes*.[68]

Por fim, ainda cabe destacar que os fatores de eficácia são aplicáveis ao início da produção de efeitos do negócio jurídico, porém, poderá, por algum fato superveniente, o negócio se torna ineficaz, ou seja, há a resolução deste.

Assim, tem-se como exemplos fatores ligados à formação do negócio jurídico como a existência de cláusulas resolutivas nos contratos e os que não são ligados à formação, como o desequilíbrio contratual ou o próprio distrato.

Todos os fatores de eficácia do negócio jurídico são plenamente aplicáveis ao contrato eletrônico, como alguns exemplos trazidos, vez que este tem apenas seu meio de formalização o diferenciando dos demais.

2.6. Legislação Aplicável

Sempre na linha de que o contrato eletrônico é um contrato como outro qualquer apenas com a formalização realizada por meio eletrônico, se reforça o ponto que o negócio jurídico deverá observar todos os requisitos e, inclusive, as leias gerais que regulam os contratos.

Assim, surgem alguns questionamentos como: há a necessidade de uma regulamentação própria aos contratos eletrônicos? A estrutura jurídica hoje é suficiente se usada juntamente com a analogia? Deverá ser criado um novo direito que acompanhe a evolução tecnológica?

No Brasil não se conta com nenhuma legislação específica sobre o contrato eletrônico, tem-se normas da CVM – Comissão de Valores Mobiliários para operações eletrônicas[69] que é

---

[68] REBOUÇAS, RODRIGO FERNANDES. Contratos Eletrônicos: Formação e Validade – Aplicações Práticas. São Paulo: Almedina, 2015, p.88.
[69] Instrução CVM nº 387/2003

ESTUDOS APLICADOS DE DIREITO EMPRESARIAL

bem específica no estabelecimento de normas e procedimentos a serem observados nas operações realizadas inclusive por meio eletrônico e tem-se a Medida Provisória 2.200-2[70] que estabelece regras à certificação digital nos documentos e institui a Infraestrutura de Chaves Públicas Brasileira – ICP-Brasil.

Dessa forma, observa-se que alguns aspectos da contratação eletrônica necessitem de legislação que regule por ser algo que a analogia não supra, outros a legislação vigente se aplica por se tratar de contrato como todos os outros.

Newton de Lucca coaduna bastante com a ideia supra exposta de que o contrato eletrônico seguirá a legislação vigente se a lei não dispuser de alguma vedação a respeito, veja:

> Inexiste norma jurídica em nossa ordenação que proíba a realização de contratos por tal meio. A única exceção, evidentemente, diz respeito às hipóteses legalmente previstas, para as quais se exige forma solene para que possa o ato jurídico produzir os efeitos jurídicos pertinente[71]

Trazendo uma opinião um pouco diferente à adotada nesse capítulo, tem-se a posição de Ricardo Luis Lorenzetti[72] que acredita o contrato eletrônico é uma categoria ampla que necessita obrigatoriamente de regramento especifico sob pena de incorrer em inúmeras confusões, aplicando a regra geral apenas no tocante aos requisitos como capacidade, objeto, etc.

Indo de encontro com o pensamento acima, deverá ser considerada a velocidade que o comércio eletrônico cresce no mundo todo e, especificamente no Brasil, e assim a consequente difi-

[70] MPV 2.200-2/2001 (MEDIDA PROVISÓRIA) 24/08/2001
[71] LUCCA, Newton de. **Aspectos jurídicos da contratação informática e telemática**. São Paulo: Saraiva, 2003.
[72] LORENZETTI, Ricardo Luís. **Comércio Eletrônico**. Tradução de Fabiano Menke. São Paulo: Revista dos Tribunais, 2004.

culdade de um ordenamento jurídico específico acompanhar tal evolução.

Rodrigo Fernandes Rebouças exprime a ideia acima de maneira bem cirúrgica:

> Frente a esta nova realidade fática que a sociedade está vivenciando, entendemos que a tentativa de criação de qualquer regulamentação específica, resultará em uma rápida desatualização, em uma rápida superação da realidade fática, ao passo que nosso principal sistema jurídico – Código Civil – por ser um ordenamento fundamentalmente principiológico e dotado de diversas cláusulas gerais e conceitos indeterminados, está apto a se moldar, recepcionar e se aplicável aos novos casos concretos (princípios da eticidade, operabilidade e socialidade) incluindo as contratações pelos meios eletrônicos[73]

Não há como se limitar ao entendimento de que o ordenamento jurídico brasileiro não assegurará às contratações eletrônicas a segurança jurídica que se pretendia quando só se pensava na contratação física, vez que a maioria de seus conceitos são plenamente aplicáveis à realidade tecnológica de hoje.

E mais: se é para ter especificidade, essa deverá advir de repetidos comportamentos nesse meio e repetidas análises do operador do direito nos casos concretos, não há como enxergar eficácia numa legislação quando a velocidade do desenvolvimento tecnológico está tão a frente.

Diante de todo o exposto acima, tem-se que de maneira geral o ordenamento jurídico vigente, bem como a teoria geral dos contratos, consegue trazer e revestir de segurança jurídica as contratações feitas pelo meio eletrônico. Algumas especificida-

---

[73] REBOUÇAS, RODRIGO FERNANDES. **Contratos Eletrônicos: Formação e Validade – Aplicações Práticas**. São Paulo: Almedina, 2015, p.37.

des poderão exigir um regramento específico como, por exemplo, contratação eletrônica de consumo internacional, contrato que exige forma solene, etc. que terão a necessidade de adequação.

3. Contratos Eletrônicos e o CDC

3.1. A Proteção do Consumidor nos Contratos Eletrônicos

Após passar por todos os capítulos anteriores sabe-se de toda as proteções que emanam das relações de consumo ante os princípios que a regem, assim, essas vão refletir nas relações firmadas por meios eletrônicos e a rede de internet.

Sabe-se que a celebração de negócio, via internet, já é ponto superado e amplamente válido em território nacional ou fora dele, por isso vem a necessidade de uma regulação dessas relações e a garantia de manutenção de todos os princípios que norteiam, não deixando de maneira alguma o consumidor desamparado ou sem a proteção jurídica conferida pela Constituição Federal e pelo Código de Defesa do Consumidor.

A vulnerabilidade do consumidor já é um fato e assim expressa na lei consumerista sem suceder quaisquer dúvidas ou questionamentos, porém, passando a analisar essa vulnerabilidade, no âmbito do comércio eletrônico, cumpre destacar alguns aspectos que antes o legislador não contava.

O fornecedor de um produto ou de um serviço conta com uma gama de profissionais de suporte para que sua oferta, propaganda, realização de transações ocorram através da rede de internet enquanto o consumidor conta com sua vontade de adquirir um produto ou serviço e seu dispositivo ligado à rede que permite a concretização dessa vontade. Não há uma negociação propriamente, a oferta está ali e cabe a decisão do consumidor através de seus cliques se lhe interessa ou não.

Não há como negar que o controle do consumidor nas relações estabelecidas via internet é menor na medida que ele é guiado

PRINCIPAIS ASPECTOS DOS CONTRATOS ELETRÔNICOS NO ÂMBITO...

pelo que o fornecedor disponibiliza em seus sites, que por contar com meios profissionais desequilibra ainda mais essa relação.

Pode-se dizer que o fornecedor tem um grande poder em suas mãos, pois através de links bem-dispostos em seus sites, esse poderá induzir ainda mais o consumidor a adquirir produtos que vende ou ainda, fazer propagandas com parceiros e auferir mais lucros.

A vulnerabilidade do consumidor se mostra ainda maior quando ele não pode refutar os termos de uso e políticas de privacidade dos sites, quando um simples clique, que pode ser errôneo inclusive, o vincula a diversas obrigações nas quais não teve a oportunidade de questionar ou rejeitar.

Cumpre trazer ao presente capítulo a opinião contrária a esse pensamento, de Fábio Ulhoa Coelho:

> A vulnerabilidade do consumidor, no comércio eletrônico, é a mesma a que se expõe no físico; e, em alguns casos, é até menor. Compare a situação do consumidor interessado apenas em se informar sobre determinado produto para ponderar se lhe convém a compra. Ao pedir informações na loja, será certamente atendido pelo vendedor, que, ao responder às dúvidas, se esforçará para convencê-lo a adquirir o produto. Para o vendedor comissionado, premido pela necessidade de produzir, quanto menos tempo for gasto com cada consumidor, melhor. Sua tendência será a de apressar a decisão de compra. Agora, pense no mesmo consumidor, em seu computador doméstico, visitando calmamente páginas na internet, para comparar preços e checar informações. Nesse caso, ninguém o força a absolutamente nada. Pode gastar o tempo que quiser; salvar arquivos para voltar a consultá-los no dia seguinte; ouvir a opinião de familiares.

A exposição do consumidor a constrangimentos é visivelmente maior no comércio físico do que no eletrônico.

ESTUDOS APLICADOS DE DIREITO EMPRESARIAL

Sua vulnerabilidade, nesse sentido, tende a ser um tanto menor neste último ambiente de consumo.[74]

Que com a devida vênia, discorda-se neste trabalho com Ulhoa Coelho na medida que o risco ao consumidor é imperceptível quando se trata de inúmeros cliques em um site de compra, inclusive pior que a pressão de um vendedor, vez que este nem se dá conta ao induzimento que está sujeito, demonstrando ainda mais sua vulnerabilidade.

A vinculação na qual o consumidor está se obrigando ao simples clique passa por cima de muitos dos princípios aqui trazidos como da informação, do equilíbrio nas relações de consumo e, principalmente, da boa-fé.

A lei consumerista, apesar de mais antiga, já tinha a preocupação com as transações realizadas sem a presença das partes e, principalmente, do consumidor tanto que em seu artigo 49[75] permite que este tenha um prazo para se arrepender da do produto ou serviço adquirido fora do estabelecimento comercial, especialmente por telefone ou a domicílio. A lei data de 1990, a realidade do comercio eletrônico ainda não era presente na vida dos consumidores brasileiros, mas o fato do consumidor não poder ter o contato com o que estava adquirindo já lhe dava o direito de se arrepender sem ônus qualquer.

Assim, com o Decreto nº 7.962 de 15 de março de 2013, que regulamenta o comércio eletrônico no Brasil, o legislador

---

[74] COELHO, Fabio Ulhoa. **Direitos do consumidor no comércio eletrônico**. Disponível em: http://www.ulhoacoelho.com.br/site/pt/artigos/doutrina/63-direitos-do-consumidor-no-comercio-eletronico.html. Acesso em 24 nov. 2015.

[75] Art. 49. O consumidor pode desistir do contrato, no prazo de 7 dias a contar de sua assinatura ou do ato de recebimento do produto ou serviço, sempre que a contratação de fornecimento de produtos e serviços ocorrer fora do estabelecimento comercial, especialmente por telefone ou a domicílio.

Parágrafo único. Se o consumidor exercitar o direito de arrependimento previsto neste artigo, os valores eventualmente pagos, a qualquer título, durante o prazo de reflexão, serão devolvidos, de imediato, monetariamente atualizados.

reforça o direito de arrependimento uma vez que dispõe sem seu artigo 5º[76] que o fornecedor tem que disponibilizar todas as informações ao consumidor, antes da venda, para caso ele se arrependa, como deverá fazer.

A lei permite que o arrependimento seja manifestado de qualquer forma, não necessariamente eletrônica, conferindo ao consumidor amplo acesso em seu direito e não o restringindo de alguma forma.

Ainda, o decreto regula obrigações do fornecedor para com as instituições financeiras e operadoras de cartão de crédito, para assegurar o reembolso do consumidor de maneira mais rápida, vez que tem que comunicá-los imediatamente quando houver o exercício do direito de arrependimento.

Sendo assim, a legislação brasileira do consumidor assume mais uma vez a condição vulnerável do consumidor quando legisla sobre o comercio eletrônico, mesmo que no sucinto decreto, e coloca ainda mais a necessidade dessa prática comercial ter sua evolução acompanhada pela lei.

---

[76] Art. 5º O fornecedor deve informar, de forma clara e ostensiva, os meios adequados e eficazes para o exercício do direito de arrependimento pelo consumidor.

§ 1º O consumidor poderá exercer seu direito de arrependimento pela mesma ferramenta utilizada para a contratação, sem prejuízo de outros meios disponibilizados.

§ 2º O exercício do direito de arrependimento implica a rescisão dos contratos acessórios, sem qualquer ônus para o consumidor.

§ 3º O exercício do direito de arrependimento será comunicado imediatamente pelo fornecedor à instituição financeira ou à administradora do cartão de crédito ou similar, para que:

I – a transação não seja lançada na fatura do consumidor; ou

II – seja efetivado o estorno do valor, caso o lançamento na fatura já tenha sido realizado.

§ 4º O fornecedor deve enviar ao consumidor confirmação imediata do recebimento da manifestação de arrependimento.

ESTUDOS APLICADOS DE DIREITO EMPRESARIAL

Passando ao direito à informação, princípio disposto e assegurado a todos pela Constituição Federal e, reforçado pela Lei 8.078/90 em seus artigos, não restam dúvidas quanto ao dever do fornecedor de sempre manter o consumidor informado seja sobre o que ele está interessado, seja sobre o que ele já comprou ou está na iminência de comprar.

No comércio eletrônico esse direito se torna ainda mais importante ao consumidor ante a volatilidade das informações e ao acesso que o consumidor tem guiado pela vontade do fornecedor através da disposição dos seus links.

O Decreto 7.962/2015, em todos os seus artigos, deixa bem clara a preocupação com o direito de informação do consumidor bem como o dever do fornecedor de informar. Ao longo da leitura o legislador coloca inúmeras obrigações ao fornecedor que vão desde dispor ao consumidor detalhes de todas os aspectos da venda à identificação do fornecedor responsável pelo site de comércio eletrônico. A preocupação foi além do produto e do serviço, alcançando inclusive o meio tecnológico.

O direito à informação se amplificou com o decreto, porém ainda pode ser mais aproveitado na medida que o fornecedor ainda detém todo o controle de navegação do consumidor e acaba por guiá-lo onde mais lhe interessa através da disponibilização dos links.

Outro aspecto importante, na seara do comércio eletrônico, é o atendimento facilitado ao consumidor, que também foi objeto do Decreto em seu artigo 4º, incisos e parágrafos[77]

---

[77] Art. 4o Para garantir o atendimento facilitado ao consumidor no comércio eletrônico, o fornecedor deverá:

I – apresentar sumário do contrato antes da contratação, com as informações necessárias ao pleno exercício do direito de escolha do consumidor, enfatizadas as cláusulas que limitem direitos;

II – fornecer ferramentas eficazes ao consumidor para identificação e correção imediata de erros ocorridos nas etapas anteriores à finalização da contratação;

III – confirmar imediatamente o recebimento da aceitação da oferta;

com a clara preocupação do consumidor não perder nenhuma de suas prerrogativas e direitos ante a sua ausência no momento da transação comercial.

Dessa forma, o Decreto garante o pleno exercício de escolha do consumidor ao obrigar que o fornecedor enfatize nos contratos celebrados ou oferecidos a ele as cláusulas que limitem seus direitos, não permitindo que o consumidor seja tomado pelo anseio de consumo somente, mas que tenha plena consciência do que pode estar se sujeitando ao concretizar sua escolha.

Tem-se também a obrigação ao fornecedor de oferecer ferramenta para correção de erros antes do final da transação, o atendimento pelo meio eletrônico afim de esclarecer dúvidas, clarear informações, processar reclamações, ou seja, manter as garantias que lhe são conferidas em outros meios também no ambiente virtual.

Ainda, o Decreto dispõe da obrigação de manter a segurança dos dados do consumidor, que de forma bem sucinta em um de seus incisos, que depois veio a ser um direito mais detalhado com o Marco Civil da Internet, no qual a Lei nº 12.965, de 23 de abril de 2014, que estabelece princípios, garantias, direitos e deveres para o uso da Internet no Brasil, garante a inviolabilidade da vida privada, a proteção de dados dos usuários, que comportam a parcela de consumidores virtuais.

IV – disponibilizar o contrato ao consumidor em meio que permita sua conservação e reprodução, imediatamente após a contratação;
V – manter serviço adequado e eficaz de atendimento em meio eletrônico, que possibilite ao consumidor a resolução de demandas referentes a informação, dúvida, reclamação, suspensão ou cancelamento do contrato;
VI – confirmar imediatamente o recebimento das demandas do consumidor referidas no inciso, pelo mesmo meio empregado pelo consumidor; e
VII – utilizar mecanismos de segurança eficazes para pagamento e para tratamento de dados do consumidor. Parágrafo único. A manifestação do fornecedor às demandas previstas no inciso V do caput será encaminhada em até cinco dias ao consumidor.

Percebe-se que a preocupação sempre do legislador, seja pelo Decreto que regula o Comércio Eletrônico, seja pelo Marco Civil da internet, é sempre manter os princípios que regem a relação do consumidor, adaptando às novas realidade tecnológicas, conseguindo manter a proporcionalidade e a igualdade quando assume a vulnerabilidade maior nesse meio, protegendo ainda mais a intimidade, privacidade regulando os dados do usuários de internet e sempre regido pela boa-fé que deve estar presente em qualquer relação humana.

E sem dúvida que esses pequenos passos são o início, a proteção ao consumidor tende a se ampliar e abarcar cada vez mais situações vez que de nenhuma forma este poderá desenvolver uma relação e se sentir desamparado, considerando que a base do relacionamento de consumo é a confiança e esta não pode se perder em nenhum momento.

4. Conclusão

Que o avanço tecnológico é geral, a expansão da internet é cada vez maior e o crescimento do comércio eletrônico é assustador, não é novidade bem como a necessidade do direito de acompanhá-los.

Ao longo do presente trabalho os principais aspectos do direito do consumidor, especificamente no âmbito do contrato eletrônico, deixaram bem clara a preocupação em não deixar o consumidor desprotegido.

Pode-se observar que a lei consumerista atende em grande parte ao comércio eletrônico, vez que seus princípios são todos extensíveis não importando o meio no qual a relação se desenvolve e que ainda houve uma evolução com os decretos, leis, interpretações por costume, etc.

O Direito do Consumidor é consolidado e, diferente das demais leis, é principiológico, ditando a direção às regras e leis posteriores, garantindo o desenvolvimento econômico e principalmente, protegendo a parte mais vulnerável da relação: o consumidor.

A preocupação dentro dessa evolução é dar maior tecnicidade à lei para que ela abarque o maior número de situações possíveis, é suprir lacunas que existem e que vão surgir e, principalmente aumentar a confiança do consumidor ao celebrar transações via internet.

E acredita-se que este caminho está sendo seguido: em pesquisa realizada pelo Serviço de Proteção ao Crédito (SPC) mostrou-se que o consumidor brasileiro superou a barreira da insegurança e desconfiança ao realizar compras on-line de maneira geral com dados como apenas 8% dos entrevistados não compram on-line por medo de não receber o produto, 74% enxergam que a comodidade de não sair de casa vale a pena, bem como preço baixo (50%), economia de tempo (33%) e a facilidade de comparar produtos de marcas concorrentes (27%)[78]. O ponto de não ser seguro comprar on-line por não estar coberto com tudo que a compra feita no estabelecimento comercial proporciona mostra que o tema já está a caminho da superação.

E toda essa informação não deixa de refletir o que foi apresentado nesse trabalho, quando da definição de que o contrato eletrônico se difere apenas no meio de formalização dos demais contratos, portanto, está abarcado por toda teoria geral dos contratos quanto aos planos de existência, validade e eficácia.

A jurisprudência atual reflete bastante todo o exposto no presente trabalho vez que em inúmeras decisões há o reconhecimento de fraude na contratação eletrônica com o dever de indenizar o consumidor ao fornecedor, a força probatória do

---

[78] ALVES, Murilo Rodrigues. Medo de ser enganado nas compras online é cada vez menor. Disponível em: http://exame.abril.com.br/tecnologia/noticias/medo-de-ser-enganado-nas-compras-online-e-cada-vez-menor. Acesso em: 17 jun. 2017.

documento eletrônico é igual ao do contrato celebrado fisicamente e mais: o contrato eletrônico tem força de título executivo extrajudicial tal qual os demais contratos que cumpram os requisitos exigidos em lei para tanto.

Quando toda a teoria consumerista se estende às transações eletrônicas e que suas lacunas seriam preenchidas por ajustes na lei e a extensão das proteções ao consumidor ao comércio eletrônico.

Valendo lembrar que evolução tecnológica em alta velocidade trata também por beneficiar os lucros das empresas, o desenvolvimento econômico, a livre concorrência e o capitalismo, portanto não se trata apenas da simples proteção aos vulneráveis, mas um equilíbrio de desenvolvimento econômico sustentável.

Por fim, se esbarra na questão que rondou esse trabalho e que é o maior desafio da tecnologia: ter o direito ao seu lado acompanhando tal evolução, que se sabe a dificuldade, mas a tentativa de minimizar tem que ser maior para que as garantias dos direitos do consumidor não sejam perdidas no meio do caminho.

Referências

ALVES, Murilo Rodrigues. *Medo de ser enganado nas compras online é cada vez menor*. Disponível em: http://exame.abril.com.br/tecnologia/noticias/medo-de-ser-enganado-nas- compras-online-e-cada-vez-menor. Acesso em: 17 jun. 2017.

AZEVEDO, Antônio Junqueira. *Negócio Jurídico – existência, validade e eficácia*. São Paulo: Saraiva, 1974.

COELHO, Fabio Ulhoa. *Direitos do consumidor no comércio eletrônico*. Disponível em: http://www.ulhoacoelho.com.br/site/pt/artigos/doutrina/63--direitos-do-consumidor-no- comercio-eletronico.html. Acesso em 24 nov. 2015.

KHOURI, Paulo R. Roque. *Direito do consumidor: contratos, responsabilidade civil e defesa do consumidor em juízo*. 3. ed. São Paulo: Atlas, 2006.

LEAL, Sheila do Rocio Cercal Santos. *Contratos eletrônicos: validade jurídica dos contratos via internet*. São Paulo: Atlas, 2007

LORENZETTI, Ricardo Luís. *Comércio Eletrônico*. Tradução de Fabiano Menke. São Paulo: Revista dos Tribunais, 2004.

LUCCA, Newton de; SIMÃO FILHO, Adalberto. *Direito & Internet – Aspectos Jurídicos Relevantes.* 2ª edição. São Paulo: Ed. Quartier Latin, 2005.

LUCCA, Newton de. *Aspectos jurídicos da contratação informática e telemática.* São Paulo: Saraiva, 2003.

LUCCA, Newton de. *Direito do consumidor: aspectos práticos: perguntas e respostas.* 2. ed. rev. atual. Bauru: EDIPRO, 2000

LUCCA, Newton de. *Direito do consumidor: teoria geral da relação de consumo.* São Paulo: Quartier Latin, 2003.

NISHIYAMA, Adolfo Mamoru. *A proteção constitucional do consumidor.* 2. ed. rev., atual. e ampl. São Paulo: Atlas, 2010.

NUNES, Rizzatto. *Curso de direito do consumidor.* 6. ed. rev. e atual. São Paulo: Saraiva, 2011.

OPICE BLUM, Renato M. S. Contratos eletrônicos. In: BLUM, M. S Opice; BRUNO, Marcos Gomes da Silva; ABRUSIO, Juliana (Coord.). *Manual de direito eletrônico e Internet.* São Paulo: Lex, 2006.

PAESANI, Liliana Mainardi. Direito e Internet. *Liberdade de Informação, Privacidade e Responsabilidade Civil.* São Paulo: Atlas, 2000.

REBOUÇAS, Rodrigo Fernandes. *Contratos Eletrônicos.* São Paulo: Almedina, 2015.

SILVA, Karine Behrens. *Proteção do consumidor no comércio eletrônico.* Disponível em: https://jus.com.br/artigos/18701/protecao-do-consumidor-no-comercio-eletronico. Acesso em 18 jun. 2017.

TEOBALDO SEGUNDO, Eduardo Santos. *Contratos eletrônicos e o tratamento do Código de Defesa do Consumidor.* Disponível em: http://www.direitonet.com.br/artigos/exibir/8960/Contratos-eletronicos-e-o-tratamento-do-Codigo-de-Defesa-do-Consumidor. Acesso em 18 jun. 2017.

Obras complementares

BACELAR, Hugo Leonardo Duque. *A proteção contratual e os contratos eletrônicos.* São Paulo: IOB; Thomson, 2006.

BARBAGALO, Erica Brandini. *Contratos eletrônicos: contratos formados por meio de redes de computadores: peculiaridades jurídicas da formação do vínculo.* São Paulo: Saraiva, 2001.

BARBIERI, Diovana. *A Proteção do Consumidor No Comércio Eletrônico.* Curitiba: Juruá, 2013

CAUDURO, Flávio. Arte eletrônica e cibercultura. In: MARTINS, Francisco Menezes; SILVA, Juremir Machado da (Org.). *Para navegar no século XXI: tecnologias do imaginário e cibercultura.* Porto Alegre: EDIPUCRS, 2000.

ESTUDOS APLICADOS DE DIREITO EMPRESARIAL

DIAS, Elsa Oliveira. *A Proteção dos Consumidores nos Contratos Celebrados Através da Internet.* São Paulo: Almedina, 2002.

EIDELVEIN DO CANTO, Rodrigo. *A Vulnerabilidade Dos Consumidores No Comércio Eletrônico.* 1ª Ed. São Paulo: RT – Revista dos Tribunais, 2015.

GONÇALVES, Vinicius de Almeida. *Algumas observações sobre a proteção ao consumidor em contratos online.* Disponível em: http://jus.com.br/artigos/23416/algumas- observacoes-sobre-a-protecao-ao-consumidor-em-contratos--online. Acesso em 18 jun. 2017.

LAWAND, Jorge José. *Teoria geral dos contratos eletrônicos.* São Paulo: Juarez de Oliveira, 2003.

LOUREIRO, Luiz Guilherme. *Contratos no novo código civil: teoria geral e contratos em espécie.* 2. ed. São Paulo: Editora Método, 2004.

MACEIRA, Pereira Irma. *A Responsabilidade Civil no Comércio Eletrônico.* São Paulo: Srs Editora, 2007.

MATTE, Maurício de Souza. *Internet: comércio eletrônico: aplicabilidade do código de defesa do consumidor nos contratos de e-commerce.* São Paulo: LTr, 2001.

NERY JÚNIOR, Nelson; NERY, Rosa Maria Andrade. *Código civil comentado.* 10. ed., rev. ampl e atual. São Paulo: Revista dos Tribunais, 2013.

TEIXEIRA, Tarcisio. *Mais sobre Comércio Eletrônico – Conforme o Marco Civil da Internet e A Regulamentação do E-Commerce No Brasil.* São Paulo: Saraiva, 2015.

ULHOA, Daniel da Silva. *A publicidade enganosa via Internet.* Disponível em: http://jus.com.br/artigos/3796/a-publicidade-enganosa-via-internet.

VANCIM, Adriano R.; MATIOLI, Luiz; LEMOS & CRUZ, Jefferson. *Direito & Internet – Contrato Eletrônico e Responsabilidade Civil na Web –* 2ª Ed. Franca: Lemos & Cruz, 2014.

VENOSA, Sílvio de Salvo. *Direito civil: teoria geral das obrigações e teoria geral dos contratos –* vol. 2. 10. ed. São Paulo: Atlas, 2010.

Legislação

LEI Nº 10.406, DE 10 DE JANEIRO DE 2002 disponível em http://www.planalto.gov.br/ccivil_03/leis/2002/L10406.htm, acesso em 16 jun.2017.

LEI Nº 8.078, DE 11 DE SETEMBRO DE 1990 disponível em http://www.planalto.gov.br/ccivil_03/leis/L8078.htm acesso em 16.jun.2017.

DECRETO Nº 7.962, DE 15 DE MARÇO DE 2013 disponível em http://www.planalto.gov.br/ccivil_03/_ato2011-2014/2013/decreto/d7962.htm acesso em 17 jun.2017.

LEI Nº 12.965, DE 23 DE ABRIL DE 2014 disponível em http://www.planalto.gov.br/ccivil_03/_ato2011-2014/2014/lei/l12965.htm acesso em 18 jun. 2017.

INSTRUÇÃO CVM 387 de 28 de abril de 2003 disponível em www.cvm. gov.br/legislacao/inst/anexos/300/inst387consolid.doc acesso em 23 mai. 2017

MEDIDA PROVISÓRIA No 2.200-2, DE 24 DE AGOSTO DE 2001 em http://www.planalto.gov.br/ccivil_03/mpv/antigas_2001/2200-2.htm acesso em 25 mai. 2017

Jurisprudência

Brasil, 10ª Câmara Cível do TJ-PR. RESPONSABILIDADE CIVIL. AQUI-SIÇÃO LINHA TELEFÔNICA. CONTRATO ELETRÔNICO FRAU-DULENTO. DANO MORAL. INSERÇÃO DO NOME DO SUPOSTO DEVEDOR NO SCPC. RESPONSABILIDADE OBJETIVA. CÓDIGO DE DEFESA DO CONSUMIDOR. DEVER DE INDENIZAR. PROVA DO PREJUÍZO DISPENSÁVEL. VALORAÇÃO CRITERIOSA. RECURSO CONHECIDO E DESPROVIDO. Apelação Cível AC 3032337 PR 0303233-7. Relator: Wilde de Lima Pugliese, Curitiba, PR. Julgado em 10/11/2005.

Brasil, 10ª Câmara Cível do TJ-PR. RESPONSABILIDADE CIVIL. AQUI-SIÇÃO LINHA TELEFÔNICA. CONTRATO ELETRÔNICO FRAU-DULENTO. DANO MORAL. INSERÇÃO DO NOME DO SUPOSTO DEVEDOR NO SCPC. RESPONSABILIDADE OBJETIVA. CÓDIGO DE DEFESA DO CONSUMIDOR. DEVER DE INDENIZAR. PROVA DO PREJUÍZO DISPENSÁVEL. VALORAÇÃO CRITERIOSA. RECURSO CONHECIDO E DESPROVIDO. Apelação Cível AC 1826819 PR 0182681-9. Relator: Wilde de Lima Pugliese, Curitiba, PR. Julgado em 03/11/2005.

Brasil, 13ª Câmara Cível do TJ-MG. AÇÃO CAUTELAR DE EXIBIÇÃO DE DOCUMENTOS. CONTRATO ELETRÔNICO. DEVER DE APRESEN-TAÇÃO. Trata-se de seu dever guardar os instrumentos inerentes as suas atividades, portanto, incoerente a alegação sobre a impossibilidade de apresentação do documento conforme requerido. Apelação Cível AC 10672130130954001 MG. Relator: Alberto Henrique. Belo Horizonte, MG. Julgado em 27/02/2014.

Brasil, 24ª Câmara de Direito Privado do TJ/SP. CAUTELAR – EXIBI-ÇÃO DE DOCUMENTOS CONTRATO ELETRÔNICO – Contrato de empréstimo celebrado em caixa de autoatendimento Inexistência de contrato escrito Suficiente o documento apresentado pelo banco, pois especifica as condições do empréstimo Ação procedente – Obrigação cumprida Sucumbência mantida Recurso parcialmente provido. Apela-

ESTUDOS APLICADOS DE DIREITO EMPRESARIAL

ção Cível APL 00149862620128260361 SP 0014986- 26.2012.8.26.0361.
Relator: Plinio Novaes de Andrade Júnior. São Paulo, SP. Julgado em
29/08/2013.
Brasil, 13ª Câmara Cível do TJ-MG. AÇÃO CAUTELAR DE EXIBIÇÃO DE
DOCUMENTOS. CONTRATO ELETRÔNICO. DEVER DE APRE-
SENTAÇÃO. Trata-se de seu dever guardar os instrumentos inerentes
as suas atividades, portanto, incoerente a alegação sobre a impossibi-
lidade de apresentação do documento conforme requerido. Apelação
Cível AC 10261120032428001 MG. Relator: Newton Teixeira Carvalho.
Belo Horizonte, MG. Julgado em 04/07/2013.
Brasil, 16ª Câmara Cível do TJ-MG. APELAÇÃO CÍVEL. AÇÃO DE
COBRANÇA. CONTRATO ELETRÔNICO. PRINCÍPIO DA EQUI-
VALÊNCIA FUNCIONAL. PROVA DA ASSINATURA. ART. 389, II DO
CPC. AUSÊNCIA DE DEMONSTRAÇÃO. SENTENÇA MANTIDA.
Apelação Cível AC 10056110034735002 MG. Relator: José Marcos Vieira.
Belo Horizonte, MG. Julgado em 03/07/2013.
Brasil, Sétima Turma Especializada Do Tribunal Regional Federal da 2ª
Região. PROCESSUAL CIVIL. AGRAVO DE INSTRUMENTO. EXE-
CUÇÃO DE TÍTULO EXTRAJUDICIAL. EXCEÇÃO DE PRÉ-EXE-
CUTIVIDADE. CONTRATO ELETRÔNICO. ASSINATURA DIGITAL.
VALIDADE. INCLUSÃO DO FIADOR APÓS A CITAÇÃO DO EXECU-
TADO. POSSIBILIDADE. ART. 264 DO CPC. INAPLICABILIDADE.
AG AGRAVO DE INSTRUMENTO AG 201302010129860. Desembar-
gador Federal Jose Antonio Lisboa Neiva. Rio de Janeiro, RJ. Julgado
em 18/12/2013.
Brasil, 3ª Câmara Cível do TJ-MS. AGRAVO REGIMENTAL EM APELA-
ÇÃO CÍVEL – DECISÃO QUE, DE PLANO, NEGA SEGUIMENTO AO
RECURSO DE APELAÇÃO CÍVEL – INÉPCIA DA INICIAL – AUSÊN-
CIA DE PROVAS DA CONTRATAÇÃO – CONTRATO ELETRÔNICO –
ART. 283 CPC – PREQUESTIONAMENTO – RECURSO CONHECIDO
E NÃO PROVIDO. Agravo Regimental AGR 08210598120128120001 MS.
Relator: Oswaldo Rodrigues de Melo. Campo Grande, MS. Julgado em
03/09/2013.
Brasil, 3ª Câmara Cível do TJ-MA. CIVIL E PROCESSO CIVIL. AÇÃO DE
COBRANÇA. INTIMAÇÃO PESSOAL DA PARTE AUTORA PARA
JUNTAR CONTRATO ASSINADO PELAS PARTES. AUSÊNCIA
DE INTIMAÇÃO DO PATRONO DA AUTORA. INDEFERIMENTO
DA INICIAL. EXTINÇÃO DO PROCESSO SEM RESOLUÇÃO DO
MÉRITO. RAZÕES RECURSAIS EMBASADAS NA HIPÓTESE DO

§1º DO ARTIGO 267 DO CPC. NÃO CONHECIMENTO. CONTRATO ELETRÔNICO. UTILIZAÇÃO DE ASSINATURA DIGITAL. FORÇA PROBATÓRIA. RECONHECIMENTO. ERROR IN JUDICANDO. DEFERIMENTO DA INICIAL. Apelação APL 0242772012 MA 0009508-31.2011.8.10.0001. Relator: JAMIL DE MIRANDA GEDEON NETO. Campo Grande, MS. Julgado em 30/08/2012.

Os Contratos Associativos e a Obrigatoriedade de Submissão Prévia ao CADE – Conselho Administrativo de Defesa Econômica

MARILIA SANTOS VENTURA DE SOUZA

Introdução

A Resolução CADE nº 17/2016 trouxe nova definição sobre contratos associativos, alterando os critérios objetivos para definição deste tipo contratual e os requisitos para submissão prévia ao CADE antes definidos pela Resolução CADE nº 10/2014, revogada pela nova resolução.

A regulamentação acerca de contratos associativos tornou-se necessária após o advento da Lei nº 12.529/2011 ("Lei de Concorrência"), que estruturou o Sistema Brasileiro de Defesa da Concorrência e dispôs sobre a prevenção e repressão às infrações contra a ordem econômica, pois a referida lei trouxe critérios que, se existentes nas operações, tornam obrigatória a submissão prévia ao CADE das referidas operações.

Importante destacar que as operações cuja submissão prévia ao CADE é obrigatória são os atos de concentração definidos no artigo 88 e 90 da referida lei, dentre eles, os contratos associativos *stricto sensu*, como será abordado no decorrer deste artigo.

Conforme já dito no parágrafo anterior, a Lei de Concorrência alterou a estrutura administrativa dos órgãos de proteção à ordem econômica, trouxe a obrigatoriedade de análise prévia dos atos de concentração, trazendo critérios baseados no faturamento das empresas envolvidas e a possibilidade de revisão pelo CADE dos atos de concentração que afetem mercados locais ou regionais com faturamentos moderados. A aprovação do CADE passou a ser condição suspensiva para a conclusão das operações.

José Marcelo Martins Proença entende que:

> Os atos de concentração só devem ser admitidos pelo CADE se forem benéficos para o mercado, ou seja, se tiver por objetivo aumentar a produção, melhorar a qualidade de bens ou serviços, propiciar eficiência e desenvolvimento tecnológico ou econômico etc. (PROENÇA).[1]

Os contratos associativos *stricto sensu*, incluídos dentre os atos de concentração pela Lei de Concorrência, não tiveram seu conceito definido expressamente. Assim, os contratos associativos *stricto sensu* deveriam ter sido objeto de regulamentação após o advento da Lei de Concorrência, mas isso só ocorreu em 2014, com a publicação da Resolução CADE nº 10/2014, que permaneceu em vigor por cerca de 02 (dois) anos, tendo sido revogada pela Resolução CADE nº 17/2016, como será abordado a seguir, sendo seus elementos definidos por doutrina e jurisprudência.

Como é possível aduzir, entre 2011 e 2014, data da publicação da Lei de Concorrência e data da publicação da regulamentação dos contratos associativos, respectivamente, houve uma lacuna na Lei de Concorrência, caracterizada pela falta de definição objetiva do conceito e requisitos para caracterização dos contratos associativos (denominados pelo presente artigo como contratos associativos *stricto sensu*).

---

[1] PROENÇA, José Marcelo Martins. **Concentração Empresarial e o Direito da Concorrência**. São Paulo: Editora Saraiva, 2001, p.110-111.

A Resolução CADE nº 10/2014, em vigor a partir de 03 de janeiro de 2015, definiu como contratos associativos aqueles com duração superior a 02 (dois) anos, desde que houvesse cooperação horizontal ou vertical ou, ainda, compartilhamento de risco que acarretasse, entre as partes contratantes, relação de interdependência. Porém, a referida Resolução foi revogada pela Resolução CADE nº 17/2016, publicada em 18 de outubro de 2016 e em vigor desde 17 de novembro de 2016.

De acordo com a Resolução do CADE nº 17/2016, são contratos associativos quaisquer contratos com duração igual ou superior a 02 (dois) anos que estabeleçam empreendimento comum para exploração de atividade econômica, desde que, cumulativamente, o contrato estabeleça o compartilhamento dos riscos e resultados da atividade econômica que constitua seu objeto e as partes contratantes sejam concorrentes no mercado relevante objeto do contrato.

Desta maneira, desde 2012 tornou-se essencial avaliar se os contratos firmados se enquadram na definição de contratos associativos, avaliando os elementos e requisitos de tais contratos.

O objeto de análise deste trabalho visará delimitar os elementos comuns do contrato associativo e, em seguida, avaliará os aspectos estipulados pelo CADE relativos à obrigatoriedade de submissão à aprovação prévia do CADE.

Para avaliação da definição dos contratos associativos, é necessário avaliar as decisões do CADE que têm formado a jurisprudência sobre o tema, uma vez que, conforme previsto acima, os contratos associativos não têm previsão legal expressa, exceto no que tange ao disposto na Resolução do CADE nº 17/2016.

Para Roppo, 2009, por exemplo:

> Resulta claro, desta forma, que o direito dos contratos não se limita a revestir passivamente a operação econômica de um véu

legal de per si não significativo, a representar a sua mera tradução jurídico-formal, mas, amiúde, tende a incidir sobre as operações econômicas (ou até sobre sua dinâmica complexiva), de modo a determiná-las e orientá-las segundo objetivos que bem se podem apelidar de políticos lato sensu. E é precisamente nisto que se exprime aquela autonomia, ou melhor, aquela autônoma relevância do contrato-conceito jurídico e do direito dos contratos, relativamente à operação econômica a que nos referimos supra.[2]

Necessário, portanto, estudar a classificação dos contratos para entender o contrato associativo, o que será feito por este artigo de forma não exaustiva. Por tais razões, o presente estudo objetiva analisar os conceitos e definições dos contratos associativos, avaliando se estes se enquadram na classificação de contratos plurilaterais em decorrência das suas características.

Para alguns autores, as formas de organização da atividade econômica se traduzem, de um lado, naqueles contratos definidos como comutativos, também chamados de sinalagmáticos ou bilaterais, assim entendidos como os contratos em que predominam as relações de mercado, em que, cumprida a prestação, torna-se exigível a contraprestação, e, de outro lado, nos contratos de sociedade, assim entendido como aqueles em que há existência de interesses convergentes entre as partes contratantes, em prol de um objetivo comum. Os contratos intermediários, não classificados nem como comutativos nem como contratos de sociedade, são chamados como contratos híbridos ou relacionais.

Os contratos associativos são considerados, para alguns autores, contratos de cooperação empresarial, pois visam criar laços estáveis entre as partes contratantes, uma vez que dependem de

---

[2] ROPPO, Enzo. **O contrato.** Tradução: COIMBRA, A.; GOMES, M.J.C. Coimbra: Almedina, 2009, p.9-10.

OS CONTRATOS ASSOCIATIVOS E A OBRIGATORIEDADE DE SUBMISSÃO...

uma cooperação para planejar a execução das atividades objeto da relação contratual. Ao analisar os contratos híbridos ou relacionais, é possível verificar formas mais elaboradas de cooperação entre as partes contratantes.

Os contratos podem também ser classificados em razão de sua função econômica, podendo ser de troca, permuta ou escambo, associativos, plurilaterais ou de organização etc.

Ainda, vale dizer que os contratos associativos devem se enquadrar na classificação de contratos plurilaterais, assim entendidos como aqueles em que cada uma das partes se obriga para com todas as demais, e, da mesma forma, adquire direitos em torno de um escopo comum. O escopo dos contratos associativos é juridicamente relevante e determinante para as atividades objeto dos contratos, daí a razão para enquadrá-los como contratos plurilaterais.

Os contratos plurilaterais têm como características principais o fato de o número de partes ser superior a dois, se as partes assim desejarem, além dos direitos e obrigações assumidos pelas partes envolvidas ser assumidos de forma equitativa por tais partes, que são, por consequência, titulares de direitos e obrigações de forma simultânea.

Para alguns autores (ASCARELLI, 2001), os contratos plurilaterais, sob o ponto de vista econômico, são contratos de organização.[3]

Considerando que as *joint ventures* e os consórcios são espécies dos contratos plurilaterais, também entendidos como organizacionais, os contratos associativos também devem ser assim considerados. Partindo dessa premissa, o presente trabalho delimitará as características dos contratos plurilaterais, e, ato contínuo, avaliará os critérios estabelecidos pelo CADE para que

---

[3] ASCARELLI, Tulio. **Problemas das Sociedades Anônimas e Direito Comparado.** São Paulo: Bookseller, 2001, p. 373.

haja notificação prévia obrigatória, nos termos dos artigos 88 e 90 da Lei de Concorrência.

Ao final deste artigo, serão avaliados casos específicos julgados pelo CADE com o objetivo de análise das decisões concretas do correlato órgão, buscando analisar o entendimento do CADE quanto aos elementos dos contratos associativos *stricto sensu*, avaliando em quais hipóteses estes devem ser submetidos à análise prévia do CADE.

1. Histórico da Legislação Antitruste

O sistema de escambo, bastante observado nos primórdios da colonização portuguesa no Brasil, pode ser considerado como o início de dispositivos reguladores das políticas antitrustes. Isso, pois no sistema de escambo, caracterizado por uma economia baseada em trocas, é possível verificar regras capazes de disciplinar a conduta econômica.

No século XVIII, o uso da palavra concorrência começou a ser utilizado em um discurso técnico-econômico, concomitantemente ao surgimento das ideias e Estados liberais, objetivando o bom funcionamento do mercado. Também nesse período, passou-se a verificar modificações no sistema de produção.[4]

No âmbito da Revolução Industrial, "a produção deixou de ser manufatureira e o surgimento das indústrias acarretou no desaparecimento das corporações de ofício, responsáveis, até então, pelo estabelecimento de rígidas regras de regulação

---

[4] Conforme: FERRAZ, André Santos. **A Nova Lei Antitruste Brasileira: Suas Principais Modificações na Política Antitruste e seus Principais Impactos Econômicos**. 2013. 66f. Monografia (Bacharel em Ciências Econômicas) – Faculdade de Economia, Administração, Contabilidade e Ciência da Informação e Documentação da Universidade de Brasília, Brasília, 2013, p. 22. Disponível em: <http://bdm.unb.br/bitstream/10483/6527/1/2013_AndreSantosFerraz.pdf>. Acesso em 16 abr. 2017.

econômica"[5], o que favoreceu a criação da ideia de livre concorrência, ainda sem regulação específica sobre o tema.

Em 1890, os Estados Unidos promulgaram o *Sherman Act*, considerado por diversos autores como o marco inicial da legislação antitruste. Alguns autores entendem que a legislação americana foi editada para combater práticas que aumentavam os preços dos produtos, porém o Congresso que aprovou o *Sherman Act* também aprovou legislação acerca de aumentos significativos de impostos (*McKinley Tariff Act*). Assim, para Hovenkamp, 2005, a razão mais provável para a aprovação do *Sherman Act* pelo Congresso Americano refere-se ao intenso lobby liderado pelos pequenos produtores que se sentiam prejudicados pela proliferação de grandes empresas.[6]

Mesmo vigente, o *Sherman Act* não foi eficaz no que tange às práticas antitrustes. Em 1910, novas leis de política antitruste foram criadas nos Estados Unidos, como, por exemplo, a que criou o *Clayton Act*, que trata sobre o controle de estruturas no país, a *Federal Trade Comission* (FCT), órgão administrativo responsável pelas investigações de atos contra a concorrência, assim como é o CADE no Brasil etc.

No Brasil, conforme supramencionado, o tema antitruste começou a ser observado nos primórdios da colonização portu-

---

[5] FORGIONI, 2010 apud FERRAZ, André Santos. **A Nova Lei Antitruste Brasileira: Suas Principais Modificações na Política Antitruste e seus Principais Impactos Econômicos.**2013. 66f. Monografia (Bacharel em Ciências Econômicas) – Faculdade de Economia, Administração, Contabilidade e Ciência da Informação e Documentação da Universidade de Brasília, Brasília, 2013, p. 22. Disponível em: <http://bdm.unb.br/bitstream/10483/6527/1/2013_AndreSantosFerraz.pdf>. Acesso em 16 abr. 2017.

[6] HOVENKAMP, 2005 apud ROMANIELO, Enrico Spini.**Direito antitruste e crise-perspectivas para a realidade brasileira.** 2013. Dissertação (Mestrado em Direito Comercial) – Faculdade de Direito, Universidade de São Paulo, São Paulo, 2013, p. 14. Disponível em: <http://www.teses.usp.br/teses/disponiveis/2/2132/tde-17122013-082130/pt-br.php>. Acesso em 16 abr. 2017.

guesa. Porém, ainda preponderava um liberalismo econômico, caracterizado por uma economia de exportação de insumos básicos.

Em seguida, com a Revolução Industrial e a era Getúlio Vargas, um novo rumo para o tema, em razão do contexto político e econômico do país, pôde ser observado.

Com a promulgação da Constituição de 1934, foi possível observar uma garantia à liberdade econômica, ainda que o seu exercício tenha sido delimitado mediante a autorização, ainda que condicionada, para a União monopolizar determinada indústria ou atividade econômica, conforme pode ser observado pela transcrição dos artigos 115 e 166 da referida Constituição a seguir:

> Art. 115 – A ordem econômica deve ser organizada conforme os princípios da Justiça e as necessidades da vida nacional, de modo que possibilite a todos existência digna. Dentro desses limites, é garantida a liberdade econômica.
>
> Art. 116 – Por motivo de interesse público e autorizada em lei especial, a União poderá monopolizar determinada indústria ou atividade econômica, asseguradas as indenizações, devidas, conforme o art. 112, nº 17, e ressalvados os serviços municipalizados ou de competência dos Poderes locais.

A Constituição de 1937 também tratou da possibilidade do Estado intervir na economia, mas, assim como a Constituição de 1934, não trouxe nenhuma forma de repreender o abuso econômico pelo Estado, conforme trecho transcrito a seguir:

> Art. 135 – Na iniciativa individual, no poder de criação, de organização e de invenção do indivíduo, exercido nos limites do bem público, funda-se a riqueza e a prosperidade nacional. A intervenção do Estado no domínio econômico só se legitima

OS CONTRATOS ASSOCIATIVOS E A OBRIGATORIEDADE DE SUBMISSÃO...

para suprir as deficiências da iniciativa individual e coordenar os fatores da produção, de maneira a evitar ou resolver os seus conflitos e introduzir no jogo das competições individuais o pensamento dos interesses da Nação, representados pelo Estado. A intervenção no domínio econômico poderá ser mediata e imediata, revestindo a forma do controle, do estimulo ou da gestão direta.

Getúlio Vargas, em 1938, promulgou o Decreto-Lei nº 869, tratando de crimes contra a economia popular e ilícitos anticoncorrenciais, porém o Decreto-Lei não teve efetividade[7].

Em 1942, o Decreto-Lei nº 4.807 criou a Comissão de Defesa Econômica (CADE), com objetivo de definir a rescisão ou liquidação dos contratos em que eram partes pessoas cuja atividade econômica devesse ser reprimida. Em 1945, foi promulgado o Decreto-Lei nº 7.666, que tratou sobre os atos anticompetitivos contrários ao interesse da economia nacional. Porém, por suas previsões inovadoras, o referido Decreto-Lei foi revogado antes de ser regulamentado.[8]

A Constituição Brasileira promulgada em 1945 trouxe previsão de repressão de qualquer forma de abuso econômico, conforme seu artigo 148, a seguir transcrito, tendo a Constituição de 1967 seguido a mesma linha.

A lei reprimirá toda e qualquer forma de abuso do poder econômico, inclusive as uniões ou agrupamentos de empresas individuais ou sociais, seja qual for a sua natureza, que tenham por fim dominar os mercados nacionais, eliminar a concorrência e aumentar arbitrariamente os lucros.

---

[7] MARTINEZ, Ana Paula (Coord.). **Temas Atuais de Direito da Concorrência.** São Paulo: Editora Singular, 2012, p. 25-26.

[8] MARTINEZ, Ana Paula (Coord.). **Temas Atuais de Direito da Concorrência.** São Paulo: Editora Singular, 2012, p. 30.

Com a promulgação da Constituição Brasileira de 1988, a livre concorrência passou a ser um princípio da ordem econômica, em sintonia com o contexto político e econômico do país à época, com controle da inflação e abertura da economia.

A Lei nº 8.158/1991 criou a Secretaria Nacional de Direito Econômico (SNDE), vinculada ao Ministério da Justiça, com a função de apurar e propor as medidas visando corrigir os problemas percebidos no setor econômico que poderiam afetar, direta ou indiretamente, os mecanismos de formação de preços, a livre concorrência, a liberdade de iniciativa ou os princípios constitucionais da ordem econômica.

Em 1994, a Lei nº 8.884/1994 foi promulgada objetivando transformar o agora denominado Conselho Administrativo de Defesa Econômica (CADE) em uma Autarquia vinculada ao Ministério da Justiça. A referida lei também tratou sobre a prevenção e a repressão às infrações contra a ordem econômica, tendo organizado o Sistema Brasileiro de Defesa da Concorrência (SBDC), repartindo a competência entre o CADE, a Secretaria de Direito Econômico do Ministério da Justiça (SDE) e a Secretaria de Acompanhamento Econômico do Ministério da Fazenda (SEAE), visando aperfeiçoar e consolidar a matéria concorrencial na esfera legislativa.

A Lei de 1994 buscou consolidar os três pilares da matéria, quais sejam, a atuação preventiva por meio de controle de concentrações, atuação repressiva, por meio de controle de condutas, e a atuação educativa, por meio de promoção da cultura da concorrência. A referida lei revogou leis anteriores, como a Lei nº 8.158/1991. A lei promulgada em 1994 trouxe uma revolução antitruste no Brasil, mas não trouxe a obrigatoriedade de análise prévia dos atos de concentração, e, por isso, no início de vigência da lei, apenas as grandes concentrações econômicas eram apresentadas ao CADE.

A Lei de Concorrência, em vigor desde 2012, em síntese, estrutura o Sistema Brasileiro de Defesa da Concorrência e dispõe

OS CONTRATOS ASSOCIATIVOS E A OBRIGATORIEDADE DE SUBMISSÃO...

sobre prevenção e repressão às infrações contra a ordem econômica. A referida lei tornou obrigatória a submissão dos contratos associativos ao CADE, mas não trouxe elementos que pudessem definir de forma cristalina o conceito de contrato associativo.

A Lei de Concorrência alterou a estrutura administrativa dos órgãos de proteção à ordem econômica, trouxe a obrigatoriedade de análise prévia dos atos de concentração, trazendo critérios baseados no faturamento das empresas envolvidas e a possibilidade de revisão pelo CADE dos atos de concentração que afetem mercados locais ou regionais com faturamentos moderados. A aprovação do CADE passou a ser condição suspensiva para a conclusão das operações.

José Marcelo Martins Proença entende que:

> Os atos de concentração só devem ser admitidos pelo CADE se forem benéficos para o mercado, ou seja, se tiver por objetivo aumentar a produção, melhorar a qualidade de bens ou serviços, propiciar eficiência e desenvolvimento tecnológico ou econômico etc..[9]

Dentre os atos de concentração, a nova Lei de Concorrência incluiu os contratos associativos, mas não os definiu expressamente, apenas incluindo os referidos contratos ao lado dos consórcios e *joint ventures*. Os contratos associativos não possuem definição expressa na legislação brasileira, com exceção do conceito trazido pela Resolução CADE nº 10/2014, revogada pela Resolução CADE nº 17/2016, como será abordado a seguir.

---

[9] PROENÇA, José Marcelo Martins. **Concentração Empresarial e o Direito da Concorrência**. São Paulo: Editora Saraiva, 2001. p.110-111.

2. Classificação dos Contratos

Ao pesquisar sobre a origem etimológica do vocábulo contrato, conclui-se que o vocábulo refere-se ao vínculo jurídico de vontades buscando um objeto específico. Assim, contrato é o acordo entre duas ou mais pessoas que assumem certos compromissos ou obrigações, ou asseguram entre si algum direito, é o acordo de vontade entre duas ou mais pessoas com a finalidade de adquirir, resguardar, modificar, transferir ou extinguir direitos.[10]

O Código Civil brasileiro de 2002 não definiu o significado de contrato, mas apenas trouxe a tipificação de alguns contratos, como a compra e venda, locação etc., ficando a cargo da doutrina a definição sobre o significado de contratos.

Para Gomes, 1996, contrato é o "negócio jurídico bilateral ou plurilateral, que sujeita as partes à observância de conduta idônea à satisfação dos interesses que a regularam. ".[11]

Além de ser o negócio jurídico que sujeita as partes à observância de conduta idônea à satisfação dos interesses, conforme supramencionado, os contratos também são instrumentos de circulação de riquezas, sendo a veste jurídica das operações econômicas (ROPPO, 2009).[12]

O objetivo do presente trabalho é analisar os contratos associativos, para, então, estudar a obrigatoriedade de notificação ao CADE ao firmar tais contratos. Por tal razão, a classificação contratual a seguir abordada não será exaustiva, contemplando apenas a classificação contratual mais usual, de acordo com a doutrina brasileira.

---

[10] Conforme: MIRANDA, Maria Bernadete. **Revista Virtual Direito Brasil.** vol.2, n. 2, 2008, p.1-2. Disponível em <http://www.direitobrasil.adv.br/artigos/cont.pdf>. Acesso em 28 mai. 2017.

[11] GOMES, Orlando. **Contratos**, 17ª ed., Rio de Janeiro: Editora Forense, 1996, p. 10.

[12] ROPPO, Enzo. **O contrato**. Tradução: COIMBRA, A.; GOMES, M.J.C. Coimbra: Almedina, 2009, p.9-10.

2.1. Contratos Típicos e Atípicos

Ao avaliar a classificação acerca da designação dos contratos, é possível verificar que estes podem ser típicos ou atípicos (DINIZ, 1998).[13] Para que um contrato seja típico, é necessário haver previsão expressa na legislação definindo o tipo contratual. Para Azevedo, 2004:

> Os contratos típicos recebem do ordenamento jurídico uma regulamentação particular, e apresentam-se com um nome, ao passo que os atípicos, embora possam ter um nome, carece de disciplina particular, não podendo a regulamentação dos interesses dos contratantes contrariar a lei, a ordem pública, os bons costumes e os princípios gerais de direito.[14]

Os contratos atípicos podem ser atípicos propriamente ditos ou atípicos mistos, em que há o aproveitamento, no todo ou em parte, dos elementos dos contratos típicos.

Para alguns autores, o contrato atípico corresponde aos tipos sócio-jurisprudenciais, sendo modelos difundidos pela sociedade e disciplinados por jurisprudência.[15]

Em razão da ausência de disciplina legal para reger os contratos atípicos, as partes contratantes devem se pautar pelo princípio da boa-fé objetiva, trazido pelos artigos 113 e 422 do Código Civil, ao negociarem os contratos atípicos, garantindo, assim, a interpretação harmônica dos objetivos das partes envolvidas.

---

[13] DINIZ, Maria Helena. **Curso de Direito Civil brasileiro. Teoria Geral das obrigações contratuais e extracontratuais**, vol.3, 13ª ed., São Paulo: Saraiva, 1998, p.85.

[14] AZEVEDO, Alvaro Villaça. **Teoria Geral dos Contratos Típicos e Atípicos**. Curso de Direito Civil. 2ª ed. São Paulo: Atlas, 2004, p.138.

[15] MARINO, Francisco Paulo de Crescenzo. **Classificação dos contratos**, in PEREIRA JR., Antonio Jorge; JABUR, Gilberto Haddad (coord.):**Direito dos Contratos**. São Paulo: QuartierLatin, 2006, p. 24.

O princípio da boa-fé deve ser observado pelas partes contratantes em todos os tipos contratuais, inclusive os típicos, porém friso a importância deste princípio para a negociação de contratos atípicos, pois estes, conforme supramencionado, não são regulados por normas, o que dá ensejo a uma gama de condições para negociação, sendo o princípio da boa-fé essencial para garantir o equilíbrio de tais contratos.

2.2. A Formação dos Contratos

De acordo com a forma de constituição, os contratos podem, inicialmente, ser classificados como principais ou acessórios, sendo a existência destes condicionada à existência dos primeiros, os principais, e, ainda, como contratos por adesão e contratos negociados, assim como podem ser: (a) Consensuais; (b) Formais; ou (c) Reais.

Primeiramente, cumpre distinguir os contratos por adesão dos contratos negociados. Os primeiros são aqueles em que uma das partes impõe as cláusulas à outra parte, sem que haja qualquer negociação entre as referidas partes. Diferente do contrato por adesão, os contratos negociados são aqueles formados mediante negociação entre os contratantes.

Ainda sob a forma de constituição, são considerados consensuais os contratos em que basta a constituição de vontade dos contratantes, sem que seja necessário qualquer requisito além do acordo de vontades. São classificados como formais os contratos em que a legislação exige a forma escrita além do acordo de vontades para que este seja aperfeiçoado.

Se os contratos se constituírem mediante a tradição da coisa móvel, além do acordo de vontades e eventual formalização, serão considerados reais segundo a classificação de acordo com a forma de constituição.

Ainda no que diz respeito à forma dos contratos, estes podem ser classificados como contratos solenes ou não solenes. Os sole-

OS CONTRATOS ASSOCIATIVOS E A OBRIGATORIEDADE DE SUBMISSÃO...

nes são os contratos cuja forma está taxativamente prevista na legislação, sendo elemento essencial para a formação do negócio jurídico. Os contratos não solenes têm forma livre.[16]

2.3. O Tempo e a Execução dos Contratos

Segundo a forma de execução, os contratos podem ser de execução instantânea, em que, para ser cumprido, basta apenas que uma única prestação seja realizada. Estes podem ser classificados como contratos de execução imediata ou diferida.

Se a prestação coincidir com a constituição do vínculo contratual, o contrato deve ser classificado como de execução imediata, de acordo com a classificação contratual segundo a execução. Se pelo menos uma das prestações for realizada após a constituição do vínculo contratual, este deve ser classificado como contrato de execução diferida.

Contrapondo-se aos contratos de execução instantânea, os contratos de duração são aqueles em que para o cumprimento de pelo menos uma das prestações é necessário o decurso do tempo. Os contratos de duração podem ser de execução continuada ou periódica, sendo que para a primeira classificação há a necessidade de uma das prestações se prolongarem no tempo, sem interrupção, como nos casos dos contratos de sociedade, por exemplo. Nos contratos de execução periódica, também chamados de contratos de trato sucessivo, a prestação é realizada com repetições periódicas, como nos contratos de fornecimento, por exemplo.[17]

---

[16] MARINO, Francisco Paulo de Crescenzo. **Classificação dos contratos**, in PEREIRA JR., Antonio Jorge; JABUR, Gilberto Haddad (coord.):**Direito dos Contratos**. São Paulo: QuartierLatin, 2006, p.30.

[17] MARINO, Francisco Paulo de Crescenzo. **Classificação dos contratos**, in PEREIRA JR., Antonio Jorge; JABUR, Gilberto Haddad (coord.):**Direito dos Contratos**. São Paulo: QuartierLatin, 2006, 31.

2.4. A Estrutura dos Contratos

Os contratos são classificados de acordo com sua estrutura visando discriminar as obrigações que geram para os contratantes. Assim, os contratos podem ser classificados de acordo com sua estrutura ou natureza da seguinte forma: (a) Unilaterais, bilaterais ou plurilaterais; (b) Sinalagmáticos, também conhecidos como comutativos, ou aleatórios.

2.4.1. Contratos Unilaterais, Bilaterais ou Plurilaterais

Tal classificação não diz respeito à formação dos contratos, mas sim aos efeitos destes. Refere-se, portanto, ao número de partes que se obrigam a dar, fazer ou não fazer alguma prestação, nos termos do contrato, e não ao número de contratantes.

Assim, se apenas uma parte firmou declaração de vontade, se obrigando a dar, fazer ou não fazer algo, o contrato deve ser classificado como unilateral, como o contrato de doação, por exemplo. Nos contratos unilaterais, a outra parte não assume nenhuma obrigação no contrato.

A classificação dos contratos como contratos bilaterais gera discordância na doutrina. Para parte desta, o contrato se torna bilateral em decorrência do sinalagma, aqui entendido como a existência de obrigações que forem "a causa, a razão de ser, o pressuposto da outra, verificando-se interdependência essencial entre as prestações" (GOMES, 2009) [18].

Nos contratos bilaterais, as partes são, simultaneamente, credoras e devedoras umas das outras. Em tendo obrigações recí-

---

[18] GOMES (2009) apud CANOVES, Gustavo de Oliveira. **Análise dos aspectos contratuais que definem os contratos associativos e a obrigatoriedade de notificação ao Conselho Administrativo de Defesa Econômica – CADE.** 2016. 54f. Monografia (programa de pós graduação em Direito – LL.M – Legal Law Master) – Insper – Instituto de Ensino e Pesquisa, São Paulo, 2016, p. 17. Disponível em: <http://dspace.insper.edu.br/xmlui/bitstream/handle/11224/1436/Gustavo%20de%20Oliveira%20Canoves_Trabalho.pdf?sequence=1>. Acesso em: 06 jan. 2017.

procas, uma parte somente poderá exigir a prestação que lhe é devida se tiver cumprido a sua obrigação contratual, salvo se acionar a figura da exceção do contrato não cumprido, podendo, nesta hipótese, se recusar ao adimplemento da sua prestação em face do inadimplemento da outra parte (CANOVES, 2016).[19]

Os contratos plurilaterais são eficazes em relação a três partes ou mais e podem ser associativos, como os contratos de sociedade, por exemplo, ou contratos de troca.[20]

Para alguns autores, os contratos plurilaterais se desenvolveram a partir do problema de constituição das sociedades. Ascarelli, 2008, entende que a sociedade surge de um contrato, que não se limita a disciplinar as obrigações entre os sócios, mas cria uma organização destinada ao desenvolvimento de uma atividade ulterior com terceiros. A "plurilateralidade" do contrato de sociedade permite distinguir os vícios do contrato e os vícios das adesões individuais, que apenas influem sobre todo o contrato quando determinam a impossibilidade de consecução do objetivo social.[21]

---

[19] GOMES (2009) apud CANOVES, Gustavo de Oliveira. **Análise dos aspectos contratuais que definem os contratos associativos e a obrigatoriedade de notificação ao Conselho Administrativo de Defesa Econômica – CADE.** 2016. 54f. Monografia (programa de pós graduação em Direito – LL.M – Legal Law Master) – Insper – Instituto de Ensino e Pesquisa, São Paulo, 2016, p. 17. Disponível em: <http://dspace.insper.edu.br/xmlui/bitstream/handle/11224/1436/Gustavo%20de%20Oliveira%20Canoves_Trabalho.pdf?sequence=1>. Acesso em: 06 jan. 2017.

[20] MARINO, Francisco Paulo de Crescenzo. **Classificação dos contratos**, in PEREIRA JR., Antonio Jorge; JABUR, Gilberto Haddad (coord.):**Direito dos Contratos.** São Paulo: QuartierLatin, 2006, p. 34.

[21] ASCARELLI, Tulio. **Problemas das sociedades anônimas e direito comparado.** São Paulo: Quorum, 1ª reimpressão, 2008, p. 503-504.Disponível em:< http://disciplinas.stoa.usp.br/pluginfile.php/198010/mod_resource/content/1/DCO0318_-_Aula_4_-_Ascarelli.pdf>. Acesso em 31 mai. 2017.

De acordo com Venosa, 2011:

> Como consequência, enquanto nos contratos bilaterais o negócio conclui-se pela manifestação mútua das partes, seu mútuo assentimento, o problema torna-se mais complexo nos plurilaterais. Nestes últimos, a vontade de cada um pode ir se manifestando escalonadamente, e é necessário estabelecer na avença seu tempo e forma. Também no tocante aos vícios de vontade, nos contratos plurilaterais, o vício que inquila uma das vontades não atinge todo o negócio, como regra geral. O caso concreto dirá o nível de alcance do vício de vontade.[22]

2.4.2. Contratos Sinalagmáticos/Comutativos ou Aleatórios

Os contratos bilaterais podem ser sinalagmáticos (também chamados de comutativos) ou aleatórios. Conforme dito acima, nos contratos sinalagmáticos ou comutativos as obrigações assumidas pelas partes podem ser equivalentes, ou seja, os contratantes assumem obrigações recíprocas. Para a análise da equivalência entre as obrigações, pode-se analisar sob o ponto de vista subjetivo ou objetivo, sendo a primeira determinante para celebração do contrato, pois cada contratante sabe qual é o seu interesse ao firmar o contrato, e a segunda feita em função do mercado, avaliando outros negócios similares para entender se a obrigação assumida não é muito onerosa com relação ao praticado no mercado.

Nos contratos comutativos não há assunção dos riscos, pois todas as partes podem auferir as vantagens que a avaliaram, sendo as desvantagens inerentes ao risco daquela contratação (COELHO, 2016).[23]

---

[22] VENOSA, Silvio de Salvo. **Direito civil: teoria geral das obrigações e teoria geral dos contratos.** 11.ed. São Paulo: Atlas, 2011, p.412.

[23] COELHO, FabioUlhoa. **Curso de Direito Civil: Contratos.** São Paulo: Revista dos Tribunais,vol.3. 2016, p.59.

Os contratos aleatórios referem-se aos contratos em que ambas as partes assumem o risco da prestação ser realizada ou não. Nestes contratos, a álea, ou seja, o risco das partes contratantes, poderá ser unilateral ou bilateral, quando ambas as partes assumirem o risco contratual.

A álea dos contratos aleatórios não deve ser confundida com a álea normal dos contratos, pois a álea normal deve ser considerada como, segundo Marino, 2006: "a oscilação na relação entre, de um lado, os custos e vantagens previsíveis na prestação, no momento da conclusão do contrato, e, de outro, os custos e vantagens efetivos, no momento de sua execução. "[24]

Os contratos intermediários, não classificados nem como comutativos nem como contratos de sociedade, são chamados como contratos híbridos ou relacionais.

2.5. Contratos Onerosos ou Gratuitos

Essa classificação refere-se ao proveito econômico dos contratos. Se todos os contratantes obtêm vantagens econômicas em decorrência do contrato, este deve ser classificado como oneroso. Se uma das partes contratantes não obtém vantagem econômica, este deve ser classificado como gratuito. Nos contratos gratuitos, uma das partes pratica uma liberalidade, pois não recebe contrapartida, esta parte pode, inclusive, ter outros interesses que não sejam econômicos.

Os contratos gratuitos estão sujeitos a algumas regras com o objetivo de proteger o contratante que praticou a liberalidade, tais como: interpretação restritiva do instrumento contratual e exigência de dolo na configuração do inadimplemento pela parte obrigada à liberalidade.

---

[24] MARINO, Francisco Paulo de Crescenzo. **Classificação dos contratos**, in PEREIRA JR., Antonio Jorge; JABUR, Gilberto Haddad (coord.):**Direito dos Contratos**. São Paulo: QuartierLatin, 2006, p. 41.

2.6. Contratos Empresariais e Não-Empresariais

A doutrina tem buscado distinguir os contratos empresariais dos não-empresariais. Para Marino, 2006, os contratos empresariais se caracterizam pela qualidade das partes, pois ao menos uma deve ser empresária, pelo objeto, que deve estar vinculado à empresa e à produção e circulação de bens e serviços para o mercado, pelo contexto em que operam etc.[25]

Para Azevedo, 2005, os contratos não-empresariais são contratos existenciais, e, para o referido autor, são considerados não-empresariais os contratos de consumo, o contrato de trabalho, de locação, compra e venda de casa própria, entre outros.[26]

Os contratos empresariais, para Marino, 2006, exigem maior nível de diligência dos contratantes, devendo referidas partes também, observarem a função interpretativa e integrativa de tais contratos sob a ótica mercantil.[27]

Assim, é possível aduzir que os contratos empresariais têm como elemento principal a organização dos fatores econômicos, sempre vinculados à produção e circulação de bens e serviços, conforme supramencionado. Em razão disso, presume-se sempre que as partes envolvidas estão em equilíbrio nas relações contratuais empresariais, visando lucro para ambas as partes.

3. Os Contratos e a Economia

Os contratos também podem ser classificados de acordo com a função econômica que exercem. Sob esta ótica, é possível clas-

---

[25] MARINO, Francisco Paulo de Crescenzo. **Classificação dos contratos**, in PEREIRA JR., Antonio Jorge; JABUR, Gilberto Haddad (coord.):**Direito dos Contratos**. São Paulo: QuartierLatin, 2006, p. 45.

[26] AZEVEDO, 2005 apud MARINO, Francisco Paulo de Crescenzo. **Classificação dos contratos**, in PEREIRA JR., Antonio Jorge; JABUR, Gilberto Haddad (coord.):**Direito dos Contratos**. São Paulo: QuartierLatin, 2006,p. 45.

[27] MARINO, Francisco Paulo de Crescenzo. **Classificação dos contratos**, in PEREIRA JR., Antonio Jorge; JABUR, Gilberto Haddad (coord.):**Direito dos Contratos**. São Paulo: QuartierLatin, 2006, p. 45.

sificar os contratos em abstratos ou causais, segundo Marino, 2006. Serão abstratos, segundo essa classificação, os contratos cuja causa não é expressa e reconhecível a partir da estrutura do negócio jurídico, razão pela qual a causa só tem relevância indireta na determinação do tratamento e dos efeitos do negócio jurídico abstrato. Ao contrário dos contratos abstratos, nos negócios jurídicos causais a causa tem relevância direta, pois caracteriza o próprio tipo do negócio jurídico.[28]

A função econômica dos contratos merece destaque para os contratos classificados como empresariais, conforme definição já apresentada por este trabalho, pois o empresário, ao firmar contratos, o faz em razão da atividade social de sua empresa, visando promover a circulação de mercadorias e serviços e buscando atingir lucros, sendo este o elemento causal dos contratos empresariais.

3.1. Teoria Econômica dos Contratos Incompletos

A análise econômica do direito deve ter como objeto o "impacto que as instituições podem ter no desenho das soluções contratuais" (Araújo, 2007).[29]

De acordo com Saddi, 2005, os contratos são sempre incompletos e passíveis de alteração pelos eventos e interpéries da natureza. Assim, as lacunas contratuais poderão ser preenchidas *ex post*, visando remediar a previsão defeituosa com a correção dos eventos externos capazes de afetar a economia do contrato.[30]

---

[28] Marino, Francisco Paulo de Crescenzo. **Classificação dos contratos**, in Pereira Jr., Antonio Jorge; Jabur, Gilberto Haddad (coord.):**Direito dos Contratos**. São Paulo: QuartierLatin, 2006, p. 46.

[29] Araujo, 2007 apud Caminha, Uinie; Lima, Juliana Cardoso. **Contrato incompleto: uma perspectiva entre direito e economia para contratos de longo termo**. Revista Direito GV, [S.l.], v. 10, n. 1, p. 157, 2014. Disponível em: <http://bibliotecadigital.fgv.br/ojs/index.php/revdireitogv/article/view/43562>. Acesso em 10 jun. 2017.

[30] Pinheiro, Armado Castelar; Saddi, Jairo. **Direito, Economia e Mercados.** Rio de Janeiro: Elsevier, 2005, p.117.

O Código Civil brasileiro vigente trouxe alguns mecanismos para preenchimento dos contratos incompletos, quais sejam, a imprevisão prevista no artigo 317 do referido diploma legal, a onerosidade excessiva, tema tratado no artigo 478 do referido diploma, entre outros.

Para Saddi, 2005, a existência de tais mecanismos na legislação brasileira não é suficiente para resolver a lacuna dos contratos incompletos. Outros instrumentos jurídicos, além da lei, também podem ser utilizados para preenchimento das lacunas, como a hermenêutica contratual e os usos e costumes.[31]

Todavia, prever todas as possíveis contingências futuras em um contrato torná-lo-ia muito custoso e, ainda assim, sujeito às incertezas relativas aos eventos futuros.

Para o mundo jurídico, os contratos incompletos são associados à ausência adequada de todas as obrigações oriundas da relação contratual, o que favorecerá o nascimento de litígios. Para a economia, a incompletude está atrelada à vontade das partes em preservar inacabado o acordo, bem como à incompletude estrutural.[32]Assim, os contratos serão incompletos, sob o ponto de vista econômico, se não expressarem ações e ganhos para as partes em todas as situações possíveis (BELLANTUONO, 2005).[33]

---

[31] PINHEIRO, Armado Castelar; SADDI, Jairo. **Direito, Economia e Mercados.** Rio de Janeiro: Elsevier, 2005,p.120.

[32] CAMINHA, Uinie; LIMA, Juliana Cardoso. **Contrato incompleto: uma perspectiva entre direito e economia para contratos de longo termo.**Revista Direito GV, [S.l.], v. 10, n. 1, p. 169, 2014. Disponível em: <http://bibliotecadigital. fgv.br/ojs/index.php/revdireitogv/article/view/43562>. Acesso em 10 jun. 2017.

[33] BELLANTUONO, 2005 apud CAMINHA, Uinie; LIMA, Juliana Cardoso. **Contrato incompleto: uma perspectiva entre direito e economia para contratos de longo termo.** Revista Direito GV, [S.l.], v. 10, n. 1, p. 169, 2014. Disponível em: <http://bibliotecadigital.fgv.br/ojs/index.php/revdireitogv/ article/view/43562>. Acesso em 10 jun. 2017.

Para tanto, é necessário alocar, por meio dos instrumentos contratuais, a maior quantidade de riscos vislumbrados pelas partes em decorrência da operação objeto do contrato.

4. Contratos Associativos e o CADE

A Lei de Concorrência, por meio do inciso IV do artigo 90, trouxe de maneira expressa que um ato de concentração é realizado se 02 (duas) ou mais empresas celebram contrato associativo, consórcio ou *joint venture*.

Desde a promulgação da Lei de Concorrência até o advento da Resolução CADE nº 10/2014 não havia definição legal sobre a definição de contratos associativos, existindo, portanto, uma lacuna, considerando que a referida lei não definia quais contratos deveriam ser considerados como associativos, para fins de submissão prévia ao CADE. A Resolução CADE nº 10/2014 trouxe requisitos objetivos para enquadramento das operações como contratos associativos, permanecendo vigente por cerca de 02 (dois) anos, até que a Resolução CADE nº 17/2016 a revogasse, trazendo outros requisitos para caracterização dos contratos associativos, como será abordado no decorrer deste artigo.

4.1. Conselho Administrativo de Defesa Econômica (CADE)

O CADE surgiu em 1942, por meio do Decreto-Lei nº 4.807, com o objetivo de definir a rescisão ou liquidação dos contratos em que eram partes pessoas cuja atividade econômica devesse ser reprimida. Em 1991, foi criada a Secretaria Nacional de Direito Econômico (SNDE), por meio da Lei n 8.158/1991, conforme já descrito no capítulo 2 deste artigo.

Em 1994, com a promulgação da Lei nº 8.884/1994, o CADE foi transformado em uma Autarquia vinculada ao Ministério da Justiça.

A Lei de 1994 buscou consolidar os três pilares da matéria, quais sejam, a atuação preventiva por meio de controle de concentrações, atuação repressiva, por meio de controle de condutas, e a atuação educativa, por meio de promoção da cultura da concorrência. A referida Lei revogou leis anteriores, como a Lei nº 8.158/1991. A lei promulgada em 1994 trouxe uma revolução antitruste no Brasil, uma vez que reestruturou o CADE, proporcionando maior autonomia estrutural em face do governo e da iniciativa privada, para que o órgão pudesse passar a decidir efetivamente sobre eventuais infrações à livre concorrência, apreciando atos de concentração submetidos à sua aprovação, mas a referida lei não trouxe a obrigatoriedade de análise prévia dos atos de concentração, e, por isso, no início de vigência da lei, apenas as grandes concentrações econômicas eram apresentadas ao CADE.

A Lei de Concorrência, publicada em 2011, alterou a estrutura administrativa dos órgãos de proteção à ordem econômica, trouxe a obrigatoriedade de análise prévia dos atos de concentração, trazendo critérios baseados no faturamento das empresas envolvidas e a possibilidade de revisão pelo CADE dos atos de concentração que afetem mercados locais ou regionais com faturamentos moderados. A aprovação do CADE passou a ser condição suspensiva para a conclusão das operações, conforme já mencionado no capítulo 2 deste artigo.

José Marcelo Martins Proença entende que:

> Os atos de concentração só devem ser admitidos pelo CADE se forem benéficos para o mercado, ou seja, se tiver por objetivo aumentar a produção, melhorar a qualidade de bens ou serviços, propiciar eficiência e desenvolvimento tecnológico ou econômico etc. (PROENÇA).[34]

---

[34] PROENÇA, José Marcelo Martins. **Concentração Empresarial e o Direito da Concorrência**. São Paulo: Editora Saraiva, 2001. p.110-111.

Dentre os atos de concentração, a nova Lei de Concorrência incluiu os contratos associativos *stricto sensu*, mas não os definiu expressamente, apenas incluindo os referidos contratos ao lado dos consórcios e *joint ventures*.

A referida lei tornou obrigatória a submissão dos contratos associativos *stricto sensu* ao CADE, mas não trouxe elementos que pudessem definir de forma cristalina o conceito de contrato associativo.

Os contratos associativos não possuem definição expressa na legislação brasileira, com exceção do conceito trazido pela Resolução CADE nº 10/2014, revogada pela Resolução CADE nº 17/2016, como será abordado a seguir, sendo seus elementos definidos por doutrina e jurisprudência.

4.2. Caracterização dos Contratos Associativos *Lato Sensu*

O presente artigo já apresentou a classificação dos contratos e sua relação com a economia. Assim, os contratos associativos *lato sensu* são classificados como contratos plurilaterais, e são também conhecidos pela doutrina brasileira como contratos de organização.

Conforme já destacado pelo presente trabalho, os contratos plurilaterais, os quais passaremos a chamar de associativos *lato sensu* a partir deste parágrafo, são aqueles em que o número de partes que se obrigam a dar, fazer ou não fazer alguma prestação pode exceder a dois. Nestes contratos, todas as partes são titulares tanto de direitos quanto de obrigações perante todas as outras partes.

Com relação à função econômica dos contratos associativos *lato sensu*, estes são considerados como contratos de organização, pois estes tipos contratuais buscam organizar um negócio jurídico empresarial/mercantil, ou seja, buscam a cooperação entre as empresas, assim entendido como a conjugação de esforços econômicos, tecnológicos, administrativos, operacionais etc.

Verçosa, 2010, define:

> Os contratos associativos – abertos ou plurilaterais – como aqueles que podem, em tese, apresentar um número ilimitado de partes. Formam-se a partir de uma vontade específica da qual as partes são imbuídas em sua celebração, conhecida pela expressão *affectio societatis*, que se leva a uma colaboração destinada a um fim comum, mediante a conferência de bens e de esforços. O escopo comum é a causa do contrato plurilateral.[35]

Nota-se que o artigo 90, IV da Lei de Concorrência[36] trouxe as figuras dos contratos associativos (este denominado pela doutrina como contrato associativo *stricto sensu*), consórcios e *joint ventures*, instrumentos estes que, dada outras características, deverão ser submetidos previamente à aprovação do CADE quanto à operação neles inserida.

---

[35] VERÇOSA, 2010 apud MAIELLO, Anna Luiza Duarte. **Aspectos Fundamentais do Negócio Jurídico Associativo.** 2012. 233f. Tese (para obtenção do título de doutorado em Direito) – Universidade de São Paulo, São Paulo, 2012, p. 105. Disponível em: <https://www.teses.usp.br/teses/disponiveis/2/2131/tde-27092012-101632/publico/Anna_Luiza_Duarte_Maiello_tese.pdf>. Acesso em 11 jun. 2017.

[36] *"Art. 90. Para os efeitos do art. 88 desta Lei, realiza-se um ato de concentração quando:*
I – 2 (duas) ou mais empresas anteriormente independentes se fundem;
II – 1 (uma) ou mais empresas adquirem, direta ou indiretamente, por compra ou permuta de ações, quotas, títulos ou valores mobiliários conversíveis em ações, ou ativos, tangíveis ou intangíveis, por via contratual ou por qualquer outro meio ou forma, o controle ou partes de uma ou outras empresas;
III – 1 (uma) ou mais empresas incorporam outra ou outras empresas; ou
IV – 2 (duas) ou mais empresas celebram contrato associativo, consórcio ou joint venture. "
Disponível em <http://www.planalto.gov.br/ccivil_03/_ato2011-2014/2011/Lei/L12529.htm>. Acesso em 11 jun. 2017.

4.3. Joint Ventures

Para Basso, 2002:

> As *joint ventures* têm origem na prática privada, nos contratos que as constituem e nas operações comerciais, não sendo criação dos legisladores nacionais. (...) expressão que não tem equivalente em nossa língua, corresponde a uma forma ou método de cooperação entre empresas de um mesmo país ou de países diferentes, sendo usada na linguagem comercial para designar qualquer acordo empresarial para realização de um projeto específico, uma aventura comum, independentemente da forma jurídica adotada: societária, quando constitui uma terceira pessoa para realização do empreendimento comum, ou somente contratual, quando o acordo entre os parceiros dá nascimento a uma pessoa jurídica independente.[37]

Pinheiro, 2003, entende que é frequente nos acordos relativos às *joint ventures* a existência de uma organização comum ou interdependência organizativa entre as participantes, inclusive com centro de receitas e despesas.[38]

As *joint ventures* configuram-se como a associação entre dois ou mais agentes econômicos objetivando a criação de um novo agente econômico, cuja finalidade poderá ser, dentre outras, a pesquisa e o desenvolvimento de novos produtos e serviços, a atuação em um novo mercado etc.[39]

---

[37] BASSO Maristela. **Joint Ventures – Manual prático das associações empresariais**. Porto Alegre: Livraria do Advogado, 2002, p.15.
[38] PINHEIRO, Luis de Lima. **Contrato de empreendimento comum (*joint venture*) em direito internacional privado**. Coimbra: Almedina, 2003, p.60.
[39] **GUIA PRÁTICO DO CADE: A DEFESA DA CONCORRÊNCIA NO BRASIL**. São Paulo: CIEE,3. ed., 2007, p. 28. Disponível em: <file:///C:/Users/cs213217/Downloads/guia_cade_3d_100108.pdf>. Acesso em: 10 jun. 2017.

Assim, as *joint ventures* se caracterizam, na esfera contratual, como contratos associativos *lato sensu*, não obstante não haver previsão legal que as defina expressamente, pois as *joint ventures* sempre objetivam uma cooperação entre empresas buscando um fim comum, organizacional, que se referem, em síntese, à alocação de riscos, divisão dos direitos e obrigações de cada uma das partes etc.

4.4. Consórcios

De acordo com os artigos 278[40] e 279[41] da Lei das Sociedades Anônimas – Lei 6.404/1976 – os consórcios são constituídos mediante contratos e objetivam executar determinado empreendimento. Entre as cláusulas do consórcio, devem estar previstas algumas das cláusulas obrigatórias nos contratos de sociedade, quais sejam, duração, endereço, foro, definição das

---

[40] *"Art. 278. As companhias e quaisquer outras sociedades, sob o mesmo controle ou não, podem constituir consórcio para executar determinado empreendimento, observado o disposto neste Capítulo."* Disponível em <http://www.planalto.gov.br/ccivil_03/leis/L6404compilada.htm>. Acesso em 11 jun. 2017.

[41] *"Art. 279. O consórcio será constituído mediante contrato aprovado pelo órgão da sociedade competente para autorizar a alienação de bens do ativo não circulante, do qual constarão:*

I – a designação do consórcio se houver;

II – o empreendimento que constitua o objeto do consórcio;

III – a duração, endereço e foro;

IV – a definição das obrigações e responsabilidade de cada sociedade consorciada, e das prestações específicas;

V – normas sobre recebimento de receitas e partilha de resultados;

VI – normas sobre administração do consórcio, contabilização, representação das sociedades consorciadas e taxa de administração, se houver;

VII – forma de deliberação sobre assuntos de interesse comum, com o número de votos que cabe a cada consorciado;

VIII – contribuição de cada consorciado para as despesas comuns, se houver." Disponível em <http://www.planalto.gov.br/ccivil_03/leis/L6404compilada.htm>. Acesso em 11 jun. 2017.

obrigações e responsabilidade de cada consorciado, normas sobre a divisão das receitas e resultados etc.

4.5. Caracterização dos Contratos Associativos *Stricto Sensu*

Conforme supramencionado, o artigo 90, IV da Lei de Concorrência[42] trouxe as figuras dos contratos associativos, consórcios e *joint ventures*, como atos de concentração passíveis de submissão ao CADE. As referidas figuras, conforme já apresentado neste trabalho, são espécies de contratos associativos *lato sensu*, também conhecidos pela doutrina como contratos plurilaterais ou organizacionais.

Por tais razões, passaremos a chamar o contrato associativo regulado pela Lei de Concorrência como contrato associativo *stricto sensu*.

Os contratos associativos *stricto sensu* têm como uma de suas características o poder decisório das partes e, diferente dos consórcios e *joint ventures*, não transferem o poder decisório à estrutura criada para a realização da operação econômica acordada.[43]

Sob o ponto de vista econômico, tais contratos são vistos como contratos de organização, pois visam uma distribuição de bens, diferente dos contratos de permuta, em que o objetivo é disciplinar a utilização dos bens a que se referem.

---

[42] *"Art. 90.Para os efeitos do art. 88 desta Lei, realiza-se um ato de concentração quando: (...)IV – 2 (duas) ou mais empresas celebram contrato associativo, consórcio ou joint venture".* Disponível em <http://www.planalto.gov.br/ccivil_03/_ato2011-2014/2011/Lei/L12529.htm>. Acesso em 11 jun. 2017.

[43] Conforme CANOVES, Gustavo de Oliveira. **Análise dos aspectos contratuais que definem os contratos associativos e a obrigatoriedade de notificação ao Conselho Administrativo de Defesa Econômica – CADE.** 2016. 54f. Monografia (programa de pós graduação em Direito – LL.M – Legal Law Master) – Insper – Instituto de Ensino e Pesquisa, São Paulo, 2016. Disponível em: <http://dspace.insper.edu.br/xmlui/bitstream/handle/11224/1436/Gustavo%20de%20Oliveira%20Canoves_Trabalho.pdf?sequence=1>. Acesso em: 06 jan. 2017.

Até 18 de outubro de 2016, data da publicação da Resolução CADE nº 17/2016, os critérios objetivos para conceituar os contratos associativos referiam-se ao faturamento, tempo de duração, exclusividade e compartilhamento de riscos e interdependência, mercado relevante e cooperação horizontal e vertical, além dos critérios de faturamento previstos na Lei de Concorrência. Assim, eram considerados contratos associativos aqueles com duração superior a 02 (dois) anos, desde que houvesse cooperação horizontal ou vertical, ou ainda, compartilhamento de risco que acarretasse, entre as partes contratantes, relação de interdependência.

Para o CADE, cooperação horizontal era definida como a operação em que as partes estivessem horizontalmente relacionadas no objeto do contrato sempre que a soma de suas participações no mercado relevante afetado pelo contrato fosse igual ou superior a 20% (vinte por cento), enquanto cooperação vertical era entendida como a operação em que as partes contratantes estivessem verticalmente relacionadas no objeto do contrato, sempre que pelo menos uma delas detivesse 30% (trinta por cento) ou mais dos mercados relevantes afetados pelo contrato, desde que o contrato estabelecesse o compartilhamento de receitas ou prejuízos entre as partes ou do contrato decorresse relação de exclusividade.

Com a publicação da Resolução CADE nº17/2016, o conceito de contrato associativo passou a referir-se aos contratos com duração igual ou superior a 02 (dois) anos que estabeleçam empreendimento comum para exploração de atividade econômica, desde que, cumulativamente, o contrato estabeleça o compartilhamento dos riscos e resultados da atividade econômica que constitua o seu objeto, e as partes contratantes sejam concorrentes no mercado relevante objeto do contrato, além do critério de faturamento, previsto no artigo 88 da Lei 12.529/2011[44].

---

[44] *"Art. 88. Serão submetidos ao Cade pelas partes envolvidas na operação os atos de concentração econômica em que, cumulativamente:*

Assim, as cooperações verticais consideradas como contratos associativos *stricto sensu* na resolução anterior deixaram de ser assim consideradas pelo CADE, uma vez que apenas operações em que as partes sejam efetivamente concorrentes no mercado objeto do contrato devem ser submetidas à sua prévia análise, desde que cumulados com os demais requisitos previstos na norma.

A nova resolução do CADE objetivou, também, restringir a necessidade de submissão prévia ao CADE aos contratos que, de fato, impactem o mercado de forma mais estrutural.

4.6. Decisões do CADE Relativas aos Contratos Associativos *Stricto Sensu*

Entre 2011 e 2014, conforme já exposto por este artigo, havia uma lacuna sobre a definição e requisitos para caracterização dos contratos associativos *stricto sensu*, o que gerava uma grande insegurança jurídica. Assim, as decisões do CADE foram pautando quais operações inseridas em contratos deveriam ser consideradas como contratos associativos *stricto sensu*, e, portanto, passíveis de submissão prévia ao CADE.

Interessante pontuar o voto da Conselheira do CADE, Ana Frazão, nos autos do ato de concentração nº 08012.002870/2012-38, em que eram requerentes Monsanto do Brasil Ltda. e Syngenta Proteção de Cultivos Ltda. No referido ato de concentração, os envolvidos buscavam, em síntese, firmar contra-

---

I – pelo menos um dos grupos envolvidos na operação tenha registrado, no último balanço, faturamento bruto anual ou volume de negócios total no País, no ano anterior à operação, equivalente ou superior a R$ 400.000.000,00 (quatrocentos milhões de reais); e
*II – pelo menos um outro grupo envolvido na operação tenha registrado, no último balanço, faturamento bruto anual ou volume de negócios total no País, no ano anterior à operação, equivalente ou superior a R$ 30.000.000,00 (trinta milhões de reais). "*Disponível em: <http://www.planalto.gov.br/ccivil_03/_ato2011-2014/2011/Lei/L12529.htm>. Acesso em 11 jun. 2017.

tos de licenciamento comercial por meio dos quais a Monsanto do Brasil Ltda. pudesse conceder às partes licença não exclusiva para desenvolver, testar, produzir e comercializar variedades de sementes de soja *Intacta RR2 PRO^{TM}*, além de licenciar a marca *Intacta RR2 PRO*. O ato de concentração foi conhecido e, no mérito, aprovado com restrições, devendo as requerentes alterarem todas as cláusulas que permitiam o controle da Monsanto do Brasil Ltda. sobre as licenciadas em decisões comerciais não relacionadas à semente com tecnologia da referida empresa.[45]

A Conselheira, no ato de concentração mencionado no parágrafo acima, concluiu pelo não conhecimento de operações desse tipo sob a égide da Lei nº 8.884/1994, destacando que também não o conheceria como ato de concentração passível de submissão prévia ao CADE sob a égide da Lei de Concorrência, destacando que o cerne da discussão seria saber o que é um ato de concentração e se o contrato de licenciamento de patente, como é o caso em tela, se encaixaria nos atos de concentração.

Para a Conselheira, os contratos de licenciamento de patentes sem exclusividade possuem características muito próprias, que não os assemelham aos contratos associativos, por não objetivarem a realização de empresa comum nem existência de paralelismo de comportamento nem organização comum. Mesmo que os envolvidos atuem no mesmo segmento, a mera licença significa que ambas as partes estarão aptas a desenvolver as mesmas atividades, mas por conta e risco de cada uma. Para a Conselheira, o mero objetivo de cooperação não seria suficiente, mas sim o grau e o tipo de cooperação. Nesse

[45] Ato de Concentração nº 08012.002870/2012-38 – Requerentes: Monsanto do Brasil Ltda. e Syngenta Proteção de Cultivos Ltda. Disponível em: <http://sei.cade.gov.br/sei/institucional/pesquisa/documento_consulta_externa.php?eZibKqyqmDlVSS86Q8dpJxqlQFh64xhpfsn9Sjis7Xve_ntAF2_nAM3zClx8jknMp3VlKgDFY0a69JlfpkfACQ,>. Acesso em 18 jun. 2017.

sentido, o contrato firmado entre os envolvidos seria um contrato associativo *stricto senso* se adotasse um sentido amplo de cooperação.[46]

O ato de concentração nº 08700.000137/2015-73[47], em que figuravam como requerentes as empresas GNL Gemini Comercialização e Logística de Gás Ltda. ("GásLocal") e Companhia de Gás de Minas Gerais ("Gasmig") analisou a prática de *gum jumping* na operação que objetivava regular as condições para fornecimento de gás natural GNL pela GásLocal à Gasmig, visando suprir a demanda por gás natural do município de Pouso Alegre, Minas Gerais, não atendido à época por gasodutos de distribuição, o que fora negociado por um contrato denominado pelas partes como acordo de cooperação comercial, firmado em 13 de janeiro de 2014.

Em síntese, as requerentes notificaram o CADE sobre a operação um ano depois da data em que firmaram o contrato, ou seja, apenas em 09 de janeiro de 2015, alegando, resumidamente, que a operação não se tratava de contrato associativo, pois não havia qualquer mudança estrutural que pudesse levar à unificação de centros decisórios das partes em bases estruturais e duradouras, e nem mesmo a formação de qualquer vínculo entre as empresas envolvidas que pudesse representar forma de cooperação entre elas em seus mercados de atuação.

---

[46] Ato de Concentração nº 08012.002870/2012-38 – Requerentes: Monsanto do Brasil Ltda. e Syngenta Proteção de Cultivos Ltda. Disponível em: <http:// sei.cade.gov.br/sei/institucional/pesquisa/documento_consulta_externa. php?eZibKqyqmDlVSS86Q8dpJxqlQFh64xhpfsn9Sjis7Xve_ntAF2_ nAM3zC1x8jknMp3VlKgDFY0a69JlfpkfACQ,>. Acesso em 18 jun. 2017.

[47] Ato de Concentração nº 08700.000137/2015-73 – Requerentes: GNL Gemini Comercialização e Logística de Gás Ltda. e Companhia de Gás de Minas Gerais. Disponível em: <http://sei.cade.gov.br/sei/institucional/pesquisa/documento_consulta_externa.php?UxBGGoejNBZtpwbu2iNIDzs2q-sST9M-CA15gFRtPr8Fd5gPj_Z76Gl930TaHiWPajDoNWMh1rkJUabz076YcUg,,>. Acesso em 17 jun. 2017.

Alegaram, ainda, que no momento da celebração do acordo, não havia clareza suficiente na legislação ou jurisprudência do CADE sobre o que deveria ou não ser tratado como contrato associativo para fins da notificação prevista na legislação anti- truste e que o CADE teria decidido, ao analisar o ato de concen- tração nº 08012.001015/2004-08, que contratos como o objeto deste ato de concentração não seriam de submissão obrigató- ria ao CADE. Por fim, alegaram que o contrato firmado entre os envolvidos não preenche os requisitos estipulados na Reso- lução nº 10/2014, pois não há compartilhamento de receitas e prejuízos entre as partes e, quando a resolução entrou em vigor, já não havia a obrigação de exclusividade, presente no contrato quando da sua assinatura.[48]

Em seu voto, a relatora do ato de concentração supramen- cionado, a Conselheira Ana Frazão, esclareceu que o que dis- tingue os contratos associativos dos demais contratos não é a existência ou não de cooperação, mas sim o grau e o tipo desta, conforme transcrição a seguir:

> Enquanto nos contratos comutativos a cooperação é um dever lateral, já que as prestações das partes são naturalmente distintas e contrapostas, nos contratos associativos a cooperação corres- ponde a própria prestação ou aos deveres principais assumidos pelas partes. Isso acontece porque os contratos comutativos ou de troca partem da premissa de que as necessidades das partes são diferentes. Já nos contratos associativos ou plurilaterais, as necessidades das partes são as mesmas ou muito próximas, motivo

---

[48] Ato de Concentração nº 08700.000137/2015-73 – Requerentes: GNL Ge- mini Comercialização e Logística de Gás Ltda. e Companhia de Gás de Minas Gerais. Disponível em: <http://sei.cade.gov.br/sei/institucional/pesquisa/do- cumento_consulta_externa.php?UxBGGoejNBZtpwbu2iNIDzs2q-sST9M- CA15gFRtPr8Fd5gPj_Z76Gl930TaHiWPajDoNWMh1rkJUabz076YcUg,,>. Acesso em 17 jun. 2017.

OS CONTRATOS ASSOCIATIVOS E A OBRIGATORIEDADE DE SUBMISSÃO...

pelo qual são reunidas em torno do fim comum que, por sua vez, impõe o paralelismo do comportamento das partes.[49]

Para a relatora do ato de concentração supramencionado, o elemento associativo do acordo de cooperação é acentuado, pois os envolvidos possuem claramente interesses convergentes, visando à realização de um empreendimento comum, além da relação de exclusividade prevista na versão original do acordo, demonstrando a intenção de atuação conjunta e restrita às empresas, pelo menos no que se refere ao município de Pouso Alegre, local do objeto do acordo de cooperação. Assim, embora não exista união dos centros decisórios, as empresas atuaram com interesses convergentes para a realização de um empreendimento em conjunto e em benefício de ambas, evidenciando a cooperação e o caráter associativo do negócio.

Como o ato de concentração foi julgado no âmbito da vigência da Resolução CADE nº 10/2014, a relatora fundamentou sua decisão de prática de *gun jumping* no artigo 2º da referida resolução, argumentando que se tratava de evidente cooperação vertical entre as empresas, além do fato de a Gasmig deter o monopólio natural e legal do fornecimento de gás canalizado, e da cláusula de exclusividade existente no acordo de cooperação quando este foi celebrado, cláusula esta que fora retirada do acordo com o advento da Resolução nº 10/2014, antes da submissão do acordo ao CADE. As partes envolvidas propuseram um acordo cm controle de concentrações, se obrigando ao recolhimento de R$90.000,00 (noventa mil reais) ao Fundo

---

[49] Ato de Concentração nº 08700.000137/2015-73 – Requerentes: GNL Gemini Comercialização e Logística de Gás Ltda. e Companhia de Gás de Minas Gerais. Disponível em: <http://sei.cade.gov.br/sei/institucional/pesquisa/documento_consulta_externa.php?UxBGGoejNBZtpwbu2iNIDzs2q-sST9M-CA15gFRtPr8Fd5gPj_Z76Gl930TaHiWPajDoNWMh1rkJUabz076YcUg,,>. Acesso em 17 jun. 2017.

de Defesa dos Direitos Difusos, em razão da consumação prematura da operação.

Importante destacar que o voto proferido neste ato de concentração indicou de forma expressa que a Resolução nº 10/2014 apenas consolidou entendimento que já era aplicado pelo CADE, de forma que contratos como o objeto do ato em referência deveriam ser submetidos ao CADE mesmo antes do advento da resolução publicada em 2014.

E se o acordo de cooperação firmado entre Gasmig e GásLocal o tivesse sido no âmbito da vigência da nova resolução do CADE publicada em 18 de outubro de 2016?

Ainda que a nova resolução do CADE preveja que os contratos associativos devem estabelecer empreendimento comum para a exploração de atividade econômica, além de estabelecer o compartilhamento de riscos e resultado da atividade econômica que constitua seu objeto, devendo, ainda, existir concorrência entre os envolvidos no mercado relevante objeto do contrato, a própria relatora do ato de concentração argumentou tratar-se de evidente cooperação vertical entre as partes, definição que fora excluída no âmbito da nova resolução do CADE.

Respondendo à indagação acima, é possível aduzir que se o contrato associativo objeto da operação tivesse sido firmado durante a vigência da nova resolução, o CADE poderia ter dispensado a necessidade de submissão prévia, pois o acordo de cooperação entre GásLocal e Gasmig, não obstante prever empreendimento comum para a exploração de atividade econômica, qual seja, suprir a demanda por gás natural do município de Pouso Alegre, Minas Gerais com compartilhamento de riscos e resultados, não envolve partes concorrentes no mercado relevante objeto do contrato. Evidente que esta é apenas uma suposição, partindo da análise dos casos estudados e da nova resolução do CADE, mas apenas as decisões em concreto poderão responder com efetividade a indagação acima.

Em 18 de janeiro de 2017, o CADE respondeu, durante a 97ª Sessão Ordinária de Julgamento (SEI 294699) à Consulta nº 08700.006858/2016-78, em que Warner Bros. Home Entertainment Inc. e EA SwissSàrl. requereram o exame e resposta do CADE sobre a qualificação de contrato de licenciamento visando replicar/manufaturar e distribuir certos títulos de jogos eletrônicos em formato físico (desenvolvidos pela EASwissSàrl. ou em seu nome) e conceder o direito de sublicenciamento para venda ou distribuição apenas para sublicenciadas autorizadas da WarnerBros. Home Entertainment Inc. As partes envolvidas buscavam saber se o referido contrato constituiria um contrato associativo para fins de notificação obrigatória de ato de concentração, nos termos da Lei nº 12.529/2011 e Resolução CADE nº 17/2016.[50]

Pelo conteúdo do voto, é possível verificar que o CADE tem analisado alguns pontos nos contratos associativos que têm sido submetidos à consulta sob a égide da nova resolução, quais sejam, duração do contrato, que deve ser superior a 02 (dois) anos, concorrência entre as partes no mercado relevante objeto do contrato que pretendem firmar, empreendimento comum para a exploração da atividade econômica e compartilhamento de riscos e resultados da atividade econômica.

No contrato objeto da consulta supramencionada, haveria enquadramento no requisito relativo à duração do contrato, uma vez que o contrato prevê a possibilidade de renovação automática. Porém, os demais requisitos não foram atingidos, pois: (i) Não há, em razão do contrato, formação de um empreendimento comum; (ii) Os envolvidos não são, com relação ao

---

[50] Consulta Pública nº 08700.006858/2016-78 – Consulentes: Warner Bros. Home Entertainment Inc. e EA SwissSàrl. Disponível em: <http://sei.cade.gov.br/sei/institucional/pesquisa/documento_consulta_externa.php?RaqxdDRJ0krMe4R0zxh3W0wRCppUJ6t_TNQPFygsxT8kzKibaCbgyqUJcV8OuJSSwnaKY1-MHOZUnHgETetJTA,>. Acesso em 18 jun. 2017.

ESTUDOS APLICADOS DE DIREITO EMPRESARIAL

mercado objeto do contrato, considerados concorrentes; e (iii) Não há compartilhamento de riscos e resultados em função da forma de pagamento pelo licenciamento, que já é pré-estabelecida no contrato.

Considerando que a nova resolução prevê que os requisitos lá previstos devem existir de forma cumulativa para que um contrato seja considerado contrato associativo, para fins de submissão prévia ao CADE, Warner Bros. Home Entertainment Inc. e EA SwissSàrl. não deverão submeter o contrato de licenciamento à análise prévia do CADE, segundo o entendimento do próprio órgão.

Em resposta à consulta nº 08700.008081/2016-86, formuladas por Hamburg Südamerikanische Dampfschifffahrts-Gesellschaft KG e CMA CGM S.A. para que o CADE respondesse se o contrato de compartilhamento de embarcações (*vessel sharing agreement* – VSA), celebrado entre as referidas empresas e NileDutch África Line BV caracteriza-se como ato de concentração, do tipo contrato associativo, o CADE entendeu que referido contrato caracteriza-se como contrato associativo, devendo, portanto, ser submetido à sua prévia análise, pelas seguintes razões:[51]

i. As partes envolvidas são concorrentes, pois são transportadores de cargas por vias marítimas de longa distância;
ii. O contrato é superior a 02 (dois) anos;
iii. Embora as consulentes argumentem que o contrato não envolve empreendimento comum para exploração

---

[51] Consulta Pública nº 08700.008081/2016-86 – Consulentes: Hamburg Sü damerikanischeDampfschifffahrts-Gesellschaft KG e CMA CGM S.A. Disponível em: <http://sei.cade.gov.br/sei/institucional/pesquisa/documento_consulta_externa.php?DVTB9oZY-nnZURmMFiOr4LtyN3_53MZI-Hzdy84krJwpqxZ6p3HYX7YuAIcGgXj_pwv_tplA5vBTzRavJsaV4w,>. Acesso em 18 jun. 2017.

de atividade econômica, a própria Resolução nº 17/2016 define atividade econômica como a oferta de serviço no mercado, ainda que sem propósito lucrativo, desde que, mesmo que em tese, a atividade possa ser explorada por empresa privada com o propósito de lucro. Nesse sentido, o relator João Paulo de Resende afirmou:

> Não me parece desarrazoado supor que é possível, em tese, que uma empresa apenas realize a travessia, com sua embarcação e tripulação, e cobre um valor fixo de terceiros, mais exatamente negociadores de transporte de carga, para realizar esse serviço, sem que essa própria empresa hipotética venha a negociar com os clientes finais. Embora as Consulentes aleguem que isso não ocorre na prática da indústria, a Resolução é clara ao falar que basta que seja possível que a atividade se dê "**em tese**". Além disso, ainda que não existam, na prática, armadores exclusivamente dedicados a esse tipo de atividade, é praxe nessa indústria que empresas aluguem espaços de seus navios umas às outras, por meio de contratos conhecidos como *Slot Charter Agreements*, ou mesmo via negociação "spot". É irrelevante se o percentual do espaço da embarcação negociado é elevado ou não, pois a prática revela que é possível que empresas operem assumindo apenas os riscos operacionais, e não os riscos comerciais do transporte de cargas. Portanto, se trata de empreendimento comum para exploração de atividade econômica nos termos da Resolução CADE nº 17/2016, empreendimento esse necessário para viabilizar a rota SAMWAF.[52]

---

[52] Consulta Pública nº 08700.008081/2016-86 – Consulentes: Hamburg SüdamerikanischeDampfschifffahrts-Gesellschaft KG e CMA CGM S.A. Disponível em: <http://sei.cade.gov.br/sei/institucional/pesquisa/documento_consulta_externa.php?DVTB9oZY-nnZURmMFiOr4LtyN3_53MZI-

iv. Há compartilhamento de riscos e resultados, conforme previsão expressa no próprio VSA, sendo que as partes envolvidas definirão em conjunto todo o lado da oferta do mercado, em especial no que tange à redistribuição de espaço caso uma das partes tenha uma demanda maior que a outra.

Assim, de acordo com o entendimento do CADE, os requisitos cumulativos previstos na Resolução nº 17/2016 estão previstos no VSA objeto da consulta supramencionada.

No ato de concentração nº 08700.002699/2017-13, cujo conteúdo é de acesso restrito, em razão do artigo 110, §2º, do Regimento Interno do CADE, este órgão indeferiu pedido de autorização precária de prorrogação de prazo de contrato associativo. O contrato associativo foi chamado de VSA e foi firmado entre Hamburg Südamerikanische Dampfschifffahrts-Gesellschaft KG, Aliança Navegação e Logística S.A. e MSC Mediterranean Shipping Company S.A., visando o compartilhamento de navios e operação conjunta de uma linha regular, com frequência semanal, para transporte de containers entre portos na Costa Leste da América do Sul e no Golfo dos Estados Unidos da América.[53]

O VSA foi firmado pelos envolvidos em 14 de junho de 2015, completando 02 (dois) anos em 14 de junho de 2017, razão pela qual as partes entraram com um pedido de autorização precária e liminar junto ao CADE em 1º de junho de 2017, que foi indeferido pelo CADE por não preencher os requisitos previs-

Hzdy84krJwpqxZ6p3HYX7YuAIcGgXj_pwv_tplA5vBTzRavJsaV4w,>. Acesso em 18 jun. 2017.
[53] CONSELHO ADMINISTRATIVO DE DEFESA ECONÔMICA. Brasília, DF, 2017. Disponível em: <http://www.cade.gov.br/noticias/contratos-associativos-de-longa-duracao-devem-ser-notificados-com-antecedencia>. Acesso em 18 jun. 2017.

tos na legislação para deferimento de pedidos desta natureza, no entendimento da Superintendência Geral do CADE. Para o relator, Paulo Burnier, os envolvidos poderiam ter notificado referido ato de concentração com maior antecedência, citando a nova resolução do CADE, que exige, conforme já tratado por este trabalho, a aprovação do CADE para os contratos associativos com duração superior a 02 (dois) anos. Para ele, *"a ideia é eximir os contratos de curta duração do escrutínio do CADE, pelo baixo impacto que geram as estruturas do mercado. Inversamente, optou-se pela análise prévia dos contratos associativos de longa duração, em razão do impacto que podem gerar nas estruturas do mercado"*.[54]

Referido ato de concentração ainda deverá ser analisado pela Superintendência do CADE com relação ao mérito.

5. Conclusão

Este estudo buscou avaliar o conceito que tem sido aplicado pelo CADE no que tange à obrigatoriedade de submissão prévia dos contratos associativos *stricto sensu* ao CADE. Para atingir o objetivo ora proposto, foi avaliado o histórico da legislação antitruste, desde a criação de dispositivos reguladores das políticas antitrustes, os quais puderam ser observados nos sistemas de escambo, muito presentes durante o período de colonização portuguesa no Brasil até chegar às novas resoluções publicadas pelo CADE sobre o tema.

Com o surgimento dos Estados liberais e, principalmente, no âmbito da Revolução Industrial, a ideia de concorrência passou a ser mais difundida, mas a regulamentação do tema apenas surgiu na era Getúlio Vargas, com a criação do CADE, em 1942 e publicação de alguns decretos-lei sobre o tema.

---

[54] **CONSELHO ADMINISTRATIVO DE DEFESA ECONÔMICA.** Brasília, DF, 2017. Disponível em: <http://www.cade.gov.br/noticias/contratos-associativos-de-longa-duracao-devem-ser-notificados-com-antecedencia>. Acesso em 18 jun. 2017.

A criação da SNDE e a posterior transformação do CADE em uma autarquia vinculada ao Ministério da Justiça, ocorrida por meio da Lei nº 8.884/1994, que também criou mecanismos de prevenção e repressão às infrações contra a ordem econômica, trouxe mais relevância ao tema antitruste no Brasil, mas somente com a publicação da Lei de Concorrência, em 2012, que o tema antitruste ganhou relevância efetiva, uma vez que a referida lei trouxe mecanismos de combate às infrações contra a ordem econômica de cunho preventivo, repreensivo e também educativo. Assim, os atos de concentração passaram a ser de submissão prévia obrigatória ao CADE, sendo considerados como atos de concentração os contratos associativos *stricto sensu*, as *joint ventures* e os consórcios.

Abordando uma classificação contratual de maneira não exaustiva, foi possível aduzir que os contratos associativos *stricto sensu*, que são os previstos na Lei de Concorrência, são, em regra, contratos de duração, pois é necessário o decurso do tempo para o cumprimento das obrigações pactuadas, empresariais e onerosos, além de serem essencialmente plurilaterais, pois são contratos de organização e se assemelham aos contratos híbridos, misto entre os contratos comutativos e aleatórios, pois o objetivo dos envolvidos é a criação de um centro decisório, com compartilhamento de riscos de modo a criar, entre referidos envolvidos, uma relação de interdependência.

Com relação à função econômica, os contratos empresariais, dos quais se destaca os contratos tipo associativos *lato sensu*, incluindo os que disciplinam os consócios, as *joint ventures*, bem como os associativos *stricto sensu*, têm como objetivo primordial a obtenção de lucro para os envolvidos, por meio da promoção de circulação de mercadorias e serviços. Sob o ponto de vista econômico, os contratos, incluindo os acima indicados, serão sempre incompletos, por não preverem todas as ações e ganhos para os envolvidos em todas as situações futuras possíveis relativas à operação inserida nos contratos.

No contexto dos contratos associativos *lato sensu*, o presente trabalho destacou o contrato associativo *stricto sensu*, visando entender o conceito deste para fins de submissão prévia ao CADE.

A Resolução CADE nº17/2016, que é a norma atualmente vigente relativa ao tema, expressa que os contratos associativos que devem ser submetidos à avaliação prévia do CADE, além dos consórcios e *joint ventures*, são aqueles contratos com duração superior a 02 (dois) anos que estabeleçam empreendimento comum para exploração de atividade econômica, desde que, cumulativamente, referidos contratos estabeleçam o compartilhamento de riscos e resultados na atividade econômica que constitua seu objeto, devendo, ainda, as partes contratantes serem concorrentes no mercado relevante objeto do contrato.

A Lei de Concorrência prevê, ainda, um critério baseado no faturamento dos envolvidos na operação, qual seja, faturamento anual ou volume de negócios total no país no ano anterior à operação, igual ou superior a R$400.000.000,00 (quatrocentos milhões de reais) e pelo menos um dos envolvidos tenha registrado, no último balanço, faturamento bruto ou volume de negócios total, no ano anterior, igual ou superior a R$30.000.000,00 (trinta milhões de reais).

Porém, entre o período de publicação da Lei de Concorrência e a publicação da primeira resolução do CADE que regulamentou contratos associativos *stricto sensu*, houve uma lacuna acerca dos conceitos e requisitos para caracterização dos contratos associativos, tendo sido as decisões no CADE nos casos concretos o balizador para definição do conceito de contrato associativo *stricto sensu*.

Assim, com base na avaliação de algumas decisões do CADE a partir de 2012, é possível pontuar que o CADE entende que os contratos associativos *stricto sensu* são aqueles contratos em que há um grau elevado de cooperação entre os envolvidos, além de um tipo de cooperação associativa, sempre voltada a um empreendimento comum, que compartilhará os riscos e resultados da atividade objeto da operação.

O CADE buscou consolidar seu entendimento com a publicação da Resolução CADE nº 10/2014, que estabelecia que quaisquer contratos com duração superior a 02 (dois) anos, em que houvesse cooperação horizontal ou vertical ou compartilhamento de risco que acarretassem, entre as partes contratantes, relação de interdependência, seriam considerados como contratos associativos.

Durante o período em que a referida resolução permaneceu vigente, o CADE manteve, em suas decisões, a interpretação acerca do grau e tipo de cooperação existente nos contratos considerados para o órgão como contratos associativos, argumentando se as operações julgadas referiam-se às cooperações horizontais ou verticais. Possível concluir, portanto, que a definição feita pelo CADE no âmbito desta resolução ainda era muito ampla.

Com o advento da Resolução CADE nº 17/2016, um conceito mais específico sobre contrato associativo *stricto sensu* passou a ser observado. O CADE excluiu do conceito de contrato associativo *stricto sensu* os contratos cuja operação seja de cooperação vertical, pois, com o novo conceito trazido pelo CADE, apenas operações em que as partes sejam efetivamente concorrentes no mercado objeto do contrato devem ser submetidas à sua prévia análise, desde que cumulados com os demais requisitos previstos na norma. A nova resolução do CADE objetivou, também, restringir a necessidade de submissão prévia ao CADE aos contratos que, de fato, impactem o mercado de forma mais estrutural, limitando os contratos associativos *stricto sensu* àqueles que tenham vigência de 02 (dois) anos ou mais, além da necessidade do empreendimento comum e compartilhamento dos riscos e resultados.

Desde a publicação da nova resolução do CADE, foi possível verificar apenas consultas relativas ao enquadramento dos contratos nos requisitos trazidos pela Resolução CADE nº 17/2016. Este estudo encontrou apenas um ato de concentração sob a ótica da nova resolução, porém referido ato é de conteúdo restrito e está pendente de julgamento, tendo sido apenas o pedido de autorização precária de prorrogação do prazo do contrato associativo indeferido pelo órgão.

Como a nova resolução do CADE ainda é uma norma recente, apenas as decisões do CADE no âmbito das consultas públicas realizadas e atos de concentração submetidos irão pautar se o CADE, de fato, conseguiu restringir os atos de concentração passíveis de submissão prévia aos órgãos àqueles atos cujas operações neles inseridas são relevantes para o mercado concorrencial brasileiro.

Referências

ASCARELLI, Tulio. **Problemas das Sociedades Anônimas e Direito Comparado.** São Paulo: Bookseller, 2001.

ASCARELLI, Tulio. **Problemas das sociedades anônimas e direito comparado.** São Paulo: Quorum, 1ª reimpressão, 2008. Disponível em:< http://disciplinas.stoa.usp.br/pluginfile.php/198010/mod_resource/content/1/DCO0318_-_Aula_4_-_Ascarelli.pdf>. Acesso em 31 mai. 2017.

AZEVEDO, Alvaro Villaça. **Teoria Geral dos Contratos Típicos e Atípicos.** Curso de Direito Civil. 2ª ed. São Paulo: Atlas, 2004.

BASSO Maristela. **Joint Ventures – Manual prático das associações empresariais.** Porto Alegre: Livraria do Advogado, 2002.

CAMINHA, Uinie; LIMA, Juliana Cardoso. **Contrato incompleto: uma perspectiva entre direito e economia para contratos de longo termo.** Revista Direito GV, [S.l.], v. 10, n. 1. Disponível em: <http://bibliotecadigital.fgv.br/ojs/index.php/revdireitogv/article/view/43562>. Acesso em 10 jun. 2017.

CANOVES, Gustavo de Oliveira. **Análise dos aspectos contratuais que definem os contratos associativos e a obrigatoriedade de notificação ao Conselho Administrativo de Defesa Econômica – CADE.** 2016. 54f. Monografia (programa de pós graduação em Direito – LL.M – Legal

Law Master) – Insper – Instituto de Ensino e Pesquisa, São Paulo, 2016. Disponível em: <http://dspace.insper.edu.br/xmlui/bitstream/handle/11224/1436/Gustavo%20de%20Oliveira%20Canoves_Trabalho.pdf?sequence=1>. Acesso em: 06 jan. 2017.

COELHO, Fabio Ulhoa. **Curso de Direito Civil: Contratos.** São Paulo: Revista dos Tribunais, vol.3. 2016.

DINIZ, Maria Helena. **Curso de Direito Civil brasileiro. Teoria Geral das obrigações contratuais e extracontratuais,** vol.3, 13ª ed., São Paulo: Saraiva, 1998.

FERRAZ, André Santos. **A Nova Lei Antitruste Brasileira: Suas Principais Modificações na Política Antitruste e seus Principais Impactos Econômicos.** 2013. 66f. Monografia (Bacharel em Ciências Econômicas) – Faculdade de Economia, Administração, Contabilidade e Ciência da Informação e Documentação da Universidade de Brasília, Brasília, 2013. Disponível em: <http://bdm.unb.br/bitstream/10483/6527/1/2013_AndreSantosFerraz.pdf>. Acesso em 16 abr. 2017.

GOMES, Orlando. **Contratos,** 17ª ed., Rio de Janeiro: Editora Forense, 1996.

MAIELLO, Anna Luiza Duarte. **Aspectos Fundamentais do Negócio Jurídico Associativo.** 2012. 233f. Tese (para obtenção do título de doutorado em Direito) – Universidade de São Paulo, São Paulo, 2012. Disponível em: <https://www.teses.usp.br/teses/disponiveis/2/2131/tde-27092012-101632/publico/Anna_Luiza_Duarte_Maiello_tese.pdf>. Acesso em 11 jun. 2017.

MARINO, Francisco Paulo de Crescenzo. **Classificação dos contratos,** in PEREIRA JR., Antonio Jorge; JABUR, Gilberto Haddad (coord.): **Direito dos Contratos.** São Paulo: QuartierLatin, 2006.

MARTINEZ, Ana Paula (Coord.). **Temas Atuais de Direito da Concorrência.** São Paulo: Editora Singular, 2012.

MIRANDA, Maria Bernadete. **Revista Virtual Direito Brasil.** vol.2, n. 2, 2008. Disponível em <http://www.direitobrasil.adv.br/artigos/cont.pdf>. Acesso em 28 mai. 2017.

PINHEIRO, Armado Castelar; SADDI, Jairo. **Direito, Economia e Mercados.** Rio de Janeiro: Elsevier, 2005.

PINHEIRO, Luis de Lima. **Contrato de empreendimento comum (*joint venture*) em direito internacional privado.** Coimbra: Almedina, 2003.

PROENÇA, José Marcelo Martins **Concentração Empresarial e o Direito da Concorrência.** São Paulo: Editora Saraiva, 2001.

ROMANIELO, Enrico Spini. **Direito antitruste e crise-perspectivas para a realidade brasileira.** 2013. Dissertação (Mestrado em Direito Comercial) – Faculdade de Direito, Universidade de São Paulo, São Paulo, 2013. Disponível em: <http://www.teses.usp.br/teses/disponiveis/2/2132/tde-17122013-082130/pt-br.php>. Acesso em 16 abr. 2017.

ROPPO, Enzo. **O contrato**. Tradução: COIMBRA, A.; GOMES, M.J.C. Coimbra: Almedina, 2009.

VENOSA, Silvio de Salvo. **Direito civil: teoria geral das obrigações e teoria geral dos contratos.** 11.ed. São Paulo: Atlas, 2011.

Materiais da Internet

CONSELHO ADMINISTRATIVO DE DEFESA ECONÔMICA. Brasília, DF, 2017. Disponível em: <http://www.cade.gov.br/noticias/contratos--associativos-de-longa-duracao-devem-ser-notificados-com-antecedencia>. Acesso em 18 jun. 2017.

GUIA PRÁTICO DO CADE: A DEFESA DA CONCORRÊNCIA NO BRASIL. São Paulo: CIEE, 3. ed., 2007. Disponível em: <file:///C:/Users/cs213217/Downloads/guia_cade_3d_100108.pdf>. Acesso em: 10 jun. 2017.

Legislação e Jurisprudência

Ato de Concentração nº 08700.000137/2015-73 – Requerentes: **GNL Gemini Comercialização e Logística de Gás Ltda. e Companhia de Gás de Minas Gerais.** Disponível em: <http://sei.cade.gov.br/sei/institucional/pesquisa/documento_consulta_externa.php?UxBGGoejNBZtpwbu2iNIDzs2q--sST9MCA15gFRtPr8Fd5gPj_Z76Gl930TaHiWPa-jDoNWMh1rkJUabz076YcUg,,>. Acesso em 17 jun. 2017.

Ato de Concentração nº 08012.002870/2012-38 – Requerentes: **Monsanto do Brasil Ltda. e Syngenta Proteção de Cultivos Ltda.** Disponível em: <http://sei.cade.gov.br/sei/institucional/pesquisa/documento_consulta_externa.php?eZibKqyqmDlVSS86Q8dpJxqlQFh64xhpfsn9Sjis7Xve_ntAF2_nAM3zClx8jknMp3VlKgDFY0a69JlfpkfACQ,>. Acesso em 18 jun. 2017.

BRASIL. **Código Civil, Lei 10.406, de 10 de janeiro de 2002**. Disponível em: <http://www.planalto.gov.br/ccivil_03/LEIS/2002/L10406.htm.>. Acesso em 10 jun. 2017.

BRASIL. **Constituição (1934) Constituição da República dos Estados Unidos do Brasil.** Rio de Janeiro, 1934. Disponível em <http://www.planalto.gov.br/ccivil_03/constituicao/constituicao34.htm>. Acesso em 25 mai. 2017.

ESTUDOS APLICADOS DE DIREITO EMPRESARIAL

BRASIL. **Constituição (1937) Constituição dos Estados Unidos do Brasil.** Rio de Janeiro, 1937. Disponível em <http://www.planalto.gov.br/ccivil_03/constituicao/constituicao37.htm>. Acesso em 25 mai. 2017.

BRASIL. **Constituição (1988) Constituição da República Federativa do Brasil.** Brasília, 1988. Disponível em: < https://www.planalto.gov.br/ccivil_03/Constituicao/Constituicao.htm>. Acesso em 25 mai. 2017.

BRASIL. **Lei nº 6.404, de 15 de dezembro de 1976.** Disponível em <http://www.planalto.gov.br/ccivil_03/leis/L6404compilada.htm>. Acesso em 11 jun. 2017.

BRASIL. **Lei nº 12.529, de 30 de novembro de 2011.** Disponível em <http://www.planalto.gov.br/ccivil_03/_ato2011-2014/2011/Lei/L12529.htm>. Acesso em 11 jun. 2017.

BRASIL. **Resolução CADE nº 10, de 29 de outubro de 2014.** Disponível em: <http://sei.cade.gov.br/sei/institucional/pesquisa/documento_consulta_externa.php?ssjK4QTNM7ViqHpNE_48iLwuyZi8GbS8y0q A8QG-4hgSOtYmh59AA8GGKDFAgD1vCoXBwp2SQL6YqZEwffS-BQA>. Acesso em 11 jun. 2017.

BRASIL. **Resolução CADE nº 17, de 18 de outubro de 2016.** Disponível em: <http://sei.cade.gov.br/sei/institucional/pesquisa/documento_consulta_externa.php?ssjK4QTNM7ViqHpNE_48iLwuyZi8GbS8y0q A8QG-4hgSOtYmh59AA8GGKDFAgD1vCoXBwp2SQL6YqZEwffS-BQA>, Acesso em 15 nov. 2016.

Consulta Pública nº 08700.006858/2016-78 – Consulentes: **Warner Bros. Home Entertainment Inc. e EA SwissSàrl.** Disponível em: <http://sei.cade.gov.br/sei/institucional/pesquisa/documento_consulta_externa.php?RaqxdDRJ0krMe4R0zxh3W0wRCppUJ6t_TNQPFygsxT8kzKibaCbgyqUJcV8OuJSSwnaKY1-MHOZUnHgETetJTA,>. Acesso em 18 jun. 2017.

Consulta Pública nº 08700.008081/2016-86 – Consulentes: **Hamburg SüdamerikanischeDampfschifffahrts-Gesellschaft KG e CMA CGM S.A.** Disponível em: <http://sei.cade.gov.br/sei/institucional/pesquisa/documento_consulta_externa.php?DVTB9oZY--nnZURmMFiOr4LtyN3_53MZI-Hzdy84krJwpqxZ6p3HYX7YuAIcGgXj_pwv_tplA5vBTzRavJsaV4w,>. Acesso em 18 jun. 2017.

Concentração dos Atos na Matrícula: Implicações na *Due Diligence* Imobiliária e a Aparente Desarmonia com o Novo Código de Processo Civil

PAULA ARRIVABENE MAINO

Introdução

Num cenário em que o Brasil é palco de demasiadas burocratizações e procedimentos legais para a garantia dos direitos de seus cidadãos, dentre os quais se destaca o direito à propriedade, o princípio da concentração de atos na matrícula imobiliária foi positivado nos artigos 54 a 62 da Lei 13.097, publicada em 19 de janeiro de 2015.

A Lei 13.097 é fruto da conversão da MP 656, de 7 de outubro de 2014, na qual, entre outras matérias, disciplinou acerca da necessidade de proceder-se a concentração de atos na matrícula de imóveis, por meio de seu registro ou averbação no Cartório de Registro de Imóveis competente. Faz-se referência ao item 65 da exposição de motivos da MP 656, *in verbis*:

> 65. Trata-se de procedimento que contribuirá decisivamente para aumento da segurança jurídica dos negócios, assim como para desburocratização dos procedimentos dos negócios imobiliários, em geral, e da concessão de crédito, em particular, além de redução de custos e celeridade dos negócios, pois, num

único instrumento (matrícula), o interessado terá acesso a todas as informações que possam atingir o imóvel, circunstância que dispensaria a busca e o exame de um sem número de certidões e, principalmente, afastaria o potencial risco de atos de constrição oriundos de ações que tramitem em comarcas distintas da situação do imóvel e do domicílio das partes.

Com a publicação da Lei 13.097 e a consequente legalização do princípio de concentração de atos na matrícula, tornou-se pública a intenção do legislador *(i)* de facilitar as negociações imobiliárias no país, especialmente os processos de *due diligence* imobiliária[1], bem como *(ii)* de proporcionar maior segurança jurídica aos adquirentes de imóveis e credores de garantia real sobre bens imóveis.

Isso porque, nas transações imobiliárias, seja de compra e venda de imóveis ou de constituição de garantias reais sobre bens imóveis (*i.e.*, hipoteca e alienação fiduciária), recomenda-se que o adquirente ou credor proceda, previamente à conclusão do negócio, uma investigação legal sobre a área objeto da aquisição e/ou oneração, bem como sobre o vendedor e/ou devedor, para verificar a situação legal destes e mensurar os eventuais riscos ali envolvidos.

A *due diligence* imobiliária é um procedimento investigatório moroso que envolve a análise de um excessivo rol de documentos e certidões relativos ao imóvel, ao proprietário e aos antecessores na titularidade deste nos últimos 10 (dez) anos. O primeiro capítulo deste trabalho visa trazer ao conhecimento do leitor as práticas e cautelas usualmente adotadas nos proces-

---

[1] Em resumo, trata-se de procedimento adotado previamente à aquisição e oneração de imóveis no país para verificar, essencialmente, a situação do imóvel e do patrimônio do proprietário, a fim de evitar eventuais riscos à operação pretendida. A definição de *due diligence* imobiliária e as cautelas objetivadas neste processo serão exploradas em detalhes no primeiro capítulo deste trabalho.

sos de aquisição e oneração de imóveis, com foco na *due diligence* imobiliária, na boa-fé do terceiro adquirente e, consequentemente, na segurança jurídica de tais transações.

Dentre os documentos que integram a listagem usualmente praticada nas *due diligences* imobiliárias, frisa-se a importância inegável da análise de certidão da matrícula do imóvel, emitida pelo Cartório de Registro de Imóveis competente em que a área objeto do negócio encontra-se registrada, nos últimos 30 (trinta) dias da data da transação objetivada (validade legal) – sendo este um documento indispensável para dar andamento às negociações envolvendo bens imóveis em nosso país.

Como bem ensina Bruno Mattos e Silva:

> A matrícula é uma folha de papel, em um livro ou uma ficha, que tem um número e só se refere a apenas um imóvel em particular. Na mesma medida, o imóvel possui uma só matrícula. Por isso, a matrícula é a "carteira de identidade do imóvel", uma vez que a matrícula identifica o imóvel.[2]

Diante da relevância de realizar uma *due diligence* imobiliária completa e satisfatória ao adquirente e/ou credor, deve-se ter em mente que as partes contratantes dispendem tempo e custos consideráveis para a obtenção de todos os documentos e certidões usualmente solicitados neste contexto, além de sujeitarem-se às eventuais dificuldades junto aos órgãos públicos.

Em vista deste árduo cenário para desenrolar operações de aquisição e oneração de imóveis no país, a Lei 13.097 foi elaborada com o objetivo de facilitar o processo de *due diligence* imobiliária, permitindo que o adquirente e/ou credor real verifique

---

[2] SILVA, Bruno Mattos e. Compra de Imóveis: aspectos jurídicos, cautelas devidas e análise de riscos. 10. ed. São Paulo: Atlas, 2015. p. 2. ISBN 978-85-224-9280-0.

a situação legal e a disponibilidade do bem transacionado, bem como a situação patrimonial do vendedor/devedor, mediante a consulta única e direta da certidão de matrícula atualizada do imóvel, cuja validade legal é de 30 (trinta) dias contados de sua emissão – prática esta que, para muitos, seria suficiente para demonstrar a boa-fé do terceiro adquirente/credor.

Ainda tratando sobre o tema, Bruno Mattos e Silva bem define a matrícula como "o cerne do registro imobiliário e, portanto, da propriedade e da sua segurança jurídica"[3]. Ou seja, com a publicação da Lei 13.097, a ideia do legislador e o sentido do princípio da concentração de atos na matrícula foram justamente de conceder ao adquirente e/ou credor real a mencionada segurança jurídica pela análise de tão somente cópia atualizada da matrícula imobiliária. Na mesma linha, faz-se referência aos dizeres de Juliana Rubiniak de Araujo:

> O princípio da concentração de atos na matrícula estabelece, em linhas gerais, que todas as informações relevantes relativas a imóveis, devem constar da matrícula respectiva mantida no Cartório de Registro de Imóveis competente.[4]

Como se verá adiante em maiores detalhes, o legislador disciplinou as hipóteses e as exceções de aplicação do princípio da concentração de atos na matrícula nos artigos 54 a 62 da Lei 13.097, tendo como premissa valorar os atos jurídicos registrados e/ou averbados pela parte competente na matrícula imobiliária, respeitado o prazo de 2 (dois) anos para registro e/ou averbação de situações jurídicas anteriores à data de publicação

---

[3] Idem 2, p. 3.

[4] Araujo, Juliana Rubiniak. Concentração de atos na matrícula e fraude de execução. Operações Imobiliárias: Estruturação e Tributação. São Paulo: Saraiva, 2016, p. 310. ISBN 978-85.742-0258-3.

CONCENTRAÇÃO DOS ATOS NA MATRÍCULA: IMPLICAÇÕES NA *DUE...*

da referida lei pelos interessados[5]. Assim, com o advento da Lei 13.097, as situações jurídicas que não constem da matrícula do imóvel não poderão ser opostas ou contestadas, ressalvadas as exceções legais e as hipóteses de aquisição e extinção da propriedade que independam de registro de título de imóvel.

Adicionalmente, faz-se necessário analisar, na prática, a efetividade da Lei 13.097; ou seja, é preciso verificar se as práticas adotadas pelos profissionais do Direito nas *due diligences* imobiliárias antes de sua publicação foram alteradas de alguma forma após a entrada em vigor da Lei 13.097.

Assim, o capítulo segundo deste trabalho pretende abordar *(i)* o conceito do princípio da concentração de atos na matrícula objetivado na Lei 13.097; *(ii)* as hipóteses legais de aplicação deste princípio; *(iii)* as exceções em que o princípio da concentração de atos na matrícula não será aplicado, conforme previstas na Lei 13.097; e, por fim, *(iv)* a efetividade da Lei 13.097, sendo a análise respaldada, conforme aplicável, em julgados selecionados para fins deste trabalho, proferidos pelo Tribunal de São Paulo entre Janeiro de 2015 e Janeiro de 2017[6], e na aplicação da Súmula 375 do Superior Tribunal de Justiça[7].

---

[5] Art. 61, Lei nº 13.097. Os registros e averbações relativos a atos jurídicos anteriores a esta Lei, devem ser ajustados aos seus termos em até 2 (dois) anos, contados do início de sua vigência. Disponível em: <http://www.planalto.gov.br/ccivil_03/_ato2015-2018/2015/lei/l13105.htm>. Acesso em: 22 mar. 2017.

[6] Ressalta-se que não será objeto de estudo deste trabalho a análise de medidas provisórias, convertidas ou não em lei, posteriores à publicação da Lei 13.097, bem como outras normas que tratem da criação de sistema unificado eletrônico de registro (e.g., Decreto nº 8.764 de 10.5.2016, que trata da criação do SINTER – Sistema Nacional de Gestão de Informações Territoriais, e MP nº 759 de 22.12.2016, que trata do sistema de registro de imóveis eletrônico no âmbito da Reurb). Destaca-se, entretanto, que caso sejam implementadas plataformas eletrônicas de registro, haverá provavelmente maior possibilidade de viabilização da concentração de atos na matrícula, facilitando, inclusive, a publicidade de atos e fatos envolvendo imóveis, reduzindo também as dificuldades atualmente

No capítulo terceiro deste trabalho será abordada a aparente desarmonia entre a hipótese de aplicação do princípio da concentração de atos na matrícula prevista no inciso IV do artigo 54 da Lei 13.097, e as disposições no Novo Código de Processo Civil, especialmente o inciso IV do artigo 792 do referido diploma legal, que tratam de uma das situações que caracterizam o instituto processual da fraude à execução – a existência de demanda capaz de levar o devedor/proprietário à insolvência no momento da alienação ou oneração de bens.

Como será demonstrado no terceiro e último capítulo, a discussão em questão se inicia com o questionamento acerca da necessidade ou não de averbação, na matrícula imobiliária junto ao Cartório de Registro de Imóveis competente, da ação capaz de levar o devedor/vendedor do bem à insolvência no momento de sua alienação ou oneração, entre outros aspectos a serem debatidos oportunamente.

A fim de buscar uma solução para a aparente desarmonia, serão analisadas as interpretações e as alternativas existentes no mercado imobiliário sobre o tema quando da elaboração deste trabalho, de forma a verificar basicamente *(i)* se o princípio da concentração de atos na matrícula prevalece ou não sobre o disposto no Novo Código de Processo Civil; ou *(ii)* se a aplicação da Lei 13.097 e do Novo Código de Processo Civil deve ser conjunta e harmônica no que se refere a tal hipótese da fraude à execução, não sendo incompatível, portanto, o inciso IV do artigo 792 do Novo Código de Processo Civil com o princípio da concentração de atos na matrícula.

---

enfrentadas na comunicação entre os cartórios de registros de imóveis e demais autoridades competentes de nosso país.

[7] BRASIL. Superior Tribunal de Justiça. Súmula nº 375 – DJe 30/03/2009 – "O reconhecimento da fraude à execução depende do registro da penhora do bem alienado ou da prova de má-fé do terceiro adquirente." Disponível em: <https://ww2.stj.jus.br/docs_internet/revista/eletronica/stj-revista-sumulas-2013_33_capSumula375.pdf>. Acessado em: 25 fev. 2017.

CONCENTRAÇÃO DOS ATOS NA MATRÍCULA: IMPLICAÇÕES NA *DUE...*

Por fim, na parte conclusiva deste trabalho, serão reiteradas as críticas e sugestões de interpretação das disposições da Lei 13.097, de forma a enaltecer, conforme aplicável, os impactos práticos trazidos na *due diligence* imobiliária. Além disso, será defendida uma solução para o impasse da interpretação, conjunta ou não, dos artigos 54, inciso IV, da Lei 13.097 e 792, inciso IV, do Novo Código de Processo Civil.

1. Práticas e Cautelas Necessárias para Aquisição e Oneração de Imóveis

1.1. Aquisição e Oneração de Imóveis

Pela análise histórica da economia e da política brasileiras, nota-se que nosso país, desde suas origens, busca valorizar a propriedade, seja por meio do cultivo e exploração da terra, ou até mesmo para fins de construção do patrimônio pessoal de cada cidadão.

Não é à toa que a Constituição Federal em vigor, nos termos de seu artigo 5º, inciso XXII[8], garante o direito à propriedade aos brasileiros e estrangeiros no país, sendo este um direito que todos almejam alcançar em nossa República.

Sobre o assunto, pontuam Daniela Truzzi Prieto e Olivar Vitale:

> Enfim, no Brasil, desde a colonização até os dias de hoje, sinônimo de prosperidade sempre foi deter, usufruir, arrendar, plantar e possuir terras. Culturalmente crucial, portanto, a aquisição da

---

[8] Art. 5º, caput, Constituição Federal. Todos são iguais perante a lei, sem distinção de qualquer natureza, garantindo-se aos brasileiros e aos estrangeiros residentes no País a inviolabilidade do direito à vida, à liberdade, à igualdade, à segurança e à propriedade, nos termos seguintes: XXII – é garantido o direito de propriedade. Disponível em: <http://www.planalto.gov.br/ccivil_03/constituicao/constituicao.htm>. Acesso em: 23 fev. 2017.

propriedade ao brasileiro, seja principalmente com vistas à casa própria, ou ainda como investimento.[9]

Como consequência lógica do direito à propriedade, parte do patrimônio dos cidadãos, nasce a intenção ou até mesmo a necessidade de os proprietários onerarem tais propriedades, seja para financiar projetos, garantir dívidas tomadas, por si ou por terceiros, seja para outras muitas destinações.

Por isso, a aquisição e a oneração de bens imóveis no Brasil são considerados temas de extrema relevância, os quais demandaram e ainda demandam a atenção do legislador, juristas e advogados, diante da numerosidade de casos que os envolve. Ditos temas têm, inclusive, conexão direta com o Direito Registral brasileiro, o qual deve ser estritamente respeitado para a concretização do direito à propriedade.

Isso porque, a efetiva aquisição do direito de propriedade e de eventual direito real de garantia sobre determinado imóvel depende do registro na matrícula imobiliária, exceção feita às demais formas de aquisição da propriedade imobiliária (i.e., aquisição por acessão e aquisição por usucapião).

Dessa forma, para tornar-se o legítimo proprietário de um imóvel, o adquirente deverá requerer, perante o Cartório de Registro de Imóveis competente, o registro do título aquisitivo da propriedade (e.g., escritura pública de compra e venda, escritura pública de permuta, entre outros títulos aquisitivos), o qual será analisado pela autoridade para fins de registro e transcrição na matrícula imobiliária. Caso não o faça, a propriedade do imóvel permanecerá com o antigo dono.

---

[9] PRIETO e VITALE, Daniela Truzzi e Olivar. Estudo da documentação imobiliária. **Estudos avançados de direito imobiliário.** Coordenação José Roberto Neves Amorim, Rubens Carmo Elias Filho. 1. ed.. Rio de Janeiro: Elsevier, 2014. p. 20. ISBN 978-85-352-7692-3.

Nosso Código Civil, em seus artigos 1.227 e 1.245, caput e parágrafo primeiro, fez expressa referência à necessidade de registrar-se o título de transferência da propriedade perante o Cartório de Registro de Imóveis, com o objeto de concretizar a aquisição e transferência da propriedade da área. Os aludidos dispositivos se encontram a seguir descritos para reflexão, *in verbis*:

> Art. 1.227. Os direitos reais sobre imóveis constituídos, ou transmitidos por atos entre vivos, só se adquirem com o registro no Cartório de Registro de Imóveis dos referidos títulos (arts. 1.245 a 1.247), salvo os casos expressos neste Código.
>
> Art. 1.245. Transfere-se entre vivos a propriedade mediante o registro do título translativo no Registro de Imóveis.
>
> §1º Enquanto não se registrar o título translativo, o alienante continua a ser havido como dono do imóvel.

No mesmo sentido, Maria Helena Diniz reitera a necessidade de registro do título translativo do direito de propriedade, em atenção às disposições do Código Civil, da Lei de Registros Públicos, entre outras normas:

> No art. 1.227, o Código Civil brasileiro estabeleceu como um dos meios aquisitivos da propriedade imóvel o registro do título de transferência no Cartório de Registro de Imóveis competente (CC, arts. 1.245 a 1.247; Lei n. 6.015/73, arts. 167, I, 168 c 169; Lei n. 7.433/85; Dec. N. 93.240/86; e STF, Súmulas 74 (não mais vigorante) e 139), declarando no art. 1.245 que a propriedade transfere-se, por ato entre vivos, com o registro do respectivo título translativo.[10]

---

[10] DINIZ, Maria Helena. Curso de direito civil brasileiro, volume 4: direito das coisas. 27. ed. São Paulo: Saraiva, 2011. P. 147 – 148. ISBN 978-85-02-14335-7.

ESTUDOS APLICADOS DE DIREITO EMPRESARIAL

Seguindo a mesma linha de raciocínio, a eficácia e a publicidade perante terceiros de um direito real de garantia sobre bens imóveis, como a hipoteca e a alienação fiduciária, também depende de registro imobiliário, nos termos do caput dos artigos 1.492 do Código Civil e 23 da Lei 9.514, conforme transcritos a seguir, *in verbis*:

> Art. 1.492. As hipotecas serão registradas no cartório do lugar do imóvel, ou no de cada um deles, se o título se referir a mais de um.
>
> Art. 23. Constitui-se a propriedade fiduciária de coisa imóvel mediante registro, no competente Registro de Imóveis, do contrato que lhe serve de título.

Não só pela tradição de nosso país, mas também para a economia e o mercado brasileiro, é evidente, pois, a importância das operações de alienação e oneração de imóveis. Por tal razão, as partes contratantes, especialmente o adquirente e/ou credor de garantia real, costumam realizar uma *due diligence* imobiliária previamente à conclusão do negócio, de forma a verificar os riscos eventualmente atrelados ao imóvel, ao proprietário e aos antecessores que possam afetar adversamente a transação, além de criar subsídios para comprovação de sua boa-fé em caso de questionamento futuro.

1.2. Práticas para Aquisição e Oneração: *Due Diligence* Imobiliária

Antes de adentrarmos nas práticas utilizadas para a aquisição e oneração de bens imóveis no mercado imobiliário, vale o esclarecimento do que vem a ser *due diligence* imobiliária.

Para fins do presente trabalho e sem prejuízo de outros conceitos existentes, define-se *due diligence* imobiliária como o processo de investigação, análise e avaliação de informações,

documentos e certidões relacionados ao imóvel, seu proprietário e os antecessores na titularidade deste nos últimos 10 (dez)
anos, a fim de identificar e mensurar os eventuais riscos existentes que, de forma direta ou indireta, afetem ou possam afetar
o imóvel, o novo adquirente e/ou a transação pretendida pelas
partes, seja de aquisição, oneração, entre outras.

Dito isso, vale mencionar ainda que a legislação pátria até o
momento não se posicionou expressamente acerca de rol taxativo de documentos que integram a tal *due diligence* imobiliária
e que devem ser analisados em todos os processos de aquisição e de oneração de imóveis, com a finalidade de garantir a
devida segurança jurídica ao adquirente/credor do imóvel e à
própria transação.

Em razão disso, a prática jurídica tem defendido que a *due
diligence* imobiliária, para ser considerada satisfatória e completa
ao adquirente, deve envolver essencialmente a análise de *(i)*
documentos e certidões da área objeto da investigação, dentre
os quais se encontra a cópia atualizada da matrícula imobiliária[11], bem como *(ii)* informações, documentos e certidões pessoais do proprietário e do antecessor na titularidade do imóvel
nos últimos 10 (dez) anos[12].

---

[11] Cumpre fazer breve esclarecimento acerca do período que a certidão de
matrícula imobiliária deve atestar na *due diligence* imobiliária, no âmbito aqui
discutido. Recomenda-se que seja obtida uma certidão vintenária do imóvel;
ou seja, aquela que contenha o histórico dos atos registrados e averbados, no
mínimo, nos últimos 20 (vinte) anos. Tal período foi estipulado com base no
prazo de 20 (vinte) anos previsto no Código Civil de 1916 para aquisição de
imóvel por usucapião (art. 550).

[12] Apesar de não haver legislação que positive a adoção do período de 10 (dez)
anos como aquele que deve ser utilizado nas *due diligences* imobiliárias no que se
refere aos antecessores, de forma a conceder a segurança e o conforto necessários
às partes, é praxe que este período seja utilizado em operações imobiliárias,
tanto de pequeno, quanto de grande porte. Sem prejuízo do entendimento de
outros doutrinadores, juristas e advogados do setor imobiliário sobre o assunto,

No que se refere ao imóvel, integram a vasta listagem como documentos básicos, sem prejuízo de outros usualmente solicitados pelo adquirente (conforme exemplificativamente mencionados abaixo): *(i)* a certidão de matrícula atualizada da área, emitida pelo Cartório de Registro de Imóveis no qual o imóvel encontra-se registrado (validade legal: 30 dias da emissão); *(ii)* a cópia do título aquisitivo do imóvel pelo proprietário atual; *(iii)* a certidão negativa de débitos de IPTU emitida pela Prefeitura da localidade do imóvel ou, caso o imóvel seja rural, a certidão negativa de débitos de ITR, emitida pela Receita Federal do Brasil, dentre outras certidões relativas a encargos e taxas atreladas ao imóvel (e.g., taxa de lixo, despesas condominiais); e *(iv)* caso haja construções sobre o imóvel, o documento comprobatório da regularidade de tal área construída, emitido pela Prefeitura local (e.g., Habite-se, certidão de regularidade de obra).

Além disso, outros documentos e certidões do imóvel são geralmente analisados pelo comprador para completar a verificação da situação jurídica dominial do imóvel, bem como para confirmar se a atividade pretendida no terreno é permitida naquela localização (e.g., instalação de fábrica em área residencial). A título de exemplo, a parte interessada normalmente requer que o proprietário apresente cópia de estudos e relatórios técnicos e legais da situação ambiental da área, bem como de certidões atualizadas emitidas pelas autoridades competentes relativas a processos de desapropriação, tombamento e zoneamento do imóvel. Vale mencionar que ditas certidões costumam ser emitidas pelas autoridades responsáveis em prazo estimado de 30 (trinta) a 90 (noventa) dias – ou seja, tais documentos integram o grupo de informações que comumente costumam atrasar o fechamento de operações imobiliárias.

---

utilizar-se-á o período de 10 (dez) anos como parte do conceito de *due diligence* imobiliária satisfatória e completa para os fins deste trabalho.

CONCENTRAÇÃO DOS ATOS NA MATRÍCULA: IMPLICAÇÕES NA *DUE...*

Da mesma forma, com relação aos documentos e certidões pessoais do vendedor e do antecessor na titularidade do imóvel nos últimos 10 (dez) anos, a listagem é também deveras longa. Nesta etapa da *due diligence* imobiliária, são solicitadas as certidões de distribuidores judiciais envolvendo ações cíveis, executivos fiscais, criminais e de falência e recuperação judicial, além de outras diversas certidões emitidas por órgãos públicos nas esferas federal, estadual e municipal, relativas à regularidade fiscal, previdenciária, trabalhista e criminal do proprietário e do(s) antecessor(es). Documentos pessoais das partes, como carteira de identidade, certidão de casamento, instrumento de pacto antinupcial, cartão de Cadastro Nacional de Pessoas Jurídicas (CNPJ), estatuto/contrato social vigente, conforme aplicável, são também solicitados para avaliação no curso da investigação legal.

Como se não bastasse envolver a emissão de diversas certidões perante variadas autoridades públicas, a *due diligence* imobiliária em face do proprietário e dos antecessores enfrenta outro velho e conhecido dilema: Quais comarcas deve o adquirente exigir que as certidões acima sejam emitidas e providenciadas pelo proprietário? Dada a extensão do território nacional, é evidente que a emissão em todas as comarcas do país seria inviável.

Diante de tal dificuldade, usualmente é exigido que o homem médio, para comprovar a sua boa-fé objetiva num processo de aquisição ou oneração de imóveis, solicite a apresentação, pelo proprietário, de certidões emitidas na comarca de localização da área e na comarca do proprietário e dos antecessores, no período de 10 (dez) anos. Entretanto, é importante ter em mente que tal critério e prática reiterada não confirmam que a transação está isenta e livre de contestação por terceiros relativamente às ações ingressadas em outras comarcas. Trata-se, portanto, de critério para viabilizar as transações imobiliárias no país a curto e médio prazo, bem como para resguardar a boa-fé do adquirente.

No que se refere à boa-fé objetiva do adquirente, ressalta-se que com o advento do Código Civil de 2002 foi positivado o princípio da boa-fé objetiva nos artigos 113[13] e 422[14], passando a ser a boa-fé parte do sistema interpretativo dos negócios jurídicos, e obrigando as partes contratantes a observá-la nas fases de execução, pré e pós-contratual do negócio.

Cientes da existência de inúmeros conceitos atribuídos à boa-fé, neste trabalho tratar-se-á a boa-fé como o padrão de conduta esperado dos agentes contratantes (homem médio) nas operações de aquisição e oneração de imóveis. Nesse sentido, Marco Fábio Morsello assim discorre sobre a boa-fé objetiva:

> De fato, o princípio da boa-fé objetiva, ora erigido em nosso sistema ao *status* de efetiva cláusula geral, é uma regra de conduta escudada em deveres de lealdade, confiança, probidade e transparência, dando azo, outrossim, ao nascedouro dos deveres anexos ou laterais de ampla informação e esclarecimentos, com aplicação não só na fase de execução do contrato, como também naquelas pré e pós-contratuais.[15]

Entende-se, pois, que a comprovação da boa-fé objetiva do adquirente de imóvel, caso contestada por eventual credor do proprietário anterior, dar-se-á fundamentalmente pela prova da análise dos documentos mencionados acima, que integram

---

[13] Art. 113, Código Civil. Os negócios jurídicos devem ser interpretados conforme a boa-fé e os usos do lugar de sua celebração. Disponível em: "http://www.planalto.gov.br/ccivil_03/leis/2002/l10406.htm". Acesso em: 25 fev. 2017.

[14] Art. 422, Código Civil. Os contratantes são obrigados a guardar, assim na conclusão do contrato, como em sua execução, os princípios de probidade e boa-fé. Disponível em: <http://www.planalto.gov.br/ccivil_03/leis/2002/l10406.htm>. Acesso em: 25 fev. 2017.

[15] MORSELLO, Marco Fábio. Da boa-fé nas fases pré e pós-contratuais no direito brasileiro. **Direito dos Contratos II**. São Paulo: Quartier Latin, 2008. p. 296. ISBN 85-7674-321-3.

a *due diligence* imobiliária adequada e recomendada às transações de aquisição de imóveis.

Conforme mencionado na introdução deste trabalho, o próprio Superior Tribunal de Justiça, em 30 de março de 2009, editou a Súmula nº 375 e deu ênfase ao princípio da boa-fé objetiva, posicionando-se no sentido de que o reconhecimento da fraude à execução depende do registro da penhora do bem alienado ou da prova da má-fé do terceiro adquirente. Verifica-se abaixo o texto da súmula em questão:

> Súmula nº 375 – DJe 30/03/2009 – O reconhecimento da fraude à execução depende do registro da penhora do bem alienado ou da prova de má-fé do terceiro adquirente. [16]

Com isso, o ordenamento jurídico brasileiro buscou proteger o terceiro adquirente contra aqueles vícios, ações e/ou litígios que poderiam ser identificados fora do espectro de análise do homem médio, ou seja, fora da comarca de localização do imóvel e das comarcas de domicílio do proprietário e dos antecessores dos últimos de 10 (dez) anos. Como bem expressam Alexandre Junqueira Gomide e Roberta Resende:

> [...] o sistema jurídico brasileiro passou a olhar com maior atenção ao terceiro adquirente de boa-fé, ou seja, o comprador que, embora tenha adotado cautelas suficientes para aquisição do bem, ainda assim via-se diante da possibilidade de perder o imóvel adquirido. [17]

---

[16] BRASIL. Superior Tribunal de Justiça. Disponível em: <https://ww2.stj.jus.br/docs_internet/revista/eletronica/stj-revista-sumulas-2013_33_capSumula375.pdf>. Acessado em: 25 fev. 2017.

[17] GOMIDE e RESENDE, Alexandre Junqueira e Roberta. Aquisição de imóveis no novo CPC. **Valor Econômico**, 18 mai. 2016. Caderno Legislação e Tributos /

Diante das ponderações feitas até então, vale destacar abaixo o trecho do artigo de Daniela Truzzi Prieto e Olivar Vitale, no qual são elencadas as etapas que devem ser vencidas na análise de documentos imobiliários para fins de aquisição de imóveis:

> Resumindo, nessa sequência, as etapas da análise da documentação: (i) matrícula atualizada do bem; (ii) certidões do próprio imóvel; (iii) certidões forenses do proprietário; e (iv) certidões forenses dos antecessores até o prazo máximo prescricional de alegação de fraude por eventual credor (dez anos).[18]

Não obstante, cumpre ainda fazer breve conexão das práticas adotadas na *due diligence* imobiliária para aquisição de imóveis com a investigação recomendada aos credores no curso de oneração de bens imóveis em nosso país. Para os conversadores de plantão, todos os documentos que integram a investigação legal num cenário de aquisição deveriam ser analisados também nos casos de oneração. Entretanto, é evidente que nem todos os credores, assessorados ou não por advogados experientes do setor, assim o fazem.

A praxe, especialmente para os casos de constituição de hipotecas e alienação fiduciária sobre imóveis, costuma ser a de analisar a documentação básica do imóvel a ser dado em garantia, conforme mencionado acima e respeitadas as disposições da Lei 7.433, regulada pelo Decreto 93.240/1986, as quais dispõem sobre os requisitos para lavratura de escrituras públicas.

No que se refere aos documentos do outorgante devedor, além daquelas certidões exigidas pelo tabelião de notas para a lavratura da escritura pública de hipoteca ou de alienação

---

pg.E2. Disponível em: <http://www.valor.com.br/legislacao/4567815/aquisicao-de-imoveis-no-novo-cpc>. Acesso em: 21 mai. 2016.

[18] Idem 9, p. 29.

fiduciária em garantia[19], é recomendável que o futuro credor analise as certidões emitidas pelos distribuidores forenses na comarca do imóvel e de domicílio do devedor, de forma a identificar eventuais litígios, perdas e riscos e mitigá-los previamente à constituição da garantia.

Nota-se, portanto, que o adquirente de imóveis e, conservadoramente, o credor de direito real sobre imóvel, têm, de fato, uma longa jornada para percorrer e de fato concluir a tão temida *due diligence* imobiliária.

1.3. Cautelas e Precauções no Processo de *Due Diligence*

Nas transações que visam à aquisição e oneração de imóveis, o processo de *due diligence* imobiliária é, portanto, a primeira e principal cautela a ser tomada pelo interessado, a fim de evitar a herança de problemas advindos do imóvel, do proprietário e dos antecessores na sua titularidade.

Destaca-se que a análise dos documentos do imóvel mencionados no item acima tem por objetivo verificar o histórico e a situação atual da área investigada, para confirmar, entre outros: *(i)* o proprietário, conforme registro constante no Cartório de Registro de Imóveis competente; *(ii)* a inexistência ou a existência de ônus e gravames registrados e/ou averbados na matrícula imobiliária; *(iii)* ações contra o proprietário e/ou antecessores que estejam anotadas ou não à margem da matrícula; *(iv)* a existência de débitos de IPTU ou ITR; e *(v)* eventuais condições atreladas à aquisição da propriedade pelo proprietário atual ou até mesmo pelos antecessores que ainda não tenham sido baixadas no Cartório de Registro de Imóveis competente (e.g., notas promissórias, cláusulas de impenhorabilidade e incomunicabilidade).

---

[19] Caso o contrato de alienação fiduciária sobre bens imóveis seja feito por instrumento particular, vale também a recomendação de solicitar as certidões pessoais do outorgante devedor legalmente exigidas pelo tabelião de notas, a fim de conferir maior segurança à transação.

Sobre o objetivo desta avaliação, Daniel Cardoso Gomes assim comenta:

> Nessa análise, buscar-se-á a confirmação (i) de que aquele que se apresenta como proprietário do imóvel realmente o é; (ii) de que seu direito foi constituído de modo regular, observadas todas as exigências legais; (iii) de que não existem vícios na cadeia dominial do imóvel que possam comprometer tal direito; e (iv) de que não existem ônus reais gravando o imóvel.[20]

Sem prejuízo de outras questões que são corriqueiramente analisadas nesta fase da diligência (e.g., aspectos construtivos, urbanísticos, cadastrais, de zoneamento e de licenciamento), é evidente que a comprovação dos pontos elencados acima tem extrema relevância. A irregularidade na titularidade do imóvel, a existência de débitos de IPTU ou ITR e o registro de hipoteca sobre o imóvel são amostras de problemas que podem ser identificados nesta fase e que tem o condão de atrasar a conclusão do negócio quando existentes.

Por exemplo, num cenário em que aquele que se diz dono do imóvel não seja o proprietário constante no registro imobiliário, seria necessária a atualização da titularidade da área perante o Cartório de Registro de Imóveis competente, mediante a apresentação do título de propriedade para registro – processo esse que demandaria, no mínimo, 30 (trinta) dias para conclusão, por ser este o prazo legal para análise pelo Cartório de Registro de Imóveis competente, nos termos do artigo 188 da Lei de Registros Públicos[21]. Isso porque, sem a referida atualização, não

---

[20] GOMES, Daniel Cardoso. Cautelas na aquisição de bens imóveis. **Operações Imobiliárias: Estruturação e Tributação**. São Paulo: Saraiva, 2016, p. 218. ISBN 978-85-472-0258-3.

[21] Art. 188, Lei de Registros Públicos – Protocolizado o título, proceder-se-á ao registro, dentro do prazo de 30 (trinta) dias, salvo nos casos previstos nos artigos

seria possível outorgar a escritura pública de compra e venda do imóvel em favor do novo adquirente.

Da mesma forma, a existência de débitos de IPTU ou ITR relacionados ao imóvel, identificados em certidões expedidas pelas autoridades competentes na comarca de sua localização, assim como débitos condominiais, também demandaria a atenção do adquirente dada a sua natureza de obrigação *propter rem*, ou seja, originária da relação direta do proprietário com o imóvel. A depender do valor envolvido, as partes poderiam acordar sobre a sua quitação previamente à concretização da operação ou até mesmo negociar a retenção de parte do preço de aquisição até que a situação fiscal do imóvel seja regularizada.

No caso de hipoteca registrada na matrícula do imóvel, o adquirente deverá avaliar a conveniência e os riscos de adquirir ou onerar, em segundo grau, o referido imóvel. A mera existência da hipoteca não impede a venda do bem, tampouco sua oneração em segundo grau, mas o adquirente ou credor deverá ter ciência de que, por exemplo, em caso de excussão da dívida garantida, o imóvel poderá responder por seu pagamento, fazendo com que o novo adquirente perca a posse e a propriedade da área. Nessa linha, Bruno Mattos e Silva:

> Havendo a hipoteca, caso a dívida não seja paga pelo devedor, o credor poderá cobrá-la pelas vias judiciais e o bem hipotecado poderá vir a responder pela dívida, ainda que já tenha sido vendido a terceiro de boa-fé que desconhecia a existência da hipoteca registrada.[22]

---

seguintes. (Renumerado do art. 189 com nova redação pela Lei nº 6.216, de 1975). Disponível em: <http://www.planalto.gov.br/ccivil_03/leis/L6015compilada. htm>. Acesso em: 23 fev. 2017.

[22] Idem 2, p. 49.

Por sua vez, a análise dos documentos que comprovem a situação jurídica do proprietário e dos antecessores na titularidade do imóvel nos últimos 10 (dez) anos, nos quais estão incluídas as certidões de distribuidores forenses na comarca de localização do imóvel e de domicílio do proprietário/antecessor, conjuntamente com as muitas outras certidões expedidas pelas autoridades competentes, busca constatar eventual fraude contra credores, fraude à execução e outras contingências que afetem ou possam afetar a área e a transação. Nesse sentido, Franco Musetti Grotti e Fábio Rocha Pinto e Silva assim esclarecem em artigo sobre o tema:

> Os riscos pessoais compreendem essencialmente os institutos da fraude a execução e da fraude contra credores, que resultam, respectivamente, na declaração de ineficácia em função de ações e na desconstituição do negócio em razão de dívidas, em cada caso relacionadas aos vendedores do imóvel ou seus antecessores.[23]

A fraude contra credores é instituto de direito material, previsto no artigo 158 e seguintes do Código Civil, e constitui um dos defeitos dos negócios jurídicos, sujeito à anulação se identificado (art. 171, inciso II, do Código Civil).

Caracteriza-se, pois, a fraude contra credores nos casos em que o proprietário ou antecessor do imóvel, na qualidade de devedor já insolvente, pratica atos que possam ser considerados como de dilapidação do patrimônio, lesando os direitos e interesses de terceiros credores, ou até mesmo quaisquer outros atos jurídicos que o reduzam à insolvência.

---

[23] GROTTI e SILVA, Franco Musetti e Fábio Rocha Pinto. Os efeitos da lei 13.097/15 na publicidade, na validade e na eficácia dos negócios imobiliários. **Migalhas**. São Paulo, 2 mar. 2015. Disponível em: <http://www.migalhas.com.br/dePeso/16,MI216341,41046-Os+efeitos+da+lei+1309715+na+publicidade+na+validade+e+na+eficacia>. Acesso em: 21 mai. 2016.

Nas situações acima, os credores poderão ingressar com a chamada "ação pauliana", pleiteando a anulação da transação. Isso porque, o direito pátrio parte do pressuposto de que o devedor responde, para o cumprimento de suas obrigações, com todos os bens de seu patrimônio, salvo as restrições legais. Nas palavras de Francisco Amaral:

> Considera-se fraude contra credor o negócio que lhe é prejudicial por tornar o devedor insolvente, já ter sido praticado em estado de insolvência ou tornar insuficiente garantia já concedida (CC, art. 158). A sanção é a anulação do ato (CC, art. 171, II), visando proteger o direito do credor, que tem no patrimônio do devedor a garantia da realização do seu crédito. Limita-se, desse modo, o poder de disposição que o devedor tem sobre seus bens, na medida em que o respectivo exercício pode prejudicar os credores. Aplica-se aí, necessariamente, o princípio da boa-fé.[24]

Por outro lado, a fraude à execução é instituto de direito processual, criado pelo direito público pátrio e então regulado pelo Novo Código de Processo Civil (anteriormente regulado pelo artigo 593 do Código de Processo Civil, de 1973), constituindo um dos métodos que pretendem salvaguardar a efetividade da tutela jurisdicional e a função do processo nos casos de alienação ou oneração de bem.

De forma resumida, pode-se dizer que a fraude à execução se configura quando *(i)* foi ajuizada ação judicial em que se discute direito real sobre o imóvel; *(ii)* no momento da transferência da propriedade, havia demanda judicial com a possibilidade de ensejar a insolvência do vendedor; e *(iii)* nos demais casos previstos em lei. Diferentemente da fraude contra credores, a

---

[24] AMARAL, Francisco. Direito Civil: Introdução. 8. ed. Rio de Janeiro: Renovar, 2014. p. 547 – 548. ISBN 978-857-147-879-4.

fraude à execução tem como consequência a declaração de ineficácia da aquisição apenas com relação ao credor atingido, no curso da ação contra o alienante.

Conectado a este assunto, é importante lembrar que a Súmula nº 375 do Superior Tribunal de Justiça prevê que a alienação de um imóvel apenas poderia ser considerada fraudulenta e, consequentemente declarada ineficaz, se comprovada a má-fé do comprador ou se houver o apontamento de uma dívida ou potencial dívida (e.g., decorrente da existência de uma ação judicial) na matrícula imobiliária. De outro modo, presume-se a boa-fé do terceiro adquirente, sendo a transação legal e regular.

Assim, para mensurar os riscos atrelados à transação e evitar hipóteses de anulação e ineficácia de atos, a análise da documentação pessoal do proprietário e dos antecessores se faz necessária e deve focar justamente no exame de: (i) potenciais demandas judiciais envolvendo o dono do imóvel ou seus antigos proprietários, em caso de insolvência no momento de transferência da propriedade, o que poderia caracterizar fraude à execução ou fraude contra credores; e (ii) demandas que podem afetar direta ou indiretamente o imóvel.

2. A Lei 13.097 de 2015 e o Princípio Dd Concentração de Atos na Matrícula

2.1. O Princípio da Concentração de Atos na Matrícula e suas Hipóteses de Aplicação

Apesar do princípio da concentração de atos na matrícula já estar indiretamente previsto nos artigos 167 e 246 da Lei de Registros Públicos, os quais disciplinam sobre os atos e fatos que são passíveis de registro e averbação à margem do registro imobiliário, pode-se dizer que este ganhou mais força e efetiva positivação com o advento da Lei 13.097. Isso porque, até aquele momento, não havia uma opinião consolidada no sentido

CONCENTRAÇÃO DOS ATOS NA MATRÍCULA: IMPLICAÇÕES NA *DUE*...

de afirmar se o rol de atos e fatos previstos na Lei de Registros Públicos era ou não taxativo.

Assim, com a publicação da Lei 13.097, o princípio da concentração de atos na matrícula foi consagrado, estabelecendo que todos os atos e fatos relevantes envolvendo determinado imóvel devem constar da matrícula.

Pois bem, o artigo 54 da Lei 13.097 elenca, nos incisos I a IV, as principais hipóteses de aplicação do princípio da concentração de atos na matrícula. O dispositivo em comento segue abaixo transcrito em sua integralidade para referência do leitor, *in verbis*:

> Art. 54. Os negócios jurídicos que tenham por fim constituir, transferir ou modificar direitos reais sobre imóveis são eficazes em relação a atos jurídicos precedentes, nas hipóteses em que não tenham sido registradas ou averbadas na matrícula do imóvel as seguintes informações:
>
> I – registro de citação de ações reais ou pessoais reipersecutórias;
>
> II – averbação, por solicitação do interessado, de constrição judicial, do ajuizamento de ação de execução ou de fase de cumprimento de sentença, procedendo-se nos termos previstos do art. 615-A da Lei no 5.869, de 11 de janeiro de 1973 – Código de Processo Civil;
>
> III – averbação de restrição administrativa ou convencional ao gozo de direitos registrados, de indisponibilidade ou de outros ônus quando previstos em lei; e
>
> IV – averbação, mediante decisão judicial, da existência de outro tipo de ação cujos resultados ou responsabilidade patrimonial possam reduzir seu proprietário à insolvência, nos termos do inciso II do art. 593 da Lei no 5.869, de 11 de janeiro de 1973 – Código de Processo Civil.
>
> Parágrafo único. Não poderão ser opostas situações jurídicas não constantes da matrícula no Registro de Imóveis, inclusive

para fins de evicção, ao terceiro de boa-fé que adquirir ou receber em garantia direitos reais sobre o imóvel, ressalvados o disposto nos arts. 129 e 130 da Lei no 11.101, de 9 de fevereiro de 2005, e as hipóteses de aquisição e extinção da propriedade que independam de registro de título de imóvel.

Pela leitura do caput do artigo 54, nota-se que o legislador atrelou a eficácia de negócios jurídicos que visem constituir, transferir ou modificar diretos reais à inexistência de averbação ou registro de determinados atos jurídicos na matrícula imobiliária. Criou-se, portanto, uma faculdade (com o peso de obrigação) à parte interessada de registrar determinados atos e fatos na matrícula do imóvel, de forma a assegurar seus interesses em face do devedor, cujo registro ou averbação proporcionarão também maior segurança jurídica a futuros adquirentes e demais credores do proprietário, na tentativa de deixar a complexidade da *due diligence* imobiliária de lado nas operações envolvendo imóveis.

Pela análise conjunta do caput com o primeiro trecho do parágrafo único do artigo 54 da Lei 13.097[25], a intenção legislativa fica ainda mais evidente. Vale dizer, as situações jurídicas que não estejam averbadas ou registradas na matrícula não poderão ser opostas em face de terceiro adquirente ou credor de garantia real. É exemplo claro de outro princípio que certamente respaldou a positivação da concentração de atos na matrícula: o princípio *dormentibus non succurrit jus*[26].

Como já mencionado na introdução deste trabalho, o legislador concedeu também o prazo de 2 (dois) anos para registro e/ou averbação de situações jurídicas anteriores à data de publi-

---

[25] A ressalva constante do parágrafo único do artigo 54 da Lei 13.097 será tratada no item 2.2 deste trabalho, o qual discorrerá sobre as exceções à aplicação do princípio da concentração de atos na matrícula.

[26] O direito não socorre aos que dormem.

cação da Lei 13.097 pelos interessados (art. 61 da Lei 13.097), a fim de conceder as proteções advindas com tal legislação também para aqueles cujas situações jurídicas são anteriores à sua publicação.

Dito isso, passemos à análise sintetizada dos incisos do artigo 54 da Lei 13.097, que contém as hipóteses de aplicação do princípio da concentração de atos na matrícula, para melhor entendimento acerca das reflexões que pretendem ser trazidas neste trabalho.

2.1.1. Inciso I do Artigo 54 da Lei 13.097

O inciso I do artigo 54 traz como primeira hipótese de aplicação do princípio da concentração de atos na matrícula o registro de citações realizadas no âmbito de ações reais ou pessoais reipersecutórias.

Para fins de esclarecimento, ações reais são aquelas atreladas ao domínio de um determinado imóvel, enquanto as ações pessoais reipersecutórias são aquelas oriundas de obrigações pessoais, propostas com o objetivo de aquisição ou retomada de um direito real do autor que se encontra em poder de terceiro. Como explica Fabrício Petinelli Vieira Coutinho, a ação real visa tutelar o direito real do autor, ao passo que a ação reipersecutória objetiva retomar ao patrimônio do autor determinado direito real que lhe pertence[27].

Pelas disposições deste inciso I e tendo em vista as práticas processuais adotadas pelo nosso ordenamento jurídico, pode-se concluir que o documento hábil para registro na matrícula imobiliária será aquele de citação ou outro que comprove a ocorrência desta no âmbito de ações reais ou pessoais reipersecutórias.

---

[27] PETINELLI VIEIRA COUTINHO, Fabrício. O significado e as diferenças entre as ações reais ou pessoais reipersecutórias. **Âmbito Jurídico**, Rio Grande, XII, n. 67, ago 2009. Disponível em: <http://www.ambito-juridico.com.br/site/index.php?n_link=revista_artigos_leitura&artigo_id=6487>. Acesso em 26 mar. 2017.

2.1.2. Inciso II do Artigo 54 da Lei 13.097

Por sua vez, o inciso II do artigo 54 trata da averbação, requerida pelo interessado, de constrição judicial[28], do ajuizamento de ação de execução ou de fase de cumprimento de sentença, nos termos do Código de Processo Civil. O legislador estabeleceu, portanto, a possibilidade de qualquer interessado requerer a averbação de constrição judicial sobre determinado imóvel, bem como de ação de execução ou ação em que fase de cumprimento de sentença, à margem do registro imobiliário.

No que se refere ao dispositivo em comento, vale alertar que como a Lei 13.097 fez referência expressa ao artigo 615-A do Código de Processo Civil, o interessado, antes de requerer qualquer das averbações previstas no inciso II do artigo 54 da Lei 13.097, deverá solicitar e obter perante o juízo competente uma certidão específica, comprovando a existência de uma das situações ali descritas.

2.1.3. Inciso III do Artigo 54 da Lei 13.097

Outra hipótese de aplicação do princípio da concentração de atos na matrícula encontra-se no inciso III do artigo 54, o qual previu a "averbação de restrição administrativa ou convencional ao gozo de direitos registrados, de indisponibilidade ou de outros ônus quanto previstos em lei".

Neste inciso, a Lei 13.097 ditou que as restrições administrativas, convencionais ou de indisponibilidade, para terem eficácia perante terceiros, devem ser levadas ao Cartório de Registro de Imóveis competente, o qual provavelmente irá solicitar prova da existência destas relações entre o proprietário do imóvel e o interessado requerente, bem como prova de sua constituição, a fim de viabilizar a averbação pretendida neste dispositivo.

---

[28] Ocasião em que certo titular perde ou tem suas faculdades diminuídas com relação à fruição de determinado direito.

2.1.4. Inciso IV do Artigo 54 da Lei 13.097

O inciso IV do artigo 54 traz uma das hipóteses de aplicação do princípio de concentração de atos na matrícula que será discutida especialmente no terceiro capítulo deste trabalho, qual seja: a averbação, mediante decisão judicial, da existência de outro tipo de ação cujos resultados ou responsabilidade patrimonial possam reduzir seu proprietário à insolvência, nos termos do inciso II do art. 593 do Código de Processo Civil.

Pela análise deste inciso, verifica-se que o legislador ampliou o rol de ações que podem ser objeto de averbação no registro imobiliário, a fim de mais uma vez alcançar um dos objetivos da positivação do princípio da concentração de atos na matrícula: a garantia de maior segurança jurídica às transações de aquisição e oneração de imóveis no país. Dessa forma, quaisquer ações que tenham o condão de reduzir ou levar o proprietário à insolvência estão abarcadas neste inciso.

O legislador, ainda, previu que referida averbação deverá seguir o procedimento constante dos artigos 56[29] e 57[30] da Lei

---

[29] Art. 56. A averbação na matrícula do imóvel prevista no inciso IV do art. 54 será realizada por determinação judicial e conterá a identificação das partes, o valor da causa e o juízo para o qual a petição inicial foi distribuída. §1º. Para efeito de inscrição, a averbação de que trata o caput é considerada sem valor declarado. §2º. A averbação de que trata o caput será gratuita àqueles que se declararem pobres sob as penas da lei. §3º. O Oficial do Registro Imobiliário deverá comunicar ao juízo a averbação efetivada na forma do caput, no prazo de até dez dias contado da sua concretização. §4º. A averbação recairá preferencialmente sobre imóveis indicados pelo proprietário e se restringirá a quantos sejam suficientes para garantir a satisfação do direito objeto da ação. Disponível em: <http://www.planalto.gov.br/ccivil_03/_ato2015-2018/2015/lei/l13105.htm>. Acesso em: 22 mar. 2017.

[30] Art. 57. Recebida a comunicação da determinação de que trata o caput do art. 56, será feita a averbação ou serão indicadas as pendências a serem satisfeitas para sua efetivação no prazo de 5 (cinco) dias. Disponível em: <http://www.planalto.gov.br/ccivil_03/_ato2015-2018/2015/lei/l13105.htm>. Acesso em: 22 mar. 2017.

ESTUDOS APLICADOS DE DIREITO EMPRESARIAL

13.097, que envolve a obtenção de determinação judicial do interessado para a sua concretização.

2.2. Exceções à Aplicabilidade do Princípio da Concentração de Atos na Matrícula

Analisadas as hipóteses de aplicação do princípio de concentração dos atos na matrícula, devidamente previstas na Lei 13.097, faz-se necessário discorrermos também sobre os fatos e situações que não estão aborcados pelo princípio objeto deste estudo.

Com base na Lei 13.097, é possível identificar as seguintes exceções à aplicação do princípio da concentração de atos na matrícula, constantes no trecho final do parágrafo único do artigo 54: *(i)* as situações de ineficácia objeto do artigo 129 da Lei de Falência e Recuperação Judicial, quando praticadas antes da falência (e.g., o pagamento de dívidas não vencidas pelo devedor dentro do termo legal, por qualquer meio extintivo do direito de crédito, ainda que pelo desconto do próprio título; a prática de atos a título gratuito, desde 2 (dois) anos antes da decretação da falência; os registros de direitos reais e de transferência de propriedade entre vivos, por título oneroso ou gratuito, ou a averbação relativa a imóveis realizados após a decretação da falência, salvo se tiver havido prenotação anterior; entre outros); *(ii)* os atos praticados com a intenção de prejudicar credores, provando-se o conluio fraudulento entre o devedor e o terceiro que com ele contratar e o efetivo prejuízo sofrido pela massa falida (art. 130 da Lei de Falência e Recuperação Judicial) – atos estes sujeitos à revogação; e *(iii)* os casos de aquisição e extinção de propriedade que independam de registro (e.g., usucapião).

Nestes casos, portanto, não importa o que conste registrado e/ou averbado na matrícula imobiliária. Por tal razão, o adquirente e/ou credor deve continuar analisando os documentos e certidões da *due diligence* imobiliária, especialmente as certidões de distribuidores cíveis, bem como de falências e recuperação judicial, de forma a buscar informações que evidenciem a regularidade do proprietário e do imóvel nestas matérias. Nas palavras de Juliana Rubiniak de Araujo:

> Essas exceções fazem com que seja importante estudar a situação de empresas em fase de recuperação judicial ou falência e averiguar de forma cautelosa eventual existência de demanda que envolva aquisição (ou extinção) de imóvel sem que haja a obrigatoriedade do registro respectivo, independentemente das novas definições atinentes ao reconhecimento dos efeitos da concentração dos atos na matrícula dos imóveis.[31]

Além disso, o artigo 58[32] da Lei 13.097 disciplinou que o princípio da concentração de atos na matrícula também não se aplica a imóveis que integram o patrimônio da União, dos Estados, do Distrito Federal, dos Municípios e de suas fundações e autarquias. Diante disso, as disposições da Lei 13.097 não se aplicam para imóveis públicos.

Não obstante, é importante frisar que a análise da documentação fiscal e trabalhista não foi expressamente debatida na Lei 13.097. Ou seja, referida lei não deixou claro se a investigação e obtenção de certidões fiscais e trabalhistas foram suprimidas ou suavizadas pela concentração de atos na matrícula.

Ao analisar o artigo 185 do Código Tributário conjuntamente com o parágrafo segundo do artigo 1º da Lei 7.433, pode-se concluir que a fraude no plano fiscal é regida por lei complementar (não podendo ser alterada por lei ordinária, como é o caso da

---

[31] Idem 4, p. 319-320.
[32] Art. 58. O disposto nesta Lei não se aplica a imóveis que façam parte do patrimônio da União, dos Estados, do Distrito Federal, dos Municípios e de suas fundações e autarquias. Disponível em: <http://www.planalto.gov.br/ccivil_03/_ato2015-2018/2015/lei/l13105.htm>. Acesso em: 22 mar. 2017.

ESTUDOS APLICADOS DE DIREITO EMPRESARIAL

Lei 13.097) e presumida a partir da inscrição em dívida ativa. Há de se entender, portanto, que não foi dispensado o exame de certidões fiscais no âmbito de transações imobiliárias[33]. Os artigos mencionados acima seguem abaixo para referência, *in verbis*:

Art. 185. Presume-se fraudulenta a alienação ou oneração de bens ou rendas, ou seu começo, por sujeito passivo em débito para com a Fazenda Pública, por crédito tributário regularmente inscrito como dívida ativa. (Redação dada pela Lcp nº 118, de 2005)

Parágrafo único. O disposto neste artigo não se aplica na hipótese de terem sido reservados, pelo devedor, bens ou rendas suficientes ao total pagamento da dívida inscrita. (Redação dada pela Lcp nº 118, de 2005)

Art. 1º, [...]

§2º. O Tabelião consignará no ato notarial a apresentação do documento comprobatório do pagamento do Imposto de Transmissão inter vivos, as certidões fiscais e as certidões de propriedade e de ônus reais, ficando dispensada sua transcrição. (Redação dada pela Lei nº 13.097, de 2015)

Por fim, no que se refere aos créditos trabalhistas, tem se entendido que o princípio da concentração de atos na matrícula também não se aplica, sob a alegação de que tais créditos preferem aos fiscais, conforme previsto no caput artigo 186[34]

---

[33] Luiz Antonio Scavone Júnior analisa a questão sob outra ótica. Na opinião deste, a Lei 13.097, ao excluir a consignação dos feitos judiciais no ato notarial e altera o parágrafo 2º do artigo 1º da Lei 7.433/1985, manteve a apresentação das certidões fiscais, razão pela qual estas não poderiam ser dispensadas da obtenção e análise do adquirente ou credor. Conforme: SCAVONE JUNIOR, Luiz Antonio. Direito Imobiliário: Teoria e Prática. 9. ed.. Rio de Janeiro: Forense, 2015, p. 716. ISBN 978-85-309-6057-5.

[34] Art. 186. O crédito tributário prefere a qualquer outro, seja qual for sua natureza ou o tempo de sua constituição, ressalvados os créditos decorrentes da legislação do trabalho ou do acidente de trabalho. (Redação dada pela Lcp

do Código Tributário. Assim, a eficácia de ações trabalhistas contra o vendedor e/ou devedor não estaria sujeita ao registro ou a averbação na matrícula do imóvel.

2.3. Efetividade da Lei 13.097

Diante da exposição realizada até o momento e sem ter a pretensão de exaurir todos os possíveis questionamentos que surgiram e ainda surgem com relação à efetividade da Lei 13.097 após a sua publicação, este item tem por objetivo responder a seguinte pergunta: qual é o papel e o respectivo impacto do reconhecimento do princípio da concentração de atos na matrícula nos incisos do artigo 54 da Lei 13.097 para as operações de aquisição e oneração de bens imóveis, especialmente quanto à *due diligence* imobiliária e ao terceiro adquirente/credor de boa-fé?

As respostas para a questão acima parecem ser bastante frustrantes, como veremos a seguir.

Inicialmente, cabe dizer que o caput do artigo 54 da Lei 13.097 e as demais hipóteses de aplicação do princípio da concentração de atos na matrícula previstas na referida lei apenas reforçaram *(i)* a presunção relativa (*juris tantum*) de veracidade dos atos e fatos registrados e averbados à margem da matrícula imobiliária, a qual é conferida por nosso sistema registral, e *(ii)* o entendimento jurisprudencial consagrado na Súmula 375 do Superior Tribunal de Justiça, no sentido de que, caso inexista registro ou averbação de fatos e atos na matrícula, o credor deve provar a má-fé do adquirente.

Isso porque, por estarem sujeitos à presunção relativa, os atos e fatos passíveis de registro à margem do Cartório de Registro de Imóveis podem ser contestados pelo interessado, titular de direito sobre aquele imóvel ou contra o proprietário deste, mediante a apresentação de prova em sentido contrário.

nº 118, de 2005). Disponível em: <http://www.planalto.gov.br/ccivil_03/leis/L5172Compilado.htm>. Acesso em: 9 abr. 2017..

Dessa forma, como bem articula Daniel Cardoso Gomes em seu artigo sobre operações imobiliárias, o fato de nosso ordenamento ter adotado a presunção *juris tantum* quanto aos atos e fatos registrados na matrícula imobiliária só ressalta a necessidade de serem tomados, pelo terceiro adquirente, os devidos resguardos previamente à aquisição ou oneração de imóveis para a comprovação de sua boa-fé:

> O principal argumento invocado para justificar a necessidade de adoção de determinadas cautelas ao se adquirir um imóvel está relacionado à presunção conferida pelo nosso sistema de registro de imóveis aos atos registros. Segundo nosso ordenamento jurídico, referidos atos conferem presunção relativa de veracidade, e não absoluta (presunção *juris tantum*).[35]

Nessa linha, fica evidente que as regras acerca da concentração de atos na matrícula constantes da Lei 13.097 não nos permitem dizer que a análise da matrícula do imóvel atualizada é suficiente para dar a segurança jurídica necessária ao terceiro adquirente em aquisições ou onerações de bens imóveis, tampouco que o processo de *due diligence* imobiliária foi desburocratizado e tornou-se menos intenso, moroso e custoso – ao contrário do que muitos diziam e exaltavam quando da publicação da Lei 13.097. A Lei 13.097, portanto, nada alterou na *due diligence* imobiliária.

Se assim não fosse, a própria Lei 13.097 não teria expressamente excetuado a aplicação do princípio da concentração nas hipóteses de *(i)* aquisição e extinção de propriedade que independem de titulação, como o instituto da usucapião; *(ii)* ineficácia dos atos descritos no artigo 129 da Lei de Falência e Recuperação Judicial, quando realizados antes da falência; *(iii)*

---

[35] Idem 20, p. 216.

revogação dos atos praticados com a intenção de prejudicar credores, provando-se o conluio fraudulento entre o devedor e o terceiro que com ele contratar e o efetivo prejuízo sofrido pela massa falida (art. 130 da Lei de Falência e Recuperação Judicial); e *(iv)* imóveis que integram o patrimônio dos entes federados, suas fundações e autarquias; conforme previstas nos artigos 54, trecho final do parágrafo único, e 58 da Lei 13.097.

Da mesma forma, se a verificação da certidão de matrícula atualizada fosse suficiente para levar as transações imobiliárias adiante e comprovar a boa-fé do adquirente, não teria a Lei 13.097, no artigo 59, mantido a apresentação das certidões fiscais ao tabelião de notas (art. 1º, parágrafo 2º, da Lei 7.433) para a lavratura de escrituras públicas envolvendo imóveis, sejam de compra e venda ou de constituição de direitos reais de garantia (e.g., hipoteca e alienação fiduciária de imóveis), mesmo que sem a necessidade de transcrever o seu inteiro teor.

É possível atestar, portanto, que o registro ou a averbação dos atos objeto do artigo 54 da Lei 13.097, se existente, visa simplesmente resguardar o direito do terceiro credor contra o proprietário do imóvel e, ao mesmo tempo, dar conhecimento da existência do referido ato ao terceiro adquirente ou novo credor do imóvel, na tentativa de evitar que se frustrem obrigações a serem assumidas pelo proprietário devedor.

Nesse sentido, destaca-se o trecho abaixo do relatório concedido pelo Tribunal de Justiça de São Paulo no âmbito do Agravo de Instrumento nº 2227855-14.2015.8.26.0000, Processo nº 1011349-98.2015.8.26.0602, na Comarca de Sorocaba, ao tratar sobre a averbação constante do inciso IV da Lei 13.097:

> [...] a medida não restringe o direito de propriedade, não inibe a fruição do bem ou sua livre alienação ou circulação no mercado, senão e unicamente assegura garantia ao direito deduzido pelo requerente, a ser objeto de decisão da causa. Seu objetivo é dar

ESTUDOS APLICADOS DE DIREITO EMPRESARIAL

a terceiros conhecimento da existência da demanda. Nada mais que isso.[36]

Da mesma forma, o juiz relator José Percival Albano Nogueira Júnior assim se posiciona acerca da averbação de ação envolvendo a aquisição de imóvel cuja titularidade encontra-se defasada no Cartório Registro de Imóveis competente em razão da insolvência do proprietário, entre outros motivos:

> [...] como medida de prudência, considero adequado que se dê conhecimento da existência desta ação junto à matrícula do imóvel, como forma de advertir eventuais terceiros interessados e para evitar que se frustre o cumprimento de eventual obrigação resultante deste feito.[37]

Considerando o caráter informativo do registro e/ou averbação dos atos previstos no artigo 54 da Lei 13.097 e a presunção relativa que rege o sistema registral brasileiro, é imprescindível ter conhecimento também de que "a ausência de anotação na matrícula não é garantia absoluta de toda segurança na opera-

---

[36] BRASIL. Tribunal de Justiça de São Paulo. Agravo de Instrumento n. 2227855-14.2015.8.26.0000. Agravante: Bercial Empreendimentos Ltda. Agravado: Condomínio Edilício Absoluto. Relator: Juiz João Carlos Saletti. Comarca: Sorocaba. Órgão Julgador: 10ª Câmara de Direito Privado. Data do julgamento: 29 mar. 2016. Disponível em: <https://esaj.tjsp.jus.br/cjsg/getArquivo.do?cdAcordao=9318599&cdForo=0&vlCaptcha=RDfjE>. Acesso em: 30 abr. 2017.

[37] BRASIL. Tribunal de Justiça de São Paulo. Agravo de Instrumento n. 2018216-19.2016.8.26.0000. Agravante: Hermann Grinfeld. Agravadas: Construtora e Incorporadora Atlântica e Outra. Relator: Juiz José Percival Albano Nogueira Júnior. Comarca: São Paulo. Órgão Julgador: 6ª Câmara de Direito Privado. Data do julgamento: 18 mar. 2016. Disponível em: <https://esaj.tjsp.jus.br/cjsg/getArquivo.do?cdAcordao=9297437&cdForo=0>. Acesso em: 30 abr. 2017.

ção imobiliária, seja pela relatividade da presunção proporcionada, seja pelas exceções comportadas"[38].
Na mesma linha de raciocínio, Luiz Antonio Savone Junior:

> Isso significa que se presume, de forma relativa, a higidez da transferência, modificação ou extinção do direito sobre o imóvel se não houver registro ou averbação do gravame ou constrição, mas não significa que não tenha havido fraude contra credores ou fraude à execução.[39]

A Lei 13.097, de fato, não facilitou, na prática, o processo de *due diligence* imobiliária – um dos objetivos constantes do item 65 da MP 656. Isso porque, com base nas exceções previstas na lei e descritas no decorrer deste trabalho, verifica-se que ainda é necessária a obtenção e a análise da extensa listagem de documentos do imóvel, de seu proprietário e do antecessor na titularidade da área nos últimos 10 (dez) anos – melhor detalhada no primeiro capítulo deste trabalho – para proporcionar a segurança jurídica necessária ao terceiro adquirente e comprovar a sua boa-fé objetiva.

Assim, apesar da Lei 13.097 ter reconhecido a importância do princípio da concentração de atos na matrícula, já perfumado na própria Lei de Registros Públicos, esta não alterou a profundidade da *due diligence* imobiliária. Na realidade, a Lei 13.097 apenas tentou intensificar, de forma bastante desorganizada e confusa, a proteção ao adquirente de boa fé em detrimento do credor/terceiro sem cautela, que não registra ou averba sua

---

[38] BRESOLIN, Umberto Bara. MP 656 cria falsa sensação de segurança. **Valor Econômico**, 7 nov. 2014. Caderno Legislação e Tributos. Disponível em: <http://www.valor.com.br/legislacao/3770416/mp-656-cria-falsa-sensacao-de-seguranca>. Acesso em: 21 mai. 2016.

[39] SCAVONE JUNIOR, Luiz Antonio. Direito Imobiliário: Teoria e Prática. 9. ed.. Rio de Janeiro: Forense, 2015, p. 714. ISBN 978-85-309-6057-5.

pretensão na matrícula imobiliária do devedor, e que deverá comprovar má-fé do adquirente caso seja necessário.

Nas palavras de Luiz Antonio Scavone Junior, a Lei 13.097, resultado da conversão da MP 656, "apenas ratifica aquilo que há muito se entende em razão da Súmula 375 do Superior Tribunal de Justiça"[40] e não prevê, em nenhum momento, a desnecessidade de serem analisados os documentos ditos como essenciais para satisfação da *due diligence* imobiliária de aquisição e/ou oneração de imóveis no país.

Ultrapassados os questionamentos feitos no início deste item, sem a intenção de firmar respostas exatas como as únicas possíveis para o tema, analisemos linha a linha as "contribuições" trazidas nos incisos do artigo 54 da Lei 13.097.

O legislador, ao redigir os incisos I e II do artigo 54 da Lei 13.097, nada mais fez do que repetir a possibilidade de registro de citações de ações reais ou pessoais reipersecutórias, e de averbação do ajuizamento de ação de execução ou de fase de cumprimento de sentença[41] na matrícula imobiliária, não trazendo novidades ao mundo jurídico. Isso porque, tais hipóteses já tinham previsão nos artigos 167, I, item 21, da Lei de Registros Públicos e 615-A, caput, do Código de Processo Civil (art. 828, caput, do Novo Código de Processo Civil), conforme transcritos abaixo para conhecimento, *in verbis*:

> Art. 167. No Registro de Imóveis, além da matrícula, serão feitos. (Renumerado do art. 168 com nova redação pela Lei nº 6.216, de 1975).
>
> I – o registro: (Redação dada pela Lei nº 6.216, de 1975).

---

[40] Idem 39.

[41] Neste inciso, a única contribuição da Lei 13.097 parece ter sido a inclusão da possibilidade de averbação na matrícula imobiliária das constrições judiciais que envolvem aquele imóvel, apesar de muitos já entenderem que a averbação destas já estaria englobada nas hipóteses do artigo 167 da Lei de Registros Públicos.

CONCENTRAÇÃO DOS ATOS NA MATRÍCULA: IMPLICAÇÕES NA *DUE...*

21) das citações de ações reais ou pessoais reipersecutórias, relativas a imóveis.

Art. 615-A. O exequente poderá, no ato da distribuição, obter certidão comprobatória do ajuizamento da execução, com identificação das partes e valor da causa, para fins de averbação no registro de imóveis, registro de veículos ou registro de outros bens sujeitos à penhora ou arresto. (Incluído pela Lei nº 11.382, de 2006).

Art. 828. O exequente poderá obter certidão de que a execução foi admitida pelo juiz, com identificação das partes e do valor da causa, para fins de averbação no registro de imóveis, de veículos ou de outros bens sujeitos a penhora, arresto ou indisponibilidade.

Por sua vez, o inciso III do artigo 54, que trata da averbação de restrições e indisponibilidades atreladas ao imóvel, parece não ter trazido também muitas contribuições à prática imobiliária. Apesar de não haver anteriormente previsão específica na Lei de Registros Públicos acerca da possibilidade de registro e/ou averbação de tais fatos, já era possível a sua identificação nas matrículas dos diversos imóveis espalhados pelo Brasil.

Sendo assim, a única contribuição da Lei 13.097 para a concentração de atos na matrícula parece ter sido mesmo a averbação de qualquer tipo de ação cujos resultados ou responsabilidade patrimonial possam reduzir o proprietário do imóvel à insolvência, de forma a caracterizar a fraude à execução objeto do artigo 593, II, do Código de Processo Civil (art. 54, IV, da Lei 13.097). Entretanto, ver-se-á em maiores detalhes no próximo capítulo que referida contribuição não parece ter durado muito, tendo em vista que foi publicado o Novo Código de Processo Civil ainda em 2015, normativa esta que prejudicou a correspondência entre os dispositivos mencionados.

Diante das reflexões emanadas acima, parece ter sido constatado pelo mercado imobiliário e pelos profissionais da área que, ao dispor sobre as hipóteses de aplicabilidade da concentração de atos na matrícula, a Lei 13.097: *(i)* não alterou o processo de *due diligence* imobiliária; *(ii)* repetiu situações já abarcadas por outras legislações; *(iii)* ratificou a presunção relativa de veracidade dos atos e fatos registados e/ou averbados, sujeitos portanto à prova em contrário; e *(iv)* reforçou o entendimento consubstanciado na Súmula nº 375 do Superior Tribunal de Justiça, ficando o credor obrigado, caso necessário, a comprovar a má-fé do terceiro adquirente em caso de inexistência de registro ou averbação de gravame ou constrição, mediante a análise dos documentos imobiliárias e certidões do proprietário e antecessores que foram obtidos pelo terceiro de boa-fé previamente à aquisição ou oneração do imóvel.

3. Fraude à Execução: a Interpretação do Inciso IV do Artigo 54 da Lei 13.097 Frente à Publicação do Novo Código de Processo Civil

3.1. Inciso IV do Artigo 54 da Lei 13.097 versus Inciso IV do Novo Código de Processo Civil: Possibilidades de Interpretação

O inciso IV do artigo 54, tido neste estudo como uma das poucas contribuições da Lei 13.097 no que se refere ao princípio da concentração de atos na matrícula, trata da averbação, na matrícula imobiliária, de qualquer ação cujo resultado ou responsabilidade patrimonial tenha o condão de levar o proprietário do imóvel à insolvência, desde que tenha sido obtida, pelo interessado, decisão judicial para tanto.

Como se pode observar pela leitura do abaixo transcrito, tal dispositivo trouxe incorporado o entendimento já consubstanciado na Súmula 375 do Superior Tribunal de Justiça e na larga maioria dos julgados proferidos pelos nossos tribunais, no que tange à necessidade de registro da penhora na matrícula imobiliária. Isso porque, previu expressamente a necessidade de

CONCENTRAÇÃO DOS ATOS NA MATRÍCULA: IMPLICAÇÕES NA *DUE*...

averbação da situação em comento no Cartório de Registro de Imóveis competente:

> Art. 54. [...]
> IV – averbação, mediante decisão judicial, da existência de outro tipo de ação cujos resultados ou responsabilidade patrimonial possam reduzir seu proprietário à insolvência, nos termos do inciso II do art. 593 da Lei no 5.869, de 11 de janeiro de 1973 – Código de Processo Civil.

Antes de prosseguir, vale esclarecer que apesar do disposto no artigo 54, inciso IV, da Lei 13.097 fundamentar-se e fazer referência expressa ao inciso II do artigo 593 do Código de Processo Civil de 1973, que dispunha sobre uma das hipóteses de caracterização do instituto da fraude à execução, verifica-se que sua redação contribuiu positivamente ao mercado imobiliário pelo fato de ter positivado a exigência de averbação destas ações à margem da matrícula. Segue abaixo transcrito o texto do revogado artigo 593, inciso II, do Código de Processo Civil, para fins de comparação com o conteúdo do inciso IV do artigo 54 da Lei 13.097:

> Art. 593. Considera-se em fraude de execução a alienação ou oneração de bens:
> II – quando, ao tempo da alienação ou oneração, corria contra o devedor demanda capaz de reduzi-lo à insolvência.

Dito isso, nota-se que com a publicação do Novo Código de Processo Civil, o conteúdo do artigo 593, inciso II, do Código de Processo Civil, não foi alterado e, portanto, a necessidade de *averbação* de ações com este condão não foi incluída como requisito necessário para configuração desta hipótese de fraude à execução. Ou seja, o inciso IV do artigo 792 do Novo Código de

Processo Civil (nova redação do inciso II do art. 593 do Código de Processo Civil) parece não ter seguido, por alguma razão, as disposições da Lei 13.097 e da Súmula 375 do Superior Tribunal de Justiça, conforme depreende-se da sua redação abaixo destacada, *in verbis*:

> Art. 792. A alienação ou a oneração de bem é considerada fraude à execução:
> IV – quando, ao tempo da alienação ou da oneração, tramitava contra o devedor ação capaz de reduzi-lo à insolvência.

Ora, o entendimento e a aplicação pelos profissionais do Direito do artigo 54, inciso IV, da Lei 13.097, bem como o seu julgamento pelos juízes e demais integrantes do Poder Judiciário, ficaram prejudicados com o advento do Novo Código de Processo Civil, especialmente o disposto no artigo 792, inciso IV. Vale dizer, em face da aparente desarmonia descrita acima, pela ausência do termo "averbação", há juristas que defendem a incompatibilidade do inciso IV do artigo 792 do Novo Código de Processo Civil com o inciso IV do artigo 54 da Lei 13.097, ao passo que outros sustentam que tais dispositivos deveriam ser lidos conjuntamente, entre outros posicionamentos.

Diante disso, serão debatidas a seguir as seguintes alternativas de interpretação desta aparente desarmonia entre os dispositivos que integram o objeto deste capítulo: *(i)* não recepção do princípio da concentração de atos na matrícula pelo Novo Código de Processo Civil, e especial deslize e falta de zelo do legislador ao não compatibilizar as disposições do artigo 54, inciso IV, da Lei 13.097 quando da redação do artigo 792, inciso IV, do Novo Código de Processo Civil; e *(ii)* destinação do previsto no inciso IV do artigo 792 do Novo Código de Processo Civil para os casos de imóveis não sujeitos a registro, permanecendo necessária a averbação dos atos descritos no artigo

792 do Novo Código de Processo Civil para a configuração da fraude à execução.

A primeira das alternativas de interpretação parece não prosperar. Isso porque, mediante a verificação do conteúdo dos demais incisos do artigo 792 do Novo Código de Processo Civil (exceto o inciso V, que trata das demais hipóteses legais, que devem ser analisadas individualmente), há de se atestar que o legislador considerou a averbação dos atos ali elencados como requisito necessário à caracterização da fraude à execução. Faz--se referência ao conteúdo integral do caput e incisos do artigo 792, com os devidos grifos:

> Art. 792. A alienação ou a oneração de bem é considerada fraude à execução:
>
> I – quando sobre o bem pender ação fundada em direito real ou com pretensão reipersecutória, *desde que a pendência do processo tenha sido averbada no respectivo registro público*, se houver;
>
> II – *quando tiver sido averbada, no registro do bem*, a pendência do processo de execução, na forma do art. 828;
>
> III – *quando tiver sido averbado, no registro do bem*, hipoteca judiciária ou outro ato de constrição judicial originário do processo onde foi arguida a fraude;
>
> IV – quando, ao tempo da alienação ou da oneração, tramitava contra o devedor ação capaz de reduzi-lo à insolvência;
>
> V – nos demais casos expressos em lei.

Nesse sentido, Alexandre Junqueira Gomide e Roberta Resende defendem que a referida alternativa não seria possível, por ser contra todo o sistema jurídico e jurisprudencial construído nos últimos anos acerca da concentração de atos na matrícula para fins de outorgar maior segurança jurídica ao terceiro adquirente de boa-fé, conforme depreende-se do trecho abaixo:

Não parece haver justificativa para tal interpretação, ainda que à primeira vista, exsurja tal temor. O entendimento acerca da fraude à execução consolidado na lei 13.097/15, repita-se, não foi fruto do acaso, tampouco do adoçamento; pelo contrário, nasceu do trabalho diuturno dos operadores do Direito, de lento amadurecimento do tema no seio da comunidade jurídica, e tramitou paralelamente ao novo CPC – notem a proximidade da data de suas publicações, quase contemporâneas. Nesse cenário, não se poderia admitir um retorno ao *status quo ante*, sem justificativa; as discussões que fundamentam a redação dos artigos 54 e 55 da lei 13.097/15 são recentes, expressam entendimento amplamente debatido, e como tal, merecem ser prestigiadas.[42]

Da mesma forma, Leonardo Brandelli, em seu artigo sobre publicidade registral como mecanismo essencial na fraude à execução imobiliária, exalta que "se não for dada a conhecer a situação processual a terceiro que venha a adquirir certo bem, e este agir de boa-fé, deve ser a aquisição mantida e a boa-fé tutelada"[43]. Ainda, destaca-se o trecho abaixo do artigo de Leonardo Brandelli sobre o assunto:

> Na medida em que a relação processual é uma relação jurídica que somente pode produzir efeitos *inter partes*, e na medida em que certos atos processuais, acompanhados de outros requisitos, podem levar à existência da fraude à execução, afetando a um

---

[42] GOMIDE e RESENDE, Alexandre Junqueira e Roberta. Fraude à execução: lei 13.097/15 versus novo CPC. Retrocessos na defesa do terceiro adquirente de boa-fé? **Migalhas.** São Paulo, 2 mai. 2016. Disponível em: <http://www.migalhas.com.br/dePeso/16%2cMI238419%2c21048-Fraude+a+execucao+lei+1309715+versus+novo+CPC+Retrocessos+na+defesa>. Acesso em: 7 mai. 2017.

[43] BRANDELLI, Leonardo. Fraude à execução imobiliária e a publicidade registral no novo CPC. **Direito Registral e o Novo Código de Processo Civil.** Rio de Janeiro: Forense, 2016, 83 – 110. p. 84. ISBN 978-85-309-7170-0.

CONCENTRAÇÃO DOS ATOS NA MATRÍCULA: IMPLICAÇÕES NA *DUE...*

terceiro que não participa da relação processual, e que, portanto, não tem dever de conhecer seu teor, o Direito deve preocupar-se fortemente com a publicidade registral dos atos processuais que digam respeito a bens imóveis.[44]

Dessa forma, de fato não prospera o argumento de que o Novo Código de Processo Civil não teria recepcionado o princípio da concentração de atos na matrícula e as disposições sobre o tema previstas na Lei 13.097. Além disso, alegar que o legislador teria sido relapso ao não incluir a necessidade de averbação da ação que tramitada contra o devedor capaz de leva-lo à insolvência quando da alienação ou oneração do bem também não é coerente. Isso porque, seria ilógico prever a averbação nos demais incisos e excluir apenas um único dispositivo – isso desconstruiria a positivação do princípio da concentração de atos na matrícula.

Diante disso, o que parece fazer mais sentido é a segunda alternativa: o legislador ter destinado o disposto no inciso IV do artigo 792 do Novo Código de Processo Civil aos bens não sujeitos a registro.

Inclusive, o conteúdo do parágrafo segundo do artigo 792, cuja redação encontra-se em destaque abaixo, dá fortes indícios de que esta seria a intenção do legislador, por ter este previsto a necessidade de adoção das cautelas necessárias para aquisição de bens não sujeitos a registro, mediante a obtenção e análise de certidões emitidas no domicílio do proprietário:

> Art. 792. [...]
> §2º No caso de aquisição de bem não sujeito a registro, o terceiro adquirente tem o ônus de provar que adotou as cautelas necessárias para a aquisição, mediante a exibição das certidões

---

[44] Idem 43, p. 84.

pertinentes, obtidas no domicílio do vendedor e no local onde se encontra o bem.

Leonardo Brandelli é adepto de tal entendimento e discorre que, se assim não fosse, não faria sentido algum exigir a publicidade registral imobiliária, ou seja, a averbação das hipóteses descritas nos incisos I a III do artigo 792 na matrícula imobiliária:

> O inciso IV deve ser interpretado conjuntamente com o §2º do mesmo art. 792, o qual dispõe que na hipótese de "aquisição de bem não sujeito a registro, o terceiro adquirente tem o ônus de provar que adotou as cautelas necessárias para a aquisição, mediante a exibição das certidões pertinentes, obtidas no domicílio do vendedor e no local onde se encontra o bem".[45]

Assim, pela verificação conjunta do inciso IV e do parágrafo segundo do artigo 792 do Novo Código de Processo Civil, poder-se-ia afirmar que o inciso IV do artigo 792, se interpretado como aplicável a *bens sujeitos a registro,* iria contra a Súmula 375 do Superior Tribunal de Justiça e o princípio da concentração de atos na matrícula, e, portanto, deve ser aplicado ao terceiro adquirente de *bens não sujeitos a registro,* que deverá analisar as certidões emitidas na comarca do proprietário para comprovar a sua boa-fé objetiva previamente à conclusão do negócio.

Diante desta interpretação, é necessário esclarecer que, para bens sujeitos a registro, prevalece a regra já objeto da Súmula 375 do Superior Tribunal de Justiça e do disposto no inciso IV do artigo 54 da Lei 13.097, sendo a averbação da situação em comento necessária e, caso não exista, a má-fé do terceiro adquirente deverá ser comprovada pelo credor interessado.

---

[45] Idem 43, p. 102.

José Miguel Garcia Medina dispõe em sua obra que, apesar do Novo Código de Processo Civil não ter previsto expressamente a necessidade de averbação de ação capaz de reduzir o devedor à insolvência ao tempo da alienação ou da oneração na matrícula do imóvel no inciso IV do artigo 792, tais situações devem seguir as previsões do artigo 54, inciso IV, e demais artigos da Lei 13.097 sobre o assunto, sendo a averbação, portanto, necessária para caracterizar a fraude à execução quando tratar-se de bens imóveis sujeitos a registro. Observa-se o trecho abaixo:

> O CPC/2015, assim, em consonância com a Lei 13.097/2015, optou por proteger os interesses do terceiro que venha a adquirir bens do executado, exigindo, nos casos que o bem se sujeito a registro, a averbação da pendência do processo ou do ato constitutivo para que a alienação ou oneração do bem possa ser considerada em fraude à execução.[46]

Na mesma linha, Angélica Arruda Alvim, Araken de Assis, Eduardo Arruda Alvim e George Salomão Leite, coordenadores de obra "Comentários ao Código de Processo Civil", juntamente com outros autores, comentam o inciso IV do artigo 792 do Novo Código Civil e expressam que permanecem vigentes as regras originárias da Súmula 375 do Superior Tribunal de Justiça e da Lei 13.097, por mais que não estejam repetidas no inciso em comento:

> O inc. IV esclarece que, independentemente de averbação no registro próprio, serão considerados fraude à execução os atos de

---

[46] MEDINA, José Miguel Garcia. Direito processual civil moderno. 2. ed. rev. atual. e ampl. São Paulo: Editora Revista dos Tribunais, 2016. p. 1022. ISBN 978-85-203-6938-8.

alienação ou oneração praticados ao tempo em que tramitada contra o devedor ação capaz de reduzi-lo à insolvência. Nesses casos, é imprescindível a citação do devedor em data anterior à alienação do bem e a má-fé do adquirente. A orientação do STJ, firmada em sede de recurso repetitivo (REsp 956.943/PR/DJe 1º/12/2014) ainda na vigência do CPC revogado e que deve ser mantida é a seguinte: 1.1. É indispensável citação válida para configuração da fraude de execução, salvo quando tiver havido a averbação de que tratam os incs. I, II e III. 1.2. O reconhecimento da fraude de execução depende do registro da penhora do bem alienado ou da prova de má-fé do terceiro adquirente (Súmula 375/STF). 1.3. A presunção de boa-fé é princípio geral de direito universalmente aceito, sendo milenar a parêmia: a boa-fé se presume; a má-fé se prova. 1.4. Inexistindo registro da penhora na matrícula do imóvel, é do credor o ônus da prova de que o terceiro adquirente tinha conhecimento de demanda capaz de levar o alienante à insolvência. O terceiro adquirente, se não for provada a sua má-fé, pode afastar a constrição que venha recair sobre o bem.[47]

Por fim, apesar de ser a alternativa mais viável, vale dizer que esta interpretação também abre outra lacuna interpretativa: o fato do legislador prever que o adquirente de bens não sujeitos a registro deve comprovar a sua boa-fé mediante a exibição das certidões pertinentes emitidas na comarca de domicílio do vendedor e no local do bem exime o terceiro adquirente de bens imóveis sujeitos a registro de realizar tal análise?

Diante das discussões e reflexões levantadas neste trabalho, a resposta para o questionamento feito no parágrafo acima parece ser: definitivamente não. Mais uma vez, o legislador parece ter

---

[47] ALVIM, Angélica Arruda Alvim. Et al. Comentários ao código de processo civil. Outros autores: Araken de Assis, Eduardo Arruda Alvim e George Salomão Leite. São Paulo: Saraiva, 2016. p. 909 – 910. ISBN 978-85-02-63813-6.

CONCENTRAÇÃO DOS ATOS NA MATRÍCULA: IMPLICAÇÕES NA *DUE*...

vacilado na redação de dispositivo legal e na falta de interligação com as normativas existentes, especialmente o princípio da concentração de atos na matrícula objeto da própria Lei 13.097.

3.2. Desarmonia ou Necessidade de Harmonização?

A fim de buscar uma solução para o aparente conflito das normas constantes confrontadas neste capítulo, com a publicação do Novo Código de Processo Civil, infelizmente chega-se à conclusão de que o legislador, de fato, causou uma desarmonia entre o inciso IV do artigo 54 da Lei 13.097 e o inciso IV do artigo 792 do Novo Código de Processo Civil. Não há, portanto, como ignorar esta desarmonia aparente.

Porém, de forma a fazer valer o trabalho dispendido por juristas, juízes e atuantes do mercado imobiliário nos últimos anos para construir, entre outras, a tese do terceiro adquirente de boa-fé atrelada ao princípio da concentração de atos na matrícula, referida desarmonia deve ser harmonizada com outros dispositivos e normas já existentes em nosso sistema jurídico, sem prejuízo de correções expressas posteriormente.

Diante do estudo das alternativas descritas no item anterior e considerando a finalidade pretendida com a positivação do princípio da concentração de atos na matrícula, bem como o conceito de terceiro adquirente de boa-fé objeto da Súmula 375 do Superior Tribunal de Justiça, pretende-se com este trabalho sustentar que: *(i)* o inciso IV do artigo 792 do Código de Processo Civil deve ser aplicado para bens não sujeitos a registro, respeitando as regras do parágrafo segundo do mesmo dispositivo, que tratam da necessidade de adoção das cautelas necessárias pelo terceiro adquirente de imóveis não sujeitos a registro, mediante a análise das certidões pertinentes, obtidas no domicílio do proprietário e no local onde se encontra o bem; e *(ii)* o previsto no inciso IV do artigo 54 da Lei 13.097 deve ser respeitado e prevalecer para bens sujeitos a registro, não sendo aplicado o artigo 792, inciso IV, do Novo Código de Processo Civil nestes casos.

Dessa forma, é evidente que houve desarmonia e os dispositivos em análise padecem de harmonização.

4. Considerações Finais

Apesar de anteriormente estar previsto de forma implícita em legislações esparsas de nosso ordenamento jurídico, o princípio da concentração de atos na matrícula foi expressamente positivado nos artigos 54 a 62 da Lei 13.097, com redação que careceu de revisão mais cuidadosa e atenta do legislador. Com a publicação da Lei 13.097, a eficácia de determinados atos e fatos foi expressamente condicionada ao registro ou à averbação na matrícula imobiliária.

Os objetivos do legislador com a publicação da Lei 13.097, dentre os quais merecem destaque a simplificação do processo de *due diligence* imobiliária e a concessão de maior segurança jurídica às operações imobiliárias de aquisição e oneração de imóveis no país respaldada na simples consulta da matrícula atualizada do imóvel, são inteligentes e visam um sistema jurídico registral mais eficiente. Entretanto, parece que estes objetivos não foram alcançados em sua integralidade por diversos motivos.

Como defendido e demonstrado no decorrer deste trabalho, a publicação da Lei 13.097 não alterou o processo de *due diligence* imobiliária, de forma que o excessivo rol de documentos e informações do imóvel, do proprietário e dos antecessores na titularidade deste nos últimos 10 (dez) anos continua sendo recomendado pelo mercado imobiliário como um passo prévio e essencial à consecução de transações de aquisição e oneração, de forma a identificar, mensurar e endereçar riscos. Ou seja, para alcançar a chamada "segurança jurídica", ainda considera-se prudente que o adquirente ou credor de um imóvel realize a tradicional *due diligence* imobiliária.

Por outro lado, apesar de já existir entendimento consolidado nos tribunais de nosso país nesse sentido, não há que se negar que a Lei 13.097 reforçou o previsto na Súmula nº 375 do Superior Tribunal de Justiça, ficando a cargo do credor a prova da má-fé do terceiro adquirente em caso de inexistência de registro ou averbação de gravame ou constrição na matrícula imobiliária. Com isso, há a sensação de maior segurança jurídica ao terceiro adquirente, mas que não o isenta de conduzir uma *due diligence* imobiliária prévia, pelas razões debatidas nos capítulos anteriores deste trabalho.

Além disso, com o advento do Novo Código de Processo Civil, que ocorreu posteriormente à publicação da Lei 13.097, outra questão envolvendo a concentração de atos na matrícula foi levantada, qual seja: a aparente desarmonia entre os incisos IV do artigo 54 da Lei 13.097 e IV do artigo 792 do Novo Código de Processo Civil, ao tratarem de uma das hipóteses de caracterização do instituto processual da fraude à execução.

Com base nas reflexões aqui levantadas, sustenta-se que o previsto no inciso IV do artigo 54 da Lei 13.097 deve ser respeitado e prevalecer para bens sujeitos a registro, não sendo aplicado o artigo 792, inciso IV, do Novo Código de Processo Civil nestas hipóteses. Assim, defende-se como necessária para caracterização da fraude à execução a averbação na matrícula imobiliária (e não apenas a mera existência) de ações capazes de reduzir o proprietário do imóvel à insolvência. Se assim não fosse, teria sido em vão a positivação do princípio da concentração de atos na matrícula, respaldada no entendimento consubstanciado na Súmula 375 do Superior Tribunal de Justiça.

Diante do acima, o inciso IV do artigo 792 do Código de Processo Civil deve ser destinado aos bens não sujeitos a registro e interpretado em conjunto com as regras do parágrafo segundo do mesmo artigo, que apontam como cautela necessária a análise, pelo terceiro adquirente de boa-fé, das certidões pertinentes obtidas no domicílio do vendedor e no local onde se localiza o bem.

Apesar de defender-se a alternativa acima, por ser a mais lógica e objetiva dentre as existentes até o momento, não se nega que mais uma vez a redação da Lei 13.097 não foi conectada e atenta às demais regras existentes. Isso porque, ao indicar que o terceiro adquirente de bens não sujeitos a registro deve provar a sua boa-fé mediante a exibição de certidões pertinentes, abriu margem à interpretação de que o adquirente de bens sujeitos a registro não precisaria conduzir uma *due diligence* imobiliária.

Porém, como aqui exposto, dizer que a positivação do princípio da concentração de atos na matrícula exime o adquirente de bens sujeitos a registro da realização de uma *due diligence* imobiliária seria um contrassenso, sendo, portanto, aparente a necessidade de reparo esclarecedor na legislação que trata sobre este tema.

Referências

ALVIM, Angélica Arruda Alvim. Et al. *Comentários ao código de processo civil.* Outros autores: Araken de Assis, Eduardo Arruda Alvim e George Salomão Leite. São Paulo: Saraiva, 2016. 1248 p. ISBN 978-85-02-63813-6.

AMARAL, Francisco. *Direito Civil: Introdução.* 8. ed. Rio de Janeiro: Renovar, 2014. 741 p. ISBN 978-857-147-879-4.

ARAUJO, Juliana Rubiniak. *Concentração de atos na matrícula e fraude de execução.* Operações Imobiliárias: Estruturação e Tributação. São Paulo: Saraiva, 2016, p. 309 – 328. ISBN 978-85.742-0258-3.

BRANDELLI, Leonardo. *Fraude à execução imobiliária e a publicidade registral no novo CPC.* Direito Registral e o Novo Código de Processo Civil. Rio de Janeiro: Forense, 2016, p. 83-110. ISBN 978-85-309-9170-0.

BRESOLIN, Umberto Bara. *MP 656 cria falsa sensação de segurança.* Valor Econômico, 7 nov. 2014. Caderno Legislação e Tributos. Disponível em: <http://www.valor.com.br/legislacao/3770416/mp-656-cria-falsa-sensacao-de-seguranca>. Acesso em: 21 mai. 2016.

DINIZ, Maria Helena. *Curso de direito civil brasileiro*, volume 4: direito das coisas. 27. ed. São Paulo: Saraiva, 2012. 674 p. ISBN 978-85-02-14335-7.

GOMES, Daniel Cardoso. *Cautelas na aquisição de bens imóveis*. Operações Imobiliárias: Estruturação e Tributação. São Paulo: Saraiva, 2016, p. 212 – 230. ISBN 978-85-472-0258-3.

GOMIDE e RESENDE, Alexandre Junqueira e Roberta. *Fraude à execução: lei 13.097/15 versus novo CPC*. Retrocessos na defesa do terceiro adquirente de boa-fé? Migalhas. São Paulo, 2 mai. 2016. Disponível em: <http://www.migalhas.com.br/dePeso/16%2cMI238419%2c21048-Fraude+a+execucao+lei+1309715+versus+novo+CPC+Retrocessos+na+defesa>. Acesso em: 7 mai. 2017

GOMIDE e RESENDE, Alexandre Junqueira e Roberta. *Aquisição de imóveis no novo CPC*. Valor Econômico, 18 mai. 2016. Caderno Legislação e Tributos / pg.E2. Disponível em: <http://www.valor.com.br/legislacao/4567815/aquisicao-de-imoveis-no-novo-cpc>. Acesso em: 21 mai. 2016.

GROTTI e SILVA, Franco Musetti e Fábio Rocha Pinto. *Os efeitos da lei 13.097/15 na publicidade, na validade e na eficácia dos negócios imobiliários*. Migalhas. São Paulo, 2 mar. 2015. Disponível em: "http://www.migalhas.com.br/dePeso/16,MI216341,41046-Os+efeitos+da+lei+1309715+na+publicidade+na+validade+e+na+eficacia". Acesso em: 21 mai. 2016.

MEDINA, José Miguel Garcia. *Direito processual civil moderno*. 2. ed. rev. atual. e ampl. São Paulo: Editora Revista dos Tribunais, 2016. 1740 p. ISBN 978-85-203-6938-8.

MORSELLO, Marco Fábio. *Da boa-fé nas fases pré e pós-contratuais no direito brasileiro*. Direito dos Contratos II. São Paulo: Quartier Latin, 2008. p. 295 – 310. ISBN 85-7674-321-3.

PETINELLI VIEIRA COUTINHO, Fabrício. *O significado e as diferenças entre as ações reais ou pessoais reipersecutórias*. Âmbito Jurídico, Rio Grande, XII, n. 67, ago 2009. Disponível em: "http://www.ambito-juridico.com.br/site/index.php?n_link=revista_artigos_leitura&artigo_id=6487". Acesso em 26 mar. 2017.

PRIETO e VITALE, Daniela Truzzi e Olivar. *Estudo da documentação imobiliária*. Estudos avançados de direito imobiliário. Coordenação José Roberto Neves Amorim, Rubens Carmo Elias Filho. 1. ed.. Rio de Janeiro: Elsevier, 2014. p. 19 – 34. ISBN 978-85-352-7692-3.

SCAVONE JUNIOR, Luiz Antonio. *Direito Imobiliário*: Teoria e Prática. 9. ed.. Rio de Janeiro: Forense, 2015, 1656 p. ISBN 978-85-309-6057-5.

SILVA, Bruno Mattos e. *Compra de Imóveis: aspectos jurídicos, cautelas devidas e análise de riscos*. 10. ed. São Paulo: Atlas, 2015. 446 p. ISBN 978-85-224-9280-0.

ESTUDOS APLICADOS DE DIREITO EMPRESARIAL

Legislação e Jurisprudência

Legislação

BRASIL. *Lei Federal nº 5.172 de 25 out. 1966*. Palácio do Planalto Presidência da República, Brasília, DF, 25 out. 1966. Disponível em: "http://www.planalto.gov.br/ccivil_03/leis/L5172Compilado.htm". Acesso em: 9 abr. 2017.

BRASIL. *Lei nº 5.869 de 11 jan. 1973*. Código de Processo Civil, revogado pela Lei nº 13.105/2015. Palácio do Planalto Presidência da República, Brasília, DF, 11 jan. 1973. Disponível em: "http://www.planalto.gov.br/ccivil_03/leis/L5869.htm". Acesso em: 25 mai. 2016.

BRASIL. *Lei nº 6.015 de 31 dez. 1973*. Lei de Registros Públicos. Palácio do Planalto Presidência da República, Brasília, DF, 31 dez. 1973. Disponível em: "http://www.planalto.gov.br/ccivil_03/leis/L6015compilada.htm". Acesso em: 23 fev. 2017.

BRASIL. *Lei Federal nº 7.433 de 18 dez. 1985*. Palácio do Planalto Presidência da República, Brasília, DF, 18 dez. 1985. Disponível em: "http://www.planalto.gov.br/ccivil_03/leis/L7433.htm". Acesso em: 9 abr. 2017.

BRASIL. *Lei nº 9.514 de 20 nov. 1997*. Sistema de Financiamento Imobiliário, Alienação Fiduciária de Coisa Imóvel, entre outros. Palácio do Planalto Presidência da República, Brasília, DF, 20 nov. 1997. Disponível em: "http://www.planalto.gov.br/ccivil_03/leis/L9514.htm". Acesso em: 23 fev. 2017.

BRASIL. *Lei nº 10.406 de 10 jan. 2002*. Institui o Código Civil. Palácio do Planalto Presidência da República, Brasília, DF, 10 jan. 2002. Disponível em: "http://www.planalto.gov.br/ccivil_03/leis/2002/l10406.htm". Acesso em: 25 fev. 2017.

BRASIL. *Medida Provisória nº 656 de 7 out. 2014*. Palácio do Planalto Presidência da República, Brasília, DF, 12 set. 2014. Disponível em: "http://www.planalto.gov.br/ccivil_03/_ato2011-2014/2014/Mpv/mpv656.htm". Acesso em: 22 mar. 2017.

BRASIL. *Lei nº 13.097 de 19 jan. 2015*. Concentração de atos nas matrículas, entre outros. Palácio do Planalto Presidência da República, Brasília, DF, 19 jan. 2015. Disponível em: "http://www.planalto.gov.br/ccivil_03/_Ato2015-2018/2015/Lei/L13097.htm". Acesso em: 22 mar. 2017.

BRASIL. *Lei nº 13.105 de 16 mar. 2015*. Código de Processo Civil. Palácio do Planalto Presidência da República, Brasília, DF, 16 mar. 2015. Disponível em: "http://www.planalto.gov.br/ccivil_03/_ato2015-2018/2015/lei/l13105.htm". Acesso em: 25 mai. 2016.

CONCENTRAÇÃO DOS ATOS NA MATRÍCULA: IMPLICAÇÕES NA *DUE...*

Jurisprudência

BRASIL. Tribunal de Justiça de São Paulo. *Agravo de Instrumento n. 2227855-14.2015.8.26.0000*. Agravante: Bercial Empreendimentos Ltda. Agravado: Condomínio Edilício Absoluto. Relator: Juiz João Carlos Saletti. Comarca: Sorocaba. Órgão Julgador: 10ª Câmara de Direito Privado. Data do julgamento: 29 mar. 2016. Disponível em: <https://esaj.tjsp.jus.br/cjsg/getArquivo.do?cdAcordao=9318599&cdForo=0&vlCaptcha=RD fjE>. Acesso em: 30 abr. 2017.

BRASIL. Tribunal de Justiça de São Paulo. *Agravo de Instrumento n. 2018216-19.2016.8.26.0000*. Agravante: Hermann Grinfeld. Agravadas: Construtora e Incorporadora Atlântica e Outra. Relator: Juiz José Percival Albano Nogueira Júnior. Comarca: São Paulo. Órgão Julgador: 6ª Câmara de Direito Privado. Data do julgamento: 18 mar. 2016. Disponível em: <https://esaj.tjsp.jus.br/cjsg/getArquivo.do?cdAcordao=9297437&cdForo=0>. Acesso em: 30 abr. 2017.

Aspectos Práticos da Fase Pré-Contratual

RICARDO AMADEU SASSI FILHO

Introdução

A formação do vínculo contratual no direito brasileiro possui fundamento no consentimento e na confiança das partes, tudo resguardado pelo princípio da autonomia da vontade e liberdade contratual, segundo os quais todos são livres para contratar e ninguém será obrigado a se vincular a outrem contra a sua vontade.

Neste sentido, como resultado da convergência de duas ou mais vontades de alguma forma exteriorizadas, surge o vínculo contratual. Na prática, isto pode ser notado quando uma das partes expressa o seu consentimento, de forma a aceitar, sem qualquer alteração de condições, o objeto proposto pela outra parte. A relevância de se caracterizar o momento em que o contrato é concluído encontra razão no fato de que, é a partir deste ponto, que as declarações de vontade emanadas passam a ter caráter obrigacional, impondo às partes direitos e deveres preestabelecidos.

Embora a formação de uma relação contratual possa efetivamente ocorrer da maneira descrita acima, é certo que, na prática, a maioria dos contratos são precedidos de conversações e negociações entre as partes que integram o período da denominada fase pré-contratual ou fase pré-negocial. Assim, partindo-se da teoria da formação progressiva do contrato serão apresentados os seus estágios de formação, que se inicia com as sondagens e se estende até a aceitação da proposta.

O artigo apresentará uma análise econômica da fase pré--contratual, já que se trata de período importante para a boa formação do contrato, sobretudo os que envolvem grande interesse econômico. Isso porque, é através das negociações que as partes simetrizam informações, identificam e alocam riscos e preestabelecem responsabilidades. Tudo isso, contribui para a redução das incertezas inerentes a qualquer negócio jurídico, trazendo significativa eficiência econômica à transação e proporcionando ganhos a ambas as partes envolvidas.

Delimitado o período pré-contratual e analisada a sua função econômica para os contratos, o artigo se aprofundará no estágio compreendido pelas negociações preliminares, no qual a relação dos negociantes é mais intensa, podendo despertar expectativas que, se frustradas, poderão ou não acarretar na responsabilidade civil de algum deles.

Evidentemente, assim como a responsabilidade civil contratual e extracontratual, a responsabilidade pré-contratual decorre de um dano provocado por uma ação ou omissão antijurídica de alguma das partes durante a fase das negociações. O seu reconhecimento, contudo, pode ser problemático, já que amparado pelo dever geral de boa-fé e deveres laterais de informação, lealdade e proteção, previstos pelo artigo 422 do Código Civil de 2002, os quais são fontes genéricas de obrigação e apenas podem ser observados no caso concreto. O tema é sensível também por equilibrar a liberdade de contratar com dever de tutela da confiança, dois princípios basilares do direito contratual.

Por isso, o artigo dedicará tópico a demonstrar que o tema é divergente tanto na teoria pela doutrina, quanto na prática pela jurisprudência. Dentre as controvérsias, está a natureza jurídica da responsabilidade civil surgida na formação dos contratos, sendo que existem os que reconhecem se tratar de uma "relação especial" estabelecida entre as partes, embora não contratual, enquanto outros, simplesmente a caracterizam como extracontratual. Igualmente problemática, é a questão dos limites da indenização na responsabilidade pré-contratual, se é que existe algum. A constatação dessa instabilidade é importante para que as partes possam dimensionar o risco a que estão expostas caso não conduzam a fase das tratativas com seriedade.

Após delinear o cenário da responsabilidade pré-contratual no ordenamento jurídico brasileiro, pretende-se fazer uma breve análise dos acordos pré-contratuais, os quais se tratam de figuras jurídicas inseridas no próprio processo de formação dos contratos, como as cartas de intenção, memorandos de entendimentos, termos de exclusividade e confidencialidade, dando especial destaque à segurança jurídica que pode ser construída através desses instrumentos.

Isso porque, tais documentos negociais criam deveres concretos à fase das negociações, são instrumentos flexíveis e valiosos, tanto capazes de instituir regras a serem seguidas pelas partes no período das negociações, como de preestabelecer condições do contrato futuro, e principalmente, permitindo que a apuração de eventual comportamento ilícito e causador de um dano na fase pré-contratual, seja feita por meio de critérios objetivos, determinados e regulados pelos próprios negociantes.

Ao final, o presente artigo trará análise conclusiva e crítica sobre a fase pré-contratual no ordenamento jurídico brasileiro, no sentido de demonstrar que, a despeito da instabilidade jurisprudencial que paira sobre a responsabilidade no período de formação dos contratos, existem ferramentas eficientes no combate a comportamentos desleais nas negociações que devem ser usadas pelas partes para complementar a proteção legislativa oferecida pelo ordenamento, inexistindo razão para positivar o período das negociações, como recentemente têm defendido alguns juristas.

O artigo pautou-se pelo método dedutivo e argumentativo-dissertativo, incluindo comparação doutrinária e análise jurisprudencial, visando apresentar o atual entendimento acerca da responsabilidade pré-contratual pelo direito brasileiro, bem como estudo de caso para demonstrar a função prática dos acordos intermediários na delimitação dos deveres e obrigações das partes no período de formação dos contratos.

1. Considerações Acerca da Formação do Vínculo Contratual

O contrato é negócio jurídico bilateral ou plurilateral dentro do qual os contratantes disciplinam interesses. O momento do nascimento do vínculo contratual é bastante estudado no direito, pois define a partir de qual momento as partes estarão obrigadas a cumprir com o que prometeram, ou seja, quando aquele vínculo estabelecido terá caráter obrigacional, estando as partes contratualmente responsáveis pelo seu descumprimento.

Assim, para verificar a existência de um contrato no mundo jurídico se faz necessário que estejam presentes elementos essenciais, sem os quais, aquele negócio simplesmente não faz parte da realidade, ou melhor, não possui significância para o ordenamento jurídico.

O reconhecimento do vínculo contratual no direito brasileiro decorre, antes de mais nada, da convergência de vontades entre duas ou mais partes, que expressam o seu consentimento quanto a determinado objeto, proposto por uma delas e necessariamente aceito pela outra, *"é um acordo vinculativo de vontades opostas, mas harmonizáveis entre si"*[1]

---

[1] VARELA, João de Matos Antunes. **Das obrigações em geral**. 10 ed. rev. e atual. Coimbra: Almedina: 1919, p. 216

Ou seja, caso se verifique a manifestação da vontade por apenas uma das partes, sem que haja a sua sobreposição com a vontade da outra parte, se estará diante de emissões de vontades sem qualquer força vinculante, já que as mesmas não se encontram. Assim, a vontade não é apenas um elemento do negócio jurídico, mas também o seu pressuposto, na medida em que quando duas vontades são consentidas, nasce o negócio jurídico perfeito e acabado.

No entanto, vale lembrar que não é qualquer vontade que forma o contrato, já que a parte que a manifestou deve desejar produzir efeitos jurídicos com ela, de maneira que *"a vontade contratual que se subsume em um consentimento no contrato, é uma vontade negocial: isto é dirigida para obtenção de efeitos jurídicos, tutelados e vinculantes."*[2].

Sobre este requisito, ilustra Antunes Varela que:

> E é essencial que as partes queiram um acordo vinculativo, um pacto colocado sob a alçada do Direito. Não basta, para que haja que haja contrato, um simples acordo amigável, de cortesia, de camaradagem ou de obsequiosidade (os pais que combinam levar os filhos alternadamente ao colégio; o passageiro que promete ao companheiro de carruagem acordá-lo na estação da Pampilhosa; ou o gentleman's agreement dos dois grandes acionistas da mesma sociedade). Nem bastara que os negociadores destacados pelas empresas tenham chegado a um acordo sobre todos os pontos que interessavam à sua celebração. É necessário que haja ainda, por parte dos representantes das empresas, a vontade de tornar juridicamente vinculativo o acordo, aquilo que os alemães chamam de Geltungswille (a vontade de por o acordo de pé, a valer).[3]

---

[2] VENOSA, Sílvio de Salvo. **Direito civil: teoria geral das obrigações e teoria geral dos contratos**. 5. ed., São Paulo: Atlas, 2005. p. 539.

[3] VARELA, João de Matos Antunes. **Das obrigações em geral**. 10 ed. rev. e atual. Coimbra: Almedina: 1919, p. 217

Ademais, a vontade que faz nascer o contrato e vincula as partes é aquela que é exteriorizada e não a psíquica, em que o contratante tem a reserva mental daquele "querer", mas de nenhuma forma o externa, como bem ensina Sílvio da Salvo Venosa:

> De várias formas exterioriza-se a vontade. Mais comumente, a vontade é expressa, quando vem materializada por palavras, escritas ou orais. É também expressa a vontade manifestada por mímica. Geralmente, nos contratos exteriorizamos a palavra. Há situações de costume, no entanto, que se admitem a vontade gestual, como o sinal de um lanço que se faz num leilão, por exemplo, lembrando ainda a situação dos surdos-mudos. Quando a forma é livre, podem as partes escolherem a forma oral, ou escrita; particular ou pública. A vontade tácita também pode ocorrer nos contratos, quando surgem do comportamento atos e fatos dos contratantes. A forma tácita é modalidade indireta de manifestação.[4]

Esse acordo de vontades exteriorizadas depende, obrigatoriamente, de duas etapas compreendidas tecnicamente pelos institutos da proposta e aceitação. Assim, uma das partes declara seu interesse de celebrar o contrato (proposta) e a outra, caso concorde com os seus termos, declara sua anuência (aceitação) – momento final da formação do contrato.[5]

A proposta, apesar de também fazer parte do período de formação do contrato foi recepcionada pelo ordenamento normativo, conforme se observa do artigo 427[6] do Código Civil de

---

[4] VENOSA, Sílvio de Salvo. **Direito civil: teoria geral das obrigações e teoria geral dos contratos**. 5. ed., São Paulo: Atlas, 2005. p. 540.

[5] DINIZ, Maria Helena. **Curso de direito civil brasileiro: teoria das obrigações contratuais e extracontratuais**, v. 3, 27. ed., São Paulo: Saraiva, 2011, p 58/59.

[6] Art. 427. A proposta de contrato obriga o proponente, se o contrário não resultar dos termos dela, da natureza do negócio, ou das circunstâncias do caso.

ASPECTOS PRÁTICOS DA FASE PRÉ-CONTRATUAL

2002 – conforme será analisado no tópico seguinte, tal recepção legal não ocorre com as negociações, fatos jurídicos que antecedem a proposta.

Assim, nos termos do referido dispositivo legal, a proposta, como manifestação de vontade unilateral, vincula o proponente *"se o contrário não resultar dos termos dela, da natureza do negócio, ou das circunstâncias do caso"*. Com efeito, como regra geral, tem-se que a proposta vincula o seu proponente até a aceitação ou recusa da parte para qual foi direcionada, podendo, no entanto, contemplar ressalvas, limitando ou extinguindo a sua força vinculante como é o caso da previsão do direito de arrependimento ou eventual prazo estabelecido pelo ofertante. Frise-se, contudo, que sem prejuízo das ressalvas nela contidas, a proposta deve ser séria[7], objetiva e contemplar os elementos e condições essenciais do negócio jurídico oferecido.

Já a aceitação é o ato pelo qual o destinatário da proposta manifesta a sua concordância[8]. Este ato formal não vincula apenas o aceitante, mas também o proponente adentrando ambos no campo do direito contratual. Ressalte-se, todavia, que a aceitação deve ser integral aos termos da proposta de modo que a

---

[7] "Em princípio a proposta vincula o proponente, e a aceitação, o aceitante. Por isso, os sujeitos devem ser sérios ao exterioriza-las, abstendo-se de convidar alguém à mesa de negociação ou aceitar convite nesse sentido, se não estiver imbuído da real intenção de contratar." (COELHO, Fabio Ulhôa. **Curso de direito civil: contratos**, v. 3, 8. ed., ver., atual. e ampl., São Paulo: Editora Revistas dos Tribunais, 2016, p. 88/89)

[8] "Deve ser expressa a aceitação. Apenas excepcionalmente admite a lei a vinculação do destinatário aos termos da proposta em razão da falta de recusa tempestiva. É a figura da aceitação tácita, cabível quando a vinculação pelo silêncio do contratante for dos usos e costumes do negócio (CC, 111 e 432). Tal como a proposta a aceitação também pode ser revogada, desde que a retratação chegue ao conhecimento do proponente simultaneamente." (COELHO, Fabio Ulhôa. **Curso de direito civil: contratos**, v. 3, 8. ed., ver., atual. e ampl., São Paulo: Editora Revistas dos Tribunais, 2016, p. 91)

ESTUDOS APLICADOS DE DIREITO EMPRESARIAL

alteração de qualquer das condições ofertadas importará em nova proposta, desvinculando o proponente e agora vinculando exclusivamente o aceitante (novo proponente), conforme dispõe o artigo 431[9] do Código Civil de 2002.

Posto isto, pode-se concluir que o contrato surge com a declaração de vontades das partes[10], que consentem com relação ao objeto proposto por uma delas e aceito pela outra, sob certa forma e em circunstâncias negociais.

O processo de formação contratual exposto acima, passa a impressão de que se trata de uma construção jurídica clara e bem delimitada no tempo (proposta → aceitação → contrato). Ocorre, contudo, que se buscou aqui apenas apresentar os elementos necessários à constituição do contrato de maneira didática e teórica, já que na grande maioria dos casos os negócios jurídicos não nascem prontos. A formação e consolidação de uma proposta, por exemplo, é precedida de reflexões internas, estudos, conversas e negociações, "atos" estes que também ficam inseridos na fase pré-contratual ou pré-negocial.

2. A Fase Pré-Contratual

A formação do vínculo contratual pode transcorrer de forma bastante breve, pelo método clássico, bastando que a proposta

---

[9] Art. 431. A aceitação fora do prazo, com adições, restrições, ou modificações, importará nova proposta.

[10] Algumas doutrinas modernas questionam a concepção tradicional da formação do vínculo contratual pela vontade das partes. Nesse sentido vale destacar as críticas de Antonio Junqueira de Azevedo: "(...) ao examinarmos o exato papel da vontade no negócio jurídico, procuraremos demonstrar que a vontade não é elemento necessário para a existência do negócio (plano da existência), tendo relevância somente para a sua validade e eficácia; segue- se daí que, não fazendo ela parte da existência do negócio, muito menos poderá ser elemento definidor ou caracterizador do negócio." (AZEVEDO, Antonio Junqueira de. **Negócio jurídico: existência, validade e eficácia**. 4. ed. atual. São Paulo: Saraiva, 2002, p. 9)

ASPECTOS PRÁTICOS DA FASE PRÉ-CONTRATUAL

formulada por uma parte seja aceita pela outra. Aliás, esse método simplificado de contratação é bastante utilizado nas relações consumeristas que geralmente são instrumentalizadas pelos denominados contratos de adesão[11]-[12]. Contudo, nas relações paritárias e principalmente nas empresariais[13], a proposta e a aceitação compreendem apenas a parte final de um longo período negocial.

Isto porque, em um mundo extremamente globalizado e industrializado como o atual, as relações humanas são ainda mais dinâmicas, exigindo o desenvolvimento de instrumentos jurídicos que amparem operações complexas.

Com efeito, a decisão de uma empresa de grande porte de ampliar o seu parque industrial engloba tanto uma aquisição imobiliária de dimensões significativas, como uma empreitada de grande monta. Evidentemente que, para celebração desses negócios jurídicos citados, não serão imediatamente formuladas propostas pelas quais se aguardará a concordância ou recusa do outro contratante.

---

[11] "Contrato de adesão é o negócio jurídico no qual a participação de um dos sujeitos sucede pela aceitação em bloco de uma série de cláusulas formuladas antecipadamente, de modo geral e abstrato, pela outra parte, para constituir o conteúdo normativo e obrigacional de futuras relações concretas." (GOMES, Orlando. **Contratos**. 14. ed., Rio de Janeiro: Forense, 1996, p. 14.)

[12] Por exemplo, o sujeito que deseja se matricular em uma academia e ao chegar no estabelecimento lhe é apresentado o contrato de adesão com o qual ele consente, assinando o instrumento, de forma que a relação contratual se aperfeiçoou instantaneamente.

[13] Para Manoel Pereira Calças "os contratos, quando celebrados entre empresários, isto é, pessoas físicas ou jurídicas que exercem atividade especulativa, podem ser chamados de contratos empresariais." (CALÇAS, Manoel de Queiroz Pereira. Revisão judicial de contratos entre empresários, **In: Revista dos Instituto de pesquisas e estudos**, Divisão jurídica. Bauru, Instituição Toledo de Ensino, 2000, p. 37)

ESTUDOS APLICADOS DE DIREITO EMPRESARIAL

Para a aquisição imobiliária, por exemplo, deverá ser realizada a *due diligence*[14] imobiliária e ambiental, através da qual serão apurados potenciais entraves relacionados ao imóvel, bem como serão levantadas informações sobre o vendedor, objetivando analisar a sua situação financeira. Na sequência, serão agendadas reuniões para discussão dos riscos identificados, ou seja, a formação do contrato se dará de forma progressiva e não instantânea.

Sobre o período pré-contratual nos contratos de maior complexidade, elucida Maria Helena Diniz:

O contrato pode aparecer subitamente, bastando uma proposta de negócio seguida de uma imediata aceitação, para que se tenha a sua formação. Na maioria dos casos, porém, tal não se dá, pois sua conclusão é precedida de negociações preliminares ou tratativas, isto é de conversações, entendimentos e reflexões sobre a oferta até se encontrar uma solução satisfatória. Os contraentes tão somente trocam impressões, formulam hipóteses, indagam sobre a mutua-situação econômico-financeira, mas nada realizam. O ajuste entre as partes contratantes só se opera, portanto, após um período pré-contratual, em que os interessados chegam paulatinamente, a um acordo final. É o que ocorre comumente, naqueles negócios que envolvem interesses complexos, pois o proponente conversa com várias pessoas, contratando com aquela que oferece melhores condições.[15-16]

---

[14] Processo de investigação de uma oportunidade de negócio para avaliação dos riscos da transação.

[15] DINIZ, Maria Helena. **Curso de direito civil brasileiro, v. 3: teoria das obrigações contratuais e extracontratuais**, 27 ed., São Paulo: Saraiva, 2011, p. 60/61.

[16] No mesmo sentido, pondera Silvio Rodrigues que: "em muitos casos, o ajuste entre as partes é conseguido através de laboriosa fase pré-contratual, em que os interessados, de transigência em transigência, vão eventualmente chegando

ASPECTOS PRÁTICOS DA FASE PRÉ-CONTRATUAL

É interessante notar ainda que, quanto mais complexa e valiosa for a operação negociada, mais importante e intenso tende a ser o período pré-contratual e menos significativo o momento da conclusão do contrato, o qual acaba se tornando mero ato formal. Isso porque, todas as condições foram debatidas entre as partes, os riscos devidamente alocados e as responsabilidades previstas, bastando a simples formalização do contrato para que se produzam os efeitos dessas avenças sucessivamente construídas. Seguindo essa linha de raciocínio, afirma Carlyle Popp que, em razão da *"evolução do sistema capitalista e o progressivo aumento da complexidade das negociações, mais e mais tem se tornado relevante a fase de formação, sobretudo as tratativas preliminares."*[17]

Assim, tratando-se de negócios complexos, o esperado é que as partes percorram um período extenso na fase pré-contratual, sendo que este *"será tanto mais longa e complexa quando no futuro contrato existir um interesse econômico relevante, um conteúdo complexo, a observância de determinada forma imposta pela lei ou pelas partes etc. É a fase também conhecida de negociações"*[18]-[19].

---

a um acordo final." (RODRIGUES, Silvio. **Direito civil**. v. 3, 27 ed. São Paulo: Saraiva, p. 59)

[17] POPP, Carlyle. **Responsabilidade Civil Pré-Negocial: O rompimento das Tratativas.** 1 ed. Curitiba: Juruá, 2011. p. 228.

[18] VENOSA, Silvio de Salvo. **Direito civil: teoria geral das obrigações e teoria geral dos contratos**, 10 ed., São Paulo: Atlas, 2010, p. 523.

[19] Concorda Zanetti ao afirmar que: "A complexidade crescente dos bens, objeto de troca, dos respectivos mecanismos contratuais, e consequentemente dos estudos exigidos para se compreenderem os dados fáticos e jurídicos pertinentes tende a prolongar as fases das negociações, notadamente quando se cuida da celebração de negócios jurídicos de maior vulto econômico, como, por exemplo, a aquisição de um imóvel ou de uma empresa." (ZANETTI, Cristiano de Sousa. **Responsabilidade pela Ruptura das Negociações**, São Paulo: Editora Juarez de Oliveira, 2005, p. 5)

2.1. Os estágios do Período de Formação do Contrato

Levando em consideração que contratos empresariais complexos não são concluídos de forma instantânea, mas sim progressiva, importante reconhecer que, durante esse processo de formação contratual, é possível identificar estágios de maturidade negocial, cuja relevância para o direito repousa no fato de que quanto mais avançada as conversações, mais envolvidas emocional, financeira e juridicamente estão as partes, ou seja, maior a confiança de que o contrato será concluído, aumentando o risco de que, sendo as negociações interrompidas, sobrevenham prejuízos ressarcíveis a alguma delas.

O primeiro estágio do período de formação contratual surge com o desejo íntimo da parte em iniciar tratativas com outra parte, fazendo nascer a intenção embrionária de contratar ou mesmo de apenas avaliar a possibilidade de fazê-lo. Entretanto, esse estágio não possui qualquer relevância para o ordenamento jurídico, já que, ficando restrito ao psicológico da parte, não repercute juridicamente no mundo do direito.[20]

No momento seguinte, surge o contato social, pelo qual uma parte exterioriza a sua intenção à outra parte, iniciando-se as sondagens. Nas sondagens, as partes ainda não possuem a exata noção da dimensão do negócio, não possuem conhecimento do modelo ou mesmo da forma do negócio, tratam-se de conversas superficiais, como brilhantemente ilustra Zanetti:

> Basta pensar, à título exemplificativo, na transferência de ativos de uma sociedade, o que pode ocorrer por meio de alienação do estabelecimento, incorporação ou cisão parcial. Nesse caso,

---

[20] Sobre o estágio inicial da formação do contrato, afirma Rômulo Russo que "[o] vínculo negocial levanta primeiro um dado psíquico, porquanto a intenção de contratar anima somente o campo mental do contraente, momento esse que é indiferente para o mundo jurídico. (RUSSO JÚNIOR, Rômulo. **Responsabilidade Pré-Contratual**. Salvador: JusPODIVM, 2006, p. 35.)

no momento inicial das negociações, os candidatos a contratante podem considerar todas essas hipóteses, sem que, no entanto, qualquer delas seja desde logo definida.[21]

O amadurecimento das sondagens leva às negociações preliminares, fase em que os contratantes já discutem condições concretas do contrato definitivo. É ao longo das negociações preliminares que os negociantes superam os pontos de divergência para formalização do negócio jurídico.

Neste estágio, portanto, o contato social dos negociantes se intensifica. Nas negociações preliminares, são encomendados estudos de viabilidade, agendadas reuniões em que as partes são acompanhadas por assessores jurídicos e financeiros contratados, são realizadas viagens na busca de maiores informações e até mesmo negociados investimentos iniciais, é a etapa da fase pré-contratual mais sensível e a que será tratada com maior profundidade no presente artigo.

Após as negociações preliminares, adentram as partes no que a doutrina denomina de fase conclusiva ou fase decisória da formação dos contratos. É o campo em que se encontram a proposta e a aceitação, ou seja, é o estágio no qual o vínculo contratual é formado para todos os fins de direito. Nas palavras de Pontes de Miranda *"Chama-se conclusão do contrato o momento em que o efeito da aceitação, tocando o efeito da oferta, solda os dois negócios jurídicos."*[22]

A classificação do período de formação do contrato possui diversas vertentes na doutrina. Menezes de Cordeiro[23], por

---

[21] ZANETTI, Cristiano de Sousa. **Responsabilidade pela Ruptura das Negociações**, São Paulo: Editora Juarez de Oliveira, 2005, p. 9.

[22] PONTES DE MIRANDA, Francisco Cavalcanti, **Tratado de direito privado**. v. 2., 4 ed. São Paulo: Revista dos Tribunais, 1984, p. 435

[23] CORDEIRO, António Menezes. **Tratado de direito civil**, vol. 2, Parte geral, 4 ed., Coimbra: Almedina, 2014. p. 290/291.

exemplo, identifica seis estágios pré-contratuais definidos como (i) proximidade negocial; (ii) contatos exploratórios; (iii) negociações informais; (iv) negociações formais; (v) acordo; e (vi) execução. Já Mariana Fontes da Costa[24], em uma corrente mais simplista, propõe a seguinte classificação: (i) fase prospectiva; (ii) fase de negociações e (iii) fase decisória.

Por seu turno, a classificação apresentada no presente artigo[25] compreendeu nas (i) sondagens, na qual as partes começam a idealizar o negócio e trocam as primeiras informações de maneira superficial; (ii) negociações preliminares, na qual as partes efetivamente negociam quanto às condições concretas do negócio jurídico; (iii) proposta e (iv) aceitação, a qual corresponde a fase conclusiva do contrato.

Todavia, não nos parece ter muita utilidade prática a discussão das classificações do período de formação dos contratos, já que as interações humanas se situam em uma zona cinzenta que permite infinitas subdivisões. Com efeito, o desmembramento apresentado neste tópico objetivou tão somente destacar o estágio das negociações preliminares como "o contato social

---

[24] COSTA, Mariana Fontes da. **Ruptura de negociações pré-contratuais e cartas de intenção**, 1 ed. Coimbra: Coimbra Editora, 2011, p. 20/27.

[25] A classificação apresentada teve como base as lições de Zanetti, segundo o qual: O período que antecede a conclusão do contrato, não pode ser enquadrado numa única categoria. Para melhor compreendê-lo, importa dividi-lo, tomando emprestada a lição do direito italiano, em duas fases: tratativas e formação do contrato. A fase das tratativas consiste no contato inicial realizado pelas partes, com o intuito de celebrar o contrato, cujos contornos ainda não são conhecidos. Na fase de formação do contrato, por sua vez, as partes praticam atos devidamente dirigidos para tanto, sendo comum o surgimento de figuras com eficácia jurídica própria. Ambas são estágios do período de negociações, diferenciadas, para fins de compreensão, em decorrência da proximidade ao contrato definitivo. (ZANETTI, Cristiano de Sousa. **Responsabilidade pela Ruptura das Negociações**, São Paulo: Editora Juarez de Oliveira, 2005, p. 34)

não vinculante" mais sensível e avançado da fase pré-contratual, antes da proposta, que como visto no tópico anterior, já obriga o proponente ao contrato definitivo.

2.2. As Negociações Preliminares

Como mencionado, as negociações preliminares integram o período de formação contratual, se situando mais especificamente na fase em que as tratativas entabuladas pelas partes são firmes e concretas ao negócio jurídico desejado. É nessa fase das tratativas que o direito encontra maiores divergências, principalmente quanto à responsabilidade das partes, pois nas negociações preliminares, as partes já se desprenderam da culpa extracontratual, mas ainda não penetraram no campo da culpa contratual. Ademais, nesta etapa, o envolvimento entre as partes é intenso e o volume de tempo e recursos investidos é significativo, surgindo, a depender do comportamento apresentado por alguma delas, a confiança legítima na celebração do contrato, que se frustrada, poderá dar ensejo ao dever de indenizar.

Em seu artigo "A responsabilidade pré-contratual por ruptura injustificada das negociações", Karina Nunes Fritz, bem destaca as negociações preliminares dos demais estágios de formação do contrato, *in verbis*:

> Ainda quando as negociações possam ser deduzidas à partir da categoria geral da preparação do contrato, não se pode olvidar a distinção entre as figuras e nem a intenção do legislador de proteger aquelas situações nas quais as partes não chegaram realmente a discutir acerca do futuro contrato, quando o contato estabelecido ainda não alcançou o estágio de negociação. Como observam Fikentscher/Heinemann, as conversações são uma forma especial e avançada de preparação contratual, nas quais o estreito contato mantido faz com que a possibilidade de uma parte atuar na esfera

ESTUDOS APLICADOS DE DIREITO EMPRESARIAL

jurídica da outra seja bem maior que na fase anterior de preparação do contrato.[26]

Alguns doutrinadores desmembram as negociações preliminares na fase de pontuação ou puntuação, na qual, são formalizados acordos preparatórios ou intermediários ao contrato que, produzem efeitos jurídicos, mas que não vinculam as partes ao contrato definitivo. *"Das negociações preliminares as partes podem passar a minuta (puntuazione, como preferem os italianos), reduzindo a escrito alguns pontos constitutivos do conteúdo do contrato (cláusulas ou condições) sobre os quais já chegaram a um acordo, para que sirva de modelo ao contrato que depois realizarão, mesmo que nem todos os detalhes tenham sido acertados."*[27-28]

Entendemos, contudo, que a pontuação está inserida nas negociações preliminares, tratando-se, na verdade, de um recurso utilizado pelas partes na fase pré-contratual, por meio do qual se instrumentaliza atos realizados ou condições estabelecidas no período pré-negocial, como: (i) comunicar informações; (ii) disciplinar as fases do processo de negociação; (iii)

---

[26] FIKENTSCHER, Wolfgang; HEINEMANN, Andreas. Schuldrecht. 10. ed. Berlin: De Gruyter Recht, 2006. In: FRITZ, Karina Nunes, A responsabilidade pré-contratual por ruptura injustificada das negociações. **Doutrinas Essenciais obrigações e contratos**, v.4, jun. 2011, p. 149/198.

[27] DINIZ, Maria Helena. **Curso de direito civil brasileiro, v. 3: teoria das obrigações contratuais e extracontratuais**, 27 ed., São Paulo: Saraiva, 2011, p. 61.

[28] Sobre o tema assevera Venosa que: "Por vezes, há interesse das partes em assegurarem por escrito nessa fase pré-contratual, denominada pontuação, em que pode surgir um esboço ou rascunho do contrato, ou uma carta de intenções. Denomina-se geralmente minuta o esboço do contrato futuro. O termo significa algo que é menor, leve. A minuta, em regra, não obriga, mas serve de subsídio para interpretação do contrato futuro. Pode também servir de base probatória para o exercício da ação de indenização pelo rompimento injustificado das tratativas." (VENOSA, Sílvio de Salvo. **Direito civil: teoria geral das obrigações e teoria geral dos contratos**, 10 ed., São Paulo: Atlas, 2010, p. 523)

ASPECTOS PRÁTICOS DA FASE PRÉ-CONTRATUAL

estabelecer pontos com relação aos quais as partes estão de acordo; e até mesmo (iv) firmar o próprio contrato.[29]

Vale lembrar que, as partes devem estar atentas ao conteúdo desses instrumentos intermediários, pois uma vez estabelecidos os pontos essenciais do contrato e os demais estiverem amparados pelo ordenamento jurídico, pouco importa a nomenclatura dada pelas partes ao referido acordo, salvo previsão expressa em contrário, ter-se-á concluído o contrato para todos os efeitos[30]. Ou seja, as negociações preliminares, em tese, ainda que instruída com instrumentos jurídicos, não produzirá efeitos vinculantes no que se refere à obrigação de conclusão do contrato definitivo.

2.2.1. Negociações Preliminares e o Contrato Preliminar

Como visto, a fase pré-contratual compreende o período de formação do contrato, no qual estão abrangidas desde as primeiras sondagens, até negociações preliminares amparadas por instrumentos provisórios para disciplinar as próprias negociações em que as partes estão inseridas ou preparatórios às condições do contrato definitivo.

Ocorre que, por mais avançadas e instrumentalizadas que estejam as negociações, por mais demoradas e dispendiosas que tenha sido a fase das tratativas, caso não seja alcançado o consenso quanto aos pontos essenciais do contrato definitivo, os negociantes não estão obrigados a contratar.

---

[29] COSTA, Judith H. Martins, **As cartas de intenção no processo formativo da contratação internacional: os graus de eficácia dos contratos e a responsabilidade pré-negocial**. In Revista da Faculdade de Direito da Universidade Federal do Rio Grande do Sul. v. 10. Porto Alegre: 1994, p. 49. In: ZANETTI, Cristiano de Sousa. **Responsabilidade pela Ruptura das Negociações**, São Paulo: Editora Juarez de Oliveira, 2005, p. 32

[30] ZANETTI, Cristiano de Sousa. **Responsabilidade pela Ruptura das Negociações**, São Paulo: Editora Juarez de Oliveira, 2005, p 33.

Por outro lado, o mesmo não se aplica ao pré-contrato ou contrato preliminar, pois este se trata de um verdadeiro contrato e efetivamente obriga as partes a concluir no futuro, um contrato definitivo. Ou seja, trata-se de figura jurídica que possui por objeto imediato a conclusão do contrato definitivo e por objeto mediato a própria prestação principal devida por força do contrato definitivo.[31]

Sobre o tema, Tarcisio Teixeira, parafraseando Vincenzo Roppo, esclarece muito bem a distinção entre tratativas preliminares e contrato preliminar, *in verbis*:

> Basicamente, nas tratativas preliminares as partes se obrigam simplesmente a prosseguir nas negociações (permanecendo firmes os eventuais acordos já alcançados), mas não tendo força vinculatória, por sua vez no contrato preliminar, mais do que isso, as partes obrigam-se a concluir um contrato com um certo conteúdo, ou seja, o contrato definitivo. No contrato preliminar as partes já definiram os termos essenciais (ficam para depois eventualmente aspectos acessórios) da operação econômica a realizar, mas preferem deixar que seus efeitos jurídico-econômicos sejam produzidos no futuro, e ao mesmo tempo querem a certeza de que estes efeitos serão produzidos (não querendo que fiquem sujeitos à mera vontade de uma das partes), criando então desde já um vínculo jurídico.[32]

Destarte, o contrato preliminar é negócio jurídico perfeito e acabado, contempla todos os pontos essenciais do contrato

---

[31] PELA, Juliana Krueger, **O contrato preliminar**, Revista de direito mercantil, industrial, econômico e financeiro, n. 130, abr./jun. 2003, p. 230/231

[32] ROPPO, Vincenzo. O Contrato. Tradução Ana Coimbra e M. Januário C. Gomes. Coimbra: Almedina, 1988, p. 102/103. In: TEIXEIRA, Tarcisio, **O contrato preliminar empresarial**, Revista da Faculdade de Direito da Universidade de São Paulo, v. 101, jan./dez. 2006, p. 730.

definitivo e o seu descumprimento pode ser suprido por decisão judicial que reconhece e determina, independentemente da declaração de vontade da outra parte que prometeu a contratação, a eficácia do contrato definitivo.

No mesmo sentido caminha a jurisprudência pátria, conforme se infere de recente julgado proferido pelo Tribunal de Justiça de São Paulo ao reconhecer a inexistência de contrato preliminar, tendo em vista não terem sido acordadas as condições essências do negócio e consequentemente a impossibilidade de se obrigar as partes a celebrar o contrato definitivo, *in verbis*:

> O contrato preliminar, para que seja assim considerado, deve conter todos os requisitos essenciais ao contrato definitivo (a ser celebrado), exceto quanto à sua forma. Exegese do artigo 462, do Código Civil. Hipótese na qual não foi travado contrato preliminar, hábil a obrigar as partes. Simples negociação preliminar que não vincula as partes. Ação julgada improcedente. Sentença mantida. Recurso não provido.
>
> (...) Não se vislumbra que as partes tenham chegado a um consenso quanto as cláusulas da proposta, e consequentemente quanto aos termos da contratação, de forma que não se pode adotar a proposta, ou as tratativas, como contratação preliminar.
>
> Uma vez inexistente contrato preliminar, não existe obrigação de celebração de contrato definitivo, e sem força executiva a obrigação acessória (cláusula penal). Por conseguinte, improcedente o pedido inicial. (Tribunal de Justiça do Estado de São Paulo. Apelação nº 0154493-43.2011.8.26.0100. 25ª Câmara de Direito Privado. Desembargador Relator: Marcondes D'Angelo. J. 10.03.2016).

Assim, a importância da distinção do contrato preliminar e das negociações preliminares está nas consequências do seu descumprimento. Isto porque, o contrato preliminar foi expressamente recepcionado pelo Código Civil de 2002 (artigos 462 a 466), estando previstas as consequências do seu inadimplemento como o direito da parte inocente exigir o seu cumprimento ou pleitear perdas e danos pelo rompimento da promessa.

Já a fase pré-contratual não foi expressamente contemplada pelo ordenamento jurídico e não vincula às partes ao contrato definitivo, ainda que seja reconhecido que o abandono das negociações por uma delas foi abusivo, cabendo à parte inocente neste caso, apenas a indenização pelos danos sofridos.

3. A Importância Econômica da Fase Pré-Contratual Para Formação dos Contratos

Embora a fase das negociações seja um período de elevada insegurança para as partes já que, em tese, todos os recursos e tempo aplicados nas negociações não estão amparados pela certeza da conclusão do negócio desejado, podendo simplesmente terem sido "gastos" de forma desnecessária, a sua presença é importante para a economia dos contratos e em algumas situações indispensáveis para a conclusão deles.

São por meio das negociações que as partes suprem a assimetria de informação inicial que é inerente a qualquer negócio jurídico minimamente complexo, permitindo às partes entenderem o que o contrato a ser celebrado demandará de cada uma delas, quais riscos que estarão expostas e quais são seus limites em relação a eles.

Também é na fase pré-negocial que as partes, em um estágio mais avançado das negociações, após terem absorvidos as informações e realizado estudos internos de viabilidade, discutem e realizam investimentos pré-contratuais, que como se verá, podem ser benéficos ou até mesmo necessários à operação econômica que está sendo negociada.

ASPECTOS PRÁTICOS DA FASE PRÉ-CONTRATUAL

Contudo, obviamente que todo esse período em que as partes trocam, ajustam e absorvem informações, discutem e realizam investimentos anteriores à celebração do contrato, objetivando maior eficiência ou simplesmente a viabilidade do negócio jurídico negociado, são transformados em "custos" para as partes. Esse custo negocial, que não é necessariamente pecuniário como é o caso do tempo despendido, é denominado pelo direito econômico de "custo de transação" e é sobre ele que paira a insegurança das partes, uma vez que, caso a negociação não seja transformada em contratação alguém terá que arcar com os referidos custos.

3.1. Informação no Período de Formação do Contrato

A informação é um elemento importante para a formação do contrato. A falta de informação ou a assimetria dela entre as partes envolvidas em uma negociação pode influenciar acintosamente na eficiência econômica do negócio jurídico a ser contratado ou até mesmo obstar a sua conclusão.

Para elucidar, imagine que na venda e compra de um imóvel, a parte compradora não consiga, por qualquer motivo, ter acesso às informações que envolvem essa operação. Ou seja, o adquirente do imóvel não obtém a matrícula para analisar a regularidade das transações anteriores, eventual restrição ambiental ou gravames de qualquer natureza. Também, não recebe as certidões negativas de débito do imóvel para apuração de dívidas fiscais, nem do vendedor para atestar a sua situação financeira.

Neste caso, é evidente que o compromissário comprador está exposto a diversos riscos principalmente no que tange a evicção[33] do bem, sendo razoável se imaginar que sem essas infor-

---

[33] "Evicção é a perda de um direito sobre uma coisa em virtude de uma sentença que reconhece terceiro como titular desse direito." (AMARAL, Francisco. **Direito civil: introdução**, 8 ed. rev., atual. e aum., Rio de Janeiro: Renovar, 2014, p. 630)

mações o adquirente possivelmente irá declinar do negócio. Em outra situação hipotética, poderia o comprador aceitar o negócio adquirindo o imóvel do vendedor, porém, em razão do alto grau de exposição, o preço do bem seria infinitamente menor. Em ambos os casos, no entanto, é possível notar que a falta de informação influenciou diretamente no negócio jurídico, ora impedindo a sua realização, ora interferindo no preço do bem negociado pelas partes.

> Em um contrato cuja negociação ocorre de forma incremental, as partes não raro partem de um estado de incerteza compartilhada sobre a transação e por meio da troca recíproca de informações chegam a um nível de conhecimento que lhes permite contratar.[34]

Não obstante a troca de informação na fase pré-contratual contribua para eficiência do negócio jurídico a ser celebrado, não se pode perder de vista que, as negociações são inegavelmente um período de barganha entre as partes, buscando cada uma delas as condições que mais lhes favoreça no contrato.

É natural, assim, que, por questões estratégicas, as partes não queiram divulgar tudo que sabem sobre o negócio, pois, em tese, não tendo a parte contrária ciência de todos os riscos que estará exposta o preço da contratação deverá diminuir. Por sua vez, a parte contratada deverá não expor a sua real confiança sobre a viabilidade do negócio, valorizando os supostos riscos que acredita estar exposta, majorando assim a sua margem de lucro sobre o contrato.

Entretanto, essa suposta vantagem atrelada a não divulgação de informações no período pré-contratual tende a ser falaciosa

---

[34] LOPES, Christian Sahb Batista. **Responsabilidade pré-contratual: subsídios para o direito brasileiro das negociações**, Belo Horizonte: Del Rey, 2011, p. 15.

ASPECTOS PRÁTICOS DA FASE PRÉ-CONTRATUAL

na grande maioria dos casos. Isto porque, levando em consideração que os agentes são racionais e que *"(...) uma pessoa racional faz o melhor para alcançar seus objetivos, sistemática e objetivamente, conforme as oportunidades disponíveis"*[35], a contenção de informação de ambos os lados certamente repercutirá como incertezas[36], o que por sua vez provocará em um aumento do preço do contrato.

Analisando esse conflito de interesses existente na fase pré--contratual Christian Sahb Batista Lopes traz lição esclarecedora:

> Essa retenção de informações de parte a parte tem dupla consequência: (a) faz com que as partes concluam contratos menos eficientes, pois seu preço será descontado, impedindo a obtenção de confiança ótima; (b) impedem ou dificultam a celebração de um contrato preliminar pelas partes que, poderia dispor inclusive sobre troca de informações e outros expedientes para superar as barreiras à confiança ótima.[37]

Dessa forma, se a troca de informações proporciona às partes envolvidas em uma negociação a celebração de um contrato

---

[35] MANKIW, N. Gregory. **Introdução à economia**. Tradução Allan Vidigal Hastings, Elisete Paes e Lima, Ez2 Translate; Revisão técnica Manuel José Nunes Pinto, São Paulo: Cengage Learning, 2015, p. 6.

[36] O conceito de risco está relacionado ao conjunto de variáveis conhecidas sobre um determinado evento, que permitem calcular sua ocorrência em todas as suas possibilidades de forma combinada, onde os resultados de cada possibilidade podem ser medidos de forma a aceitar ou refutar sua utilização. Já o conceito de incerteza incorpora uma ou mais variáveis que não podem ser 'medidas', de forma que o tomador de decisões não tem como saber sobre o 'tamanho' do impacto de sua(s) escolha(s). (AMORIM, Diego Felipe Borges de. Artigo acadêmico, publicado em 05.06.2016 e disponível em: http://www.administradores.com. br/artigos/academico/os-conceitos-de-riscos-e-de-incertezas/96423/)

[37] LOPES, Christian Sahb Batista. **Responsabilidade pré-contratual: subsídios para o direito brasileiro das negociações**, Belo Horizonte: Del Rey, 2011, p. 31

ESTUDOS APLICADOS DE DIREITO EMPRESARIAL

mais eficiente, é racional que os negociantes exteriorizem uns aos outros as informações que possuem acesso, podendo inclusive através de acordos prévios (figuras jurídicas que ainda serão vistas no presente artigo) disciplinar e alocar os riscos envolvidos na operação, trazendo ainda mais segurança jurídica à fase das negociações.

Neste ponto da formação dos contratos, é aplicável a teoria dos jogos cooperativos, como bem explica Eduardo Miguel Serafini Fernandes, em sua monografia "A aplicação da teoria dos jogos na negociação de contratos com cláusula compromissória", *in verbis*:

> Jogos estratégicos podem ser cooperativos ou não cooperativos. No caso de jogos cooperativos, os jogadores devem atuar conjuntamente, ou seja, sua maior recompensa se dará quando ambos colaborarem, portanto, colaborar é a escolha mais racional a se fazer. Os jogadores devem ser capazes de firmar compromissos que os vinculem ao outro; para tanto admite-se haver comunicação entre eles, o que não ocorre em jogos não cooperativos. Este é, obviamente, o modelo de jogo que deve ser utilizado quando se trata de formação de contratos"[38]

Além de comprovada a importância da simetria de informações para a conclusão do negócio jurídico, destaca-se e propõe-se aqui, o estimulo à cooperação das partes negociantes neste ponto, visto que o conhecimento das incertezas pelas partes, as transformam em riscos, os quais podem ser mensurados e alocados, fazendo com que a fase negocial contribua com um equilíbrio econômico do contrato para ambos os lados.

---

[38] FERNANDES, Eduardo Miguel Sefarini, **A aplicação da teoria dos jogos na negociação de contratos com cláusula compromissória**, 101 folhas. Ciências Sociais e Jurídicas. Universidade Federal do Rio Grande do Sul, Porto Alegre: 2010.

ASPECTOS PRÁTICOS DA FASE PRÉ-CONTRATUAL

3.2. Investimentos no Período de Formação do Contrato

A fase pré-negocial também se mostra importante, pois oferece e algumas vezes até exige que as partes envolvidas realizem investimentos pré-contratuais antes de celebrar o contrato, principalmente quando se tratam de negócios complexos e de grande valor econômico. Em um primeiro momento, pode-se concluir que a realização de investimentos na fase pré-contratual decorre da falta de cuidado da parte que, no anseio de convencer a outra parte acerca da conclusão do contrato, incorre, sem perceber, no risco de não concluir a negociação.

Ocorre que não é sempre assim, em contratos empresarias de grande interesse econômico, em que figuram como partes contratantes empresas hipersuficientes altamente assessoradas jurídica e financeiramente por instituições renomadas, o investimento pré-contratual é conscientemente desejado e acordado entre as partes para que se atinja o resultado pretendido com o negócio.

Esses investimentos, todavia, tendem a acontecer quando as partes se encontram em um estágio mais avançado de negociações, no qual as partes já apresentaram e discutiram as informações e dados iniciais do contrato, mapeando as responsabilidades e riscos do negócio, só então iniciam-se as discussões para realização dos investimentos.

Sobre o momento da realização dos investimentos na fase de formação dos contratos, Christian Lopes, parafraseando Avarey Katz, aduz que:

> (...) a interação das partes faz com que o nível de incerteza e desinformação gradualmente diminua, é natural que se perceba uma ineficiência em se contratar no estágio inicial das negociações. Nesta fase, o nível de incerteza é muito grande e a substancial probabilidade de que os investimentos realizados sejam perdidos. Além disso, em decorrência da desinformação sobre

o contrato pretendido, os investimentos são pouco produtivos; isto é, geram ganhos reduzidos se o contrato vier a ser celebrado. Tem-se, portanto, um nível de eficiência negativo na fase incipiente das negociações, ou seja, há uma ineficiência na aplicação de investimentos pré-contratuais, ressalvadas as despesas necessárias para que as partes adquiram mais informações a respeito do contrato. (...) Por outro lado, com a interação das partes e a troca de informações, as incertezas diminuem e as partes passam a ter melhor condição de avaliar a probabilidade de conclusão do contrato. É natural que esta possibilidade cresça e, consequentemente, que a perspectiva de um investimento pré-contratual ser perdido diminua. O conhecimento a respeito do contrato aumenta e os ganhos gerados por determinado investimento recebe gradual acréscimo.[39]

Na sua dissertação de mestrado intitulada "Responsabilidade pré-contratual: subsídios para o direito brasileiro das negociações", o autor brasileiro supra mencionado, traz à tona exemplo prático que facilita o entendimento da importância dos investimentos pré-contratuais para a operação a ser contratada, ou mesmo, viabilizar a transação econômica pretendida pelas partes.[40]

Idealiza Lopes, a hipótese de uma construtora que está em negociações com o empreendedor para construção de um Shopping Center, sendo que foi estipulado o prazo de 2 anos para

---

[39] KATZ, Avery. When should na offer stick? The economics of promissory estoppel in preliminar negotiations. **The Yale Law Journal**, New Haven, n. 105, Mar. 1996, p. 1.249/1.309. In: LOPES, Christian Sahb Batista. **Responsabilidade pré-contratual: subsídios para o direito brasileiro das negociações**, Belo Horizonte: Del Rey, 2011, p. 16.

[40] LOPES, Christian Sahb Batista. **Responsabilidade pré-contratual: subsídios para o direito brasileiro das negociações**, Belo Horizonte: Del Rey, 2011, p. 9/11.

ASPECTOS PRÁTICOS DA FASE PRÉ-CONTRATUAL

construção da edificação. Caso a construtora inicie a obra após a assinatura do contrato, poderá atender ao prazo, mas terá que alocar um determinado número de funcionários, em dois turnos, bem como incluir trabalhos de fim de semana.

Todavia, caso a construtora, antes de concluir o contrato, adquira materiais e inicie o trabalho de terraplanagem no terreno poderá reduzir o número de funcionários e turnos na obra e ainda reduzirá o seu risco (que também está incluído no preço) de descumprir o prazo ajustado no contrato futuro.

O empreendedor está disposto a no máximo gastar R$ 30.000.000,00, enquanto a construtora estima seus custos para execução do contrato, sem a realização dos investimentos pré-contratuais, em R$ 20.000.000,00, que acrescida de sua margem de lucro resultaria em R$ 24.000.000,00. Contudo, com a realização dos investimentos pré-contratuais, isto é, com a antecipação da compra de materiais e terraplanagem do terreno, os custos da construtora para edificação do Shopping Center cairia para R$ 18.000.000,00.

Assim, mesmo mantida a margem de lucro esperada pela construtora (R$ 4.000.000,00) o preço global do contrato também seria reduzido para R$ 22.000.00,00, gerando uma eficiência de R$ 2.000.000,00. Como as partes são racionais, o referido ganho, será repartido de forma que a construtora aumente sua margem de lucro em R$ 1.000.000,00 e o empreendedor reduza em R$ 1.000.000,00 o preço a ser pago pelo contrato, fechando o contrato em R$ 23.000.000,00.[41]

Note-se que, as partes negociaram de forma transparente, sendo que todas as informações foram divulgadas pelas par-

---

[41] Caso o valor máximo que o empreendedor estivesse disposto a gastar com o contrato fosse de R$ 22.000.000,00 a realização dos investimentos pré-contratuais não apenas traria benefício à transação contratada, mas seria imprescindível para viabilizá-la.

tes que as detinham e, em conjunto, perceberam que a realização do investimento pré-contratual resultaria em uma eficiência econômica ao negócio, através de uma "confiança benéfica"[42].

Não obstante se tenha conseguido com o exemplo do autor comprovar na prática os ganhos advindos da antecipação do planejamento contratual, importante ressaltar que as partes deverão ainda na fase pré-contratual e antes da realização dos investimentos, disciplinar entre elas as condições em que estes serão realizados, pois movimentos como esses acarretam riscos.

No caso, sendo o ganho vantajoso para ambos os contratantes, certamente a construtora não aceitaria incorrer sozinha nos riscos de iniciar os trabalhos para edificação do Shopping Center de forma antecipada, sem a certeza de que o negócio efetivamente será concluído. Caso contrário, não tendo sido regulada as condições em que se darão estes investimentos, eventual abandono das negociações pelo empreendedor, muito provavelmente provocaria desgastante discussão acerca da responsabilidade pelos prejuízos absorvidos pela construtora.

3.3. Custos de Transação

A troca de informações, elaboração de estudos prévios para a busca do máximo conhecimento do negócio, a análise dos riscos, realização de reuniões, discussão da viabilidade e eventuais vantagens da realização de investimentos pré-contratuais, contratação de assessoria técnica para amparar as partes nas negociações, tudo isso compreende os custos de transação.

---

[42] Segundo ensina Charles Goetz: "[o] ganho adaptativo da informação contida em uma promessa pode ser apropriadamente denominado 'confiança benéfica." (GOETZ, Charles J. & Soctt, Robert E. **Enforcing promises: na examanation of the basis of contract**. The Yale Law Journal, New Haven, v. 89, n. 7, jun. 1980, p. 1267).

ASPECTOS PRÁTICOS DA FASE PRÉ-CONTRATUAL

Custos de transação são aqueles impostos em um sistema econômico pela falta de um quadro regulatório (e fiscalizatório) que limite as possibilidades de negociação e pactuação. Quer dizer, quando ocorrem trocas que não estejam submetidas a uma regulação prévia, é necessário 'contratar' todos os seus aspectos, o que demanda tempo e recursos.[43]

Ou seja, o processo de negociação em si constitui um custo de transação, já que as partes se oneram neste período na busca de informações para disciplinar previamente e da forma mais completa possível os riscos e circunstâncias que podem acontecer naquela relação contratual. Ademais, quanto maior for o interesse econômico envolvido no negócio, maior tende a ser os custos de transação, pois além da fase pré-contratual ser naturalmente mais extensa, maior deverá ser o cuidado das partes em fixar as consequências de seus atos.[44]

Assim, em negociações complexas é importante que as partes consolidem em instrumentos intermediários ou preparatórios os pontos já superados pelo consenso das partes, bem como se utilizem destes para regularem às próprias negociações[45], o

---

[43] COSTA, Francisco; BRAGA, Marcus. Corrupção e custos de transação. **Valor Econômico**. artigo publicado em 09.06.2017, disponível em <http://www.valor.com.br/opiniao/4998782/corrupcao-e-custos-de-transacao>. Acesso em: 10.06.2017> Acesso em 10.06.2017

[44] Sobre a previsão das situações a que está exposta a operação econômica contratada leciona Hart: "Os custos de transação são difusos e significativos. Uma consequência da existência de tais custos é que as partes de uma relação não vão escrever um contrato que preveja todos os eventos que possam ocorrer e as varias ações que são apropriadas em tais eventos." (HART, Oliver D. **Incomplete contracts and the theory of the firm**.In: Williamson, Oliver E. & Winter Sidney G. The nature of the firma: origins, evolution and development, Oxford: Oxford University Press, 1993, p. 141)

[45] Como no caso prático da construtora e do empreendedor, no qual em razão da necessidade de realização de investimentos pré-contratuais, as partes tiveram que decidir em que condições se dariam tais investimentos, bem como o que

ESTUDOS APLICADOS DE DIREITO EMPRESARIAL

que apesar de incrementar os custos de transação, proporcionará maior segurança jurídica à fase pré-contratual e ao próprio contrato a ser celebrado.

Pois bem, caso o contrato seja concluído os seus ganhos irão compensar os custos de transação e não haverá qualquer discussão entre as partes. Todavia, se o contrato não for concluído, os custos de transação se converterão em prejuízos e, caso as partes não tenham disciplinado as responsabilidades, iniciar-se-á disputa acerca da responsabilidade pré-contratual.

4. A Responsabilidade Pré-Contratual no Ordenamento Jurídico Brasileiro

4.1. Fundamentação: a Boa-Fé Objetiva

O dever de indenizar na fase pré-contratual[46] veio sendo gradativamente reconhecido pela doutrina e jurisprudência brasileira, construído com base no princípio da boa-fé objetiva, que deve orientar as declarações e comportamentos das partes em todas as etapas contratuais, como bem ensina José Carlos Moreira Alves:

> (...) os princípios da probidade e da boa-fé objetiva, dá margem a que se estenda essa observância à fase anterior a formação do contrato e à fase posterior a extinção dele, daí decorrendo deveres secundários resultantes da boa-fé e compatíveis com cada uma dessas etapas, como a título exemplificativo, os de informação, de sigilo e de custódia, no tocante à formação do contrato; os de transparência (pela clareza e explicitação) e de equilíbrio das prestações, quanto à conclusão dele; o de cooperação dos contratantes para que se alcancem os fins contratuais com a satisfação

---

aconteceria no caso do contrato não ser concluído e investimento realizado não resultar no retorno esperado.

[46] Sua origem está no trabalho do jurista alemão Rudolph Von Jhering na sua obra "Culpa in contrahendo" datada de 1861.

do credor, no que tange à execução do contrato, e, finalmente, os de sigilo e preservação da fruição do resultado decorrente do cumprimento dele, na fase *post contractum*.[47]

A responsabilidade na fase pré-contratual surge, portanto, sempre que durante este período uma das partes, infringindo os deveres decorrentes da boa-fé objetiva, causa dano a outra. A violação dos deveres, todavia, acaba restringindo a indenização na fase pré-contratual a duas hipóteses: (i) pela ruptura imotivada das negociações (que é o caso mais recorrente e que será tratado em destaque no tópico seguinte) ou (ii) pela violação dos deveres laterais decorrentes da boa-fé objetiva.

Não há um rol taxativo dos deveres de conduta que as partes envolvidas em uma negociação devam observar, já que a boa-fé objetiva possui sentido extremamente amplo, impondo que o comportamento das partes seja analisado à luz do caso concreto e inexistindo, portanto, um roteiro com regras aplicáveis a toda e qualquer negociação. No entanto, buscando esclarecer o espírito que pretende alcançar a boa-fé objetiva na fase pré-contratual a doutrina costuma apontar o dever de lealdade, o dever de informação (considerados como deveres positivos) e o dever e sigilo e proteção (considerados como deveres negativos)[48].

O dever de lealdade é talvez o mais abrangente deles, nele estão incluídos o dever de agir de maneira proba e honesta, não apresentar comportamentos contraditórios, o dever de colaboração, ou seja, é um dever permanente. Ele deve estar presente tanto na formação e execução do contrato, como também no período pós-contratual de maneira a nortear o padrão de con-

---

[47] MOREIRA ALVES, José Carlos **A boa-fé objetiva no sistema contratual brasileiro**, Revista Roma e América. n.7, 1999, p. 187/204.
[48] Os direitos positivos são aqueles que exigem uma conduta do agente e os direitos negativos são aqueles que exigem que o agente se abstenha de realizar determinada conduta.

ESTUDOS APLICADOS DE DIREITO EMPRESARIAL

duta das partes. Ademais, é sob a ótica do dever de lealdade que se deve analisar a configuração da responsabilidade pelo rompimento injustificado das negociações, conforme se verá a seguir.

Por sua vez, o dever de informar na fase pré-contratual determina às partes prestarem todas as informações que importam para a decisão de celebrar o negócio outra parte, podendo ser informações relacionadas aos próprios contratantes ou inerentes ao objeto do negócio, como os riscos daquela operação econômica negociada. Todavia, importa ressaltar que este dever deve ser balizado pelo bom senso e pelos costumes de cada negociação, como brilhantemente pontua Paulo Dóron Rehder de Araújo:

> O dever de informação, porém, não necessita ser levado ao extremo, a ponto de ser o contratante obrigado a avisar a sua contraparte que as condições de mercado se encontram desfavoráveis naquele momento específico, ou sobre a possibilidade de o preço baixar no dia seguinte, ou ainda sobre existência de concorrente seu que seja capaz de oferecer a mesma prestação por preço melhor. Como se mostrará adiante a boa-fé não pode ser exigente a ponto de fazer ingênuo o empresário ou de prejudicar a sua atividade.[49]

As partes devem observar também o dever de sigilo ou proteção durante as negociações, de maneira a evitar danos às pessoas e aos objetos envolvidos na negociação. *"Aí se aloca, como consagração da diligência pré-negocial, o dever de segurança com a pessoa e com os bens do parceiro pré-negocial, de modo que os interessados*

---

[49] ARAUJO, Paulo Dóron Rehder, **Tratamento contemporâneo do princípio da boa-fé objetiva nos contratos**, In: Antonio Jorge Pereira Júnior; Gilberdo Haddad Jabur. Direito dos Contratos II. 1 ed. São Paulo: Quartier Latin, 2008, v. 1, p. 317.

ASPECTOS PRÁTICOS DA FASE PRÉ-CONTRATUAL

devem providenciar para que, nas negociações, ninguém sofra danos, seja na sua saúde ou integridade física, seja no seu patrimônio."[50]. Exemplo disso, é a parte que recebe informações sigilosas durante as tratativas e, por qualquer circunstância, as revela a outro pessoa do mercado, provocando danos à parte com que negociava o contrato, independente do mesmo vir a ser concluído ou não.

Todos esses deveres estão incorporados no artigo 422 do Código Civil de 2002, que assevera de forma concisa que: *"Os contratantes são obrigados a guardar, assim na conclusão do contrato, como em sua execução, os princípios de probidade e boa-fé"* sendo que o instituto da responsabilidade pré-contratual no direito brasileiro foi construído através de uma interpretação ampliativa do princípio da boa-fé objetiva.

4.2. Natureza Jurídica da Responsabilidade Pré-Contratual

O primeiro ponto importante é a classificação da natureza jurídica da responsabilidade pré-contratual, que claramente afigura-se no meio termo entre a responsabilidade contratual, em que os deveres das partes derivam de obrigações contraídas de forma voluntária através de negócios jurídicos e a responsabilidade extracontratual, que decorre do dever geral de conduta.

Obviamente, a responsabilidade contratual está inserida em um campo mais limitado, no qual o inadimplemento que dará ensejo à indenização está restrito às condições pactuadas e, via de regra, possui destinatário específico (contraparte contratante). Por sua vez, o dever de indenizar decorrente da violação de um dever geral de conduta que será inserido em um campo muito mais abrangente e possui destinatário indefinido.

---

[50] COSTA, Judith H. Martins. Um Aspecto da Obrigação de Indenizar: Notas para uma sistematização dos deveres pré-negociais de proteção no direito civil brasileiro. **Doutrinas Essenciais de Direito Civil**, v. 4, out. 2010, p 693/746.

Não se pode negar que a responsabilidade pré-contratual se encontra em um campo mais restrito do que a responsabilidade aquiliana, já que neste estágio existem deveres positivos a serem observados (conforme exposto no tópico acima), os sujeitos são delimitados (candidatos a contratantes) e o objeto (contrato a ser celebrado) determinado ou determinável, embora não certo.

No entanto, também é irrefutável o fato de que por mais avançadas que estejam, as negociações não são contratos perfeitos e acabados de maneira que, pela sistemática brasileira, a elas não pode ser aplicada a regra da responsabilidade contratual.

O ilustre Desembargador do Tribunal de Justiça de São Paulo, Francisco Loureiro trouxe tal discussão à tona em um dos seus julgados, concluindo, no entanto, que não obstante a particularidade da responsabilidade pré-contratual, esta está abarcada pelas regras que regem a culpa aquiliana, *in verbis*:

> Existe fundada discussão na mais autorizada doutrina e na jurisprudência sobre a natureza da responsabilidade pré- contratual, (i) se consiste de inadimplemento de um contrato, (ii) se aquiliana, ou (iii) uma terceira via ou terceiro gênero (cfr. Regis Fichtner Pereira, A responsabilidade civil pré-contratual, 2001, p. 377)
>
> A doutrina majoritária aponta a responsabilidade como aquiliana, pois o contrato não foi ainda formado, ou de natureza sui generis, uma terceira e nova via geradora do dever de indenizar.
>
> (...) Com efeito, o rompimento abrupto e inesperado das tratativas enseja a obrigação de indenizar, não em razão de inadimplemento, uma vez que o contrato nem chegou a nascer, mas sim em virtude da violação dos deveres de lealdade, de transparência e de cooperação que regem todos os atos negociais, mesmo na fase de puntuação. (Tribunal de Justiça de São Paulo, Apelação Cível n° 0166582-35.2010.8.26.0100, 1ª Câmara Reservada de Direito Empresarial, Desembargador Relator: Francisco Loureiro, J. 10.10.2013)

Em seu artigo "A responsabilidade pré-contratual por ruptura injustificada das negociações", Karina Nunes Fritz também
expõe a problemática questão, comparando a sua aplicação ao
sistema jurídico alemão:

> A questão não é, contudo, pacífica. Reconhecendo o caráter
> peculiar das situações negociais, autores de peso, como Canaris e
> Dieter Medicus, defendem que a responsabilidade pré-contratual
> configura, em essência, um terceiro gênero de responsabilidade
> civil, posicionado entre as responsabilidades contratual e extra-
> contratual. Por isso, essa responsabilidade mereceria ser tratada
> de forma especial, isto é, ter um sistema próprio de regras.
>
> (...) Enquanto a idéia não é amadurecida pela ciência jurídica,
> os casos de responsabilidade pré-contratual são disciplinados, na
> Alemanha, pelas regras da responsabilidade contratual.
>
> Essa é uma distinção significativa quanto ao tratamento do
> tema entre o sistema jurídico brasileiro e alemão, pois aqui se
> atribui à responsabilidade pré-contratual uma natureza jurídica
> extracontratual, sendo disciplinada consequentemente pelas
> regras da responsabilidade delitual.
>
> Em síntese apertada, este pensamento vem embasado em dois
> argumentos. O primeiro é que, durante a fase negocial, não há
> contrato, logo não se pode falar em responsabilidade contratual.
> O segundo é que os deveres de conduta incidentes nesse momento
> decorreriam do princípio geral *doneminem laedere*, que impõe o
> dever genérico de não lesar injustamente alguém, cuja violação
> dá ensejo ao nascimento da responsabilidade extracontratual.[51]

Assim, apesar de admitir a existência de uma relação jurídica "especial" no período negocial, bem como existir profunda

---

[51] FRITZ, Karina Nunes, A responsabilidade pré-contratual por ruptura
injustificada das negociações. **Doutrinas essenciais obrigações e contratos,**
v.4, jun. 2011, p. 149/198.

discussão, principalmente doutrinária a respeito da matéria[52], o sistema jurídico brasileiro tem atribuído à fase pré-contratual as regras da responsabilidade civil extracontratual, sobretudo por inexistir vínculo obrigacional contratual, o que nos parece razoável.

4.3. A Responsabilidade Pré-Contratual pela Ruptura Ilegítima das Negociações

Apesar de decorrer da violação de qualquer dos deveres da boa-fé objetiva, o caso mais recorrente de responsabilidade pré-contratual é o rompimento injustificado das negociações, o qual está mais relacionado ao dever de lealdade nas negociações. É o caso mais sensível de responsabilidade na fase pré-negocial, pois a sua configuração tangencia dois princípios fundamentais do direito contratual, quais sejam, a liberdade de contratar e a boa-fé objetiva.

> Concluir ou não contratos está na esfera da liberdade pessoal, esta decisão concretiza legítimo exercício da autonomia privada. Assim, em linha de princípio, o abandono das negociações por quem decide não concluir o contrato não configura ilicitude, não dando ensejo ao dever de indenizar.[53]

---

[52] Entendendo que os deveres de conduta decorrentes da boa-fé objetiva são deveres positivos e que as pessoas na fase pré-negocial são pessoas determinadas, Antonio de Azevedo Junqueira (AZEVEDO, Antonio Junqueira De. Responsabilidade pré-contratual no Código De Defesa do Consumidor: Estudo comparativo com a responsabilidade pré-contratual no direito comum, São Paulo: Editora Revista dos Tribunais, Abr.-Jun. 1996, p. 23/24) e Carlyle Popp (POPP, Carlyle. **Responsabilidade civil pré-negocial: o rompimento das tratativas**. Curitiba: Juruá, 2001, p. 150) reconhecem a natureza contatual da responsabilidade pré-contratual.

[53] COSTA, Judith H. Martins. Um Aspecto da Obrigação de Indenizar: Notas para uma sistematização dos deveres pré-negociais de proteção no direito civil brasileiro. **Doutrinas Essenciais de Direito Civil**, v.4, out. 2010, p 693/746.

ASPECTOS PRÁTICOS DA FASE PRÉ-CONTRATUAL

Ou seja, ainda que tenham as negociações consumido considerável tempo das partes através de estudos, reuniões e viagens, alimentando a expectativa de que o contrato seria formalizado, pode qualquer dos contratantes, em princípio, desistir da sua conclusão.

O ilustre jurista Fabio Ulhôa Coelho, esclarece que a decisão de não permanecer na negociação é respaldada pelo princípio da autonomia privada:

> Os motivos que desencadearam a decisão podem ser diversos: surgimento de oportunidade mais vantajosa de contratar com terceiros, modificação repentina da situação financeira ou revisão de estimativa de rentabilidade, perda de confiança na outra parte, interesse pessoal em reduzir o ritmo da atividade etc. Qualquer que seja, porém, se a autonomia privada garante ao sujeito o direito de não contratar contra a sua vontade, reveste-se o motivo de absoluta irrelevância e subjetividade.[54]

Contudo, apesar de faltar caráter obrigacional quanto à celebração do contrato definitivo, vimos que a fase pré-contratual não está desamparada pela lei, isto é, inserida no campo da não obrigatoriedade, no qual inexistem deveres e responsabilidades aos envolvidos. Em que pese o Código Civil de 2002 não a tenha positivado de forma expressa, a fase das negociações é integralmente amparada pelo princípio da boa-fé objetiva[55], o

---

[54] COELHO, Fabio Ulhôa. **Curso de direito civil: contratos**, v. 3, 8. ed., ver., atual. e ampl., São Paulo: Editora Revistas dos Tribunais, 2016, p. 100.

[55] Kleber Zanchim, afirma que "O conceito de boa-fé vinculado à lealdade, ou seja, a justa expectativa de um contratante em relação ao comportamento do outro, tem por princípio pensamentos como A. Junqueira de Azevedo, para quem '(a) função do negócio jurídico é de ser o instrumento jurídico, por excelência, de colaboração entre os homens'." (AZEVEDO, Antonio Junqueira de, **Ciência do direito, negócio jurídico e ideologia**, São Paulo: Saraiva, 2004.

ESTUDOS APLICADOS DE DIREITO EMPRESARIAL

qual serve como limite à liberdade contratual, de modo que se o abandono das negociações configurar violação à boa-fé objetiva não estará a parte desistente exercendo seu direito à liberdade de contratar, mas sim abusando da faculdade de não contratar.

Conforme ensina Sílvio de Salvo Venosa, o abuso do direito também é prática antijurídica e configura ato ilícito:

> Quando o titular de uma prerrogativa jurídica, de um direito subjetivo, atua de modo tal que sua conduta contraria a boa-fé, a moral, os bons costumes, os fins econômicos e sociais da norma, incorre no ato abusivo. Em tal situação, o ato é contraditório ao Direito e ocasiona a responsabilidade do agente pelos danos causados.
>
> (...) A situação amolda-se à responsabilidade civil e a indenização deve obedecer a seus princípios. O abuso de direito deve ser indenizado como um ato ilícito.[56]

Ora, não obstante a importância da autonomia privada e da liberdade contratual no direito dos contratos, nos parece razoável a previsão de deveres no período das negociações, ainda que estejam amparados por princípios e não normas específicas, já que *"a falta de indenização é elemento de desequilíbrio social"*[57], o que também repercutiria de forma negativa na economia dos contratos.

Em verdade, embora a fase pré-negocial represente um estágio imaturo do contrato, no qual alguns doutrinadores costu-

---

In: ZANCHIM, Kleber Luiz, **Contratos empresariais, Interface com contratos de consumo e paritários – Revisão Judicial**, São Paulo: Quartier Latin, 2012, p.128.)

[56] VENOSA, Silvio de Salvo. **Direito civil: teoria geral das obrigações e teoria geral dos contratos**, 10ª ed., São Paulo: Atlas, 2010, p. 489.

[57] VENOSA, Silvio de Salvo. **Direito civil: teoria geral das obrigações e teoria geral dos contratos**, 10 ed., São Paulo: Atlas, 2010, p. 486.

ASPECTOS PRÁTICOS DA FASE PRÉ-CONTRATUAL

mam dizer que não há vontade de contratar, mas apenas de discutir, como sugere Francisco Messineo[58], não se pode negar que quando duas partes conscientemente entram em negociações o fazem com o objetivo final de concluir o negócio.

Exatamente por pressuporem as negociações o fim eventual da celebração do contrato é que se condena aquele que, desde o início, não considera esta possibilidade e, não obstante, envolve o parceiro em conversações inúteis, processo inevitavelmente dispendioso, havendo aqui manifesta violação do dever de lealdade.[59]

O tema, contudo, é controverso. Carlyle Popp[60], por exemplo, defende que, a depender do estágio das negociações (no caso de se ter provocado legítima expectativa de que o contrato será celebrado), poderá o contratante frustrado não apenas ser ressarcido dos custos eventualmente incorridos, mas poderá efetivamente exigir a celebração do contrato.

Por outro lado, Carvalho Santos, entende que é legítimo o rompimento das negociações *"ainda que a outra [parte] estivesse convencida de que o contrato se realizaria, mesmo porque as negociações prévias são revestidas de um caráter todo provisório"[61]*, razão pela qual a ruptura das negociações não poderia em nenhuma hipótese responsabilizar a parte desistente, sob pena de se estar opri-

---

[58] MESSINEO, Francesco. Il contrato in genere. Milano: Giufreé, 1973, p. 297. In: FRITZ, Karina Nunes, A responsabilidade pré-contratual por ruptura injustificada das negociações. **Doutrinas Essenciais Obrigações e Contratos,** v.4, jun. 2011, p. 149/198.

[59] FRITZ, Karina Nunes, A responsabilidade pré-contratual por ruptura injustificada das negociações. **Doutrinas Essenciais Obrigações e Contratos,** v.4, jun. 2011, p. 149/198.

[60] POPP, Carlyle. **Responsabilidade civil pré-negocial: o rompimento das tratativas.** 1 ed. Curitiba: Ed. Juruá, 2011. p. 232.

[61] CARVALHO SANTOS, João Manoel de. **Código Civil brasileiro interpretado.** V. 15, 3 ed. Rio de Janeiro: Freitas Bastos, 1945, p. 56.

mindo a liberdade de contratar. Esse último posicionamento, todavia, perdeu força após a promulgação do Código Civil de 2002 que positivou o princípio da boa-fé objetiva no artigo 422.

Ambos entendimentos possuem argumentos assertivos, no entanto, nos parece que nenhuma das duas correntes está totalmente correta.

Obrigar os negociantes a conclusão do negócio jurídico seria atribuir às negociações preliminares caráter definitivo e não de formação do convencimento, como de fato o é. Além disso, se estaria concedendo o mesmo tratamento àquele que não contratou daquele que contratou, de forma que não mais haveria distinção entre as negociações preliminares e o contrato preliminar, por exemplo.

Entretanto, existem situações de inegável abuso do direito à liberdade de contratar em que, uma das partes, sabendo da inviabilidade do negócio, mantém tratativas inúteis por qualquer motivo que lhe interesse (como por exemplo, obter estudos prévios para celebração do negócio, porém com outra parte que não a que está em tratativas) de forma que o "programado" abandono das negociações não apenas configurará abuso de direito, mas também enriquecimento ilícito, prática vedada pelo artigo 884[62] do Código Civil de 2002. Fato é que, a inexistência do dever de indenizar na fase pré-contratual provocaria grande insegurança às negociações preliminares, o que possivelmente engessaria esse período importantíssimo para boa formação dos contratos.

Por esta razão, apesar de ainda não ser um tema pacífico, o direito brasileiro tem, através da observação de alguns requisitos específicos, reconhecido a responsabilidade pré-contratual pelo abandono ilegítimo das negociações, inadmitindo,

---

[62] Art. 884. Aquele que, sem justa causa, se enriquecer à custa de outrem, será obrigado a restituir o indevidamente auferido, feita a atualização dos valores monetários.

no entanto, a sua obrigatoriedade no que se refere à celebração do contrato.

4.4. Análise Doutrinária e Jurisprudencial dos Requisitos para Configuração da Responsabilidade Pré-Contratual

Antonio Chaves[63], um dos primeiros juristas a se aprofundar na responsabilidade pré-contratual no direito brasileiro, elenca como elementos constitutivos para a sua configuração: *"a) negociações realmente entabuladas; b) retirada de uma das partes inopinada, isto é, sem motivo justificável; c) dano patrimonial efetivo, d) relação de causalidade entre a retirada e o prejuízo injustamente sofrido pela vítima."* Por sua vez, Antonio Junqueira de Azevedo[64] classifica quatro pressupostos para sua existência, sendo eles: (i) confiança na celebração do negócio futuro, (ii) o investimento na confiança pela parte prejudicada, (iii) a confiança objetivamente considerada e (iv) a confiança causada pela outra parte.

De forma geral, utilizando como base a doutrina e jurisprudência nacionais, pode-se afirmar que o direito brasileiro tem consolidado como requisitos indispensáveis à configuração da responsabilidade pré-contratual por ruptura das negociações (i) a existência de negociações, (ii) a certeza na celebração do negócio, e (iii) o rompimento ilegítimo das negociações, além da culpa e dano que são elementos inerentes a qualquer modalidade de responsabilidade civil.

Como abordado no início do artigo, as negociações fazem parte do processo de formação dos contratos, integrando o período em que as partes discutem o negócio jurídico que pretendem celebrar. Tecnicamente, as negociações compreendem a

---

[63] CHAVES, Antonio, Responsabilidade pré-contratual, **Revista de Direito Civil,** RDCiv. 23/1983, jan.-mar./1983, p. 253.

[64] AZEVEDO, Antonio Junqueira de, Insuficiências, deficiências e desatualização do projeto de Código Civil na questão da boa-fé objetiva nos contratos, **Estudos e pareceres de direito privado** São Paulo: Saraiva, 2004, p. 151.

ESTUDOS APLICADOS DE DIREITO EMPRESARIAL

fase em que as tratativas já estão minimamente avançadas, ou seja, onde o tom das conversas é revestido de seriedade negocial, sendo este, portanto, o primeiro pressuposto para configuração da responsabilidade pré-contratual.

A mera existência de negociações, por si só, não dá margem à responsabilidade pré-contratual, sendo necessário que a parte que abandonou as negociações tenha despertado na outra parte, a confiança legítima, ou melhor, a certeza de que o contrato seria celebrado. Neste ponto, importante ressaltar que esta confiança deve ser apurada de forma objetiva e não subjetiva, devendo, portanto, estar amparada por elementos concretos que formaram a convicção da parte inocente.[65]

Em acórdão do Tribunal de Justiça de Alagoas negou-se a existência de responsabilidade pré-contratual, justamente por reconhecer que embora as partes estivessem em conversações, não haveria, naquele momento (da ruptura das negociações), a expectativa concreta de que o contrato seria celebrado:

> Adotou-se, *in casu*, o entendimento de que vigora o princípio da liberdade contratual, bem como que o Apelado não praticou nenhum comportamento ativo, apto a ensejar uma expectativa legítima aos Apelantes. Assim, não há dever de indenizar. (Tribunal de Justiça de Alagoas, Apelação nº 2008.003675-5, 2ª Câmara Cível, Desembargador Relator: Estácio Luiz Gama de Lima, J. 04.02.2010).

A ilegitimidade do rompimento das negociações, por sua vez, é provavelmente o ponto mais sensível para caracterização da responsabilidade civil na fase pré-contratual, pois é na sua apu-

---

[65] Sobre a questão afirma Regis Fichtner Pereira que não caberia a análise íntima se o contratante acreditou na conclusão do negócio: "(...) mas sim de verificar se ele tinha fortes razões objetivas para confiar que o negócio jurídico que vinha sendo projetado iria se estabelecer." (FICHTNER, Regis Pereira. **A responsabilidade civil pré-contratual**. Rio de Janeiro: Renovar, 2001, p. 331)

ração que deverão ser ponderados os princípios da liberdade de contratar e da boa-fé objetiva, para que, então, se possa declarar como legítima ou ilegítima a decisão da parte que, após ter dado como certa a celebração do contrato, retira-se das negociações e desiste do negócio.

Sobre os critérios que devem ser observados nessa análise, valorosos são os ensinamentos de Karina Nunes Fritz, que propõe uma apuração conjunta, abrangendo tanto os motivos para o rompimento, quanto a adequação do comportamento da parte (desistente) em relação a esse motivo:

> Em sede de responsabilidade pré-contratual, entende-se como motivo justo aquele em harmonia com a boa-fé objetiva e, em tese, apto a justificar o abandono das negociações, ainda quando a certeza de que o contrato seria concluído surgiu para uma das partes que, em função disso, realizou despesas buscando a concretização do negócio.
>
> A legitimidade do motivo alegado não deve ser buscada em uma valoração subjetiva e particular que o próprio agente faz da razão para encerrar as negociações, vale dizer, não se deve examinar se para o agente os motivos para o rompimento se apresentavam como legítimos e justos, em uma interpretação subjetiva de sua ação. Na valoração da legitimidade dos motivos apresentados para o abandono das negociações não há espaço para investigações subjetivas, impondo-se, ao contrário, uma apreciação objetiva das razões alegadas.
>
> (...) Isso será apurado caso a caso observando conjuntamente dois critérios básicos: primeiro, o 'motivo em si' alegado e, segundo, a adequação do comportamento do autor da ruptura aos padrões de lealdade e honestidade exigidos pela boa-fé objetiva.[66]

---

[66] Fritz, Karina Nunes, A responsabilidade pré-contratual por ruptura injustificada das negociações. **Doutrinas Essenciais Obrigações e Contratos,** v.4, jun. 2011, p. 149/198.

ESTUDOS APLICADOS DE DIREITO EMPRESARIAL

Também é brilhante a conclusão de Judith Martins Costa no sentido de que a problemática "não está na decisão de não contratar, mas na deslealdade que eventualmente reveste essa decisão, então incidido ou o art. 186 ou art. 187, de modo que, dai decorrendo, por nexo causal 'direto e imediato' um dano, há o dever de indenizar (art. 927)".[67]

Este entendimento encontra respaldo na jurisprudência, conforme se observa de acórdão proferido pelo Ministro Ricardo Villas Boas, integrante do Superior Tribunal de Justiça, quando ressalva que o ilícito não advém do rompimento em si, mas da expectativa gerada seguida do rompimento injustificado:

> Nesse contexto, o dever de reparação não decorre do simples fato de as tratativas terem sido rompidas e o contrato não ter sido concluído, mas da situação de uma das partes ter gerado à outra, além da expectativa legítima de que o contrato seria concluído, efetivo prejuízo material. (Superior Tribunal de Justiça. Recurso Especial. nº 1.051.065 – AM, Ministro Relator Ricardo Villas Bôas Cueva, J. 21.02.2103)

A culpa como elemento constitutivo da responsabilidade pré-contratual, já foi objeto de discussão pela doutrina europeia[68], atualmente, no entanto, pacificou-se entre os doutrinadores o entendimento de que ela compõe a responsabilidade pré-contratual, como ensina Antonio Chaves ao versar sobre a confiança provocada na parte inocente:

---

[67] COSTA, Judith H. Martins. Um Aspecto da Obrigação de Indenizar: Notas para uma sistematização dos deveres pré-negociais de proteção no direito civil brasileiro. **Doutrinas Essenciais de Direito Civil**, v.4, out. 2010, p 693/746.

[68] Raymond Saleilles na França e Gabriele Faggella na Itália não admitiam a culpa como requisito para configuração da responsabilidade pré-contratual.

ASPECTOS PRÁTICOS DA FASE PRÉ-CONTRATUAL

"(...) se ela foi criada voluntariamente é um embuste, e a idéia de culpa parece indiscutível. Se foi formada involuntariamente, constitui resultado de uma negligência ou de uma imprudência mais ou menos repreensível por parte do autor, mas, em todos os caos, a culpa parece nitidamente caracterizada."[69]

Por fim, no que tange ao dano, muito embora sua presença como um dos elementos formadores da responsabilidade pré-contratual não seja alvo de discussões, outra problemática de grande repercussão prática o circunda. A extensão da indenização na responsabilidade pré-contratual é tema bastante controverso, tanto na doutrina como na jurisprudência e um dos pontos que mais causa insegurança às relações negociais. A questão principal é definir quais são os danos passíveis de ressarcimento (se restritos às despesas incorridas no curso da negociação ou também aquilo que a parte inocente deixou de ganhar ao não concluir o contrato dado como certo pela outra parte), bem como se existem limites para esses danos.

A posição tradicional e majoritária é a de que a indenização pelo abandono ilegítimo das tratativas alcança apenas o ressarcimento do interesse negativo, ou seja, devem ser indenizados os prejuízos que a parte inocente não teria sofrido caso não tivesse confiado na conclusão do contrato[70], é o que a doutrina alemã denominou de "dano de confiança". Argumentam os que defendem este entendimento que, a indenização do interesse positivo desvirtuaria a finalidade da responsabilidade pré-con-

---

[69] CHAVES, Antonio, Responsabilidade pré-contratual, **Revista de Direito Civil,** RDCiv 23/1983, jan.-mar./1983, p. 252.

[70] Ensina o jurista Ruy Rosado de Aguiar Junior que o interesse negativo objetiva recolocar a parte inocente na posição que esse encontrava antes do ato ilícito, enquanto que o interesse positivo busca ressarcir o lesado do ganho que teria percebido caso o contrato tivesse sido cumprido (AGUIAR JUNIOR, Ruy Rosado de. **Extinção dos contratos por incumprimento do devedor**, São Paulo: Aide, 2003, p. 267)

ESTUDOS APLICADOS DE DIREITO EMPRESARIAL

tratual, já que a sua compensação não está relacionada ao cumprimento do contrato (interesse positivo) [71].

Importante esclarecer, contudo, que o interesse negativo admitido na responsabilidade pré-contratual engloba tanto danos emergentes como lucros cessantes[72], ou seja, não estão excluídos da indenização os ganhos decorrentes dos negócios que a parte frustrada deixou de realizar (obviamente desde que demonstrada a certeza concreta dessa vantagem), apenas os lucros advindos do próprio contrato que estava sendo negociado, pois esse decorre da responsabilidade contratual, fundada no interesse positivo (cumprimento do contrato).

Este é o posicionamento que tem prevalecido na jurisprudência pátria atualmente, embora não de forma pacífica, como tudo que envolve a responsabilidade pré-contratual no direito brasileiro. Confira-se neste sentido, acórdão esclarecedor de lavra do Desembargador Hamid Bdine, integrante do Tribunal de Justiça de São Paulo, que, citando vasta doutrina, passa pela controvérsia do alcance da indenização pré-contratual, concluindo pela impossibilidade do ressarcimento de interesses positivos, *in verbis*:

> (...) Mas se se admitir que o valor do prejuízo é o do resultado que o contrato proporcionaria, estar-se-ia, de modo indireto, conferindo à apelante o resultado do mesmo contrato. Ou seja, a apelada estaria sujeita ao próprio resultado do contrato equivale a dizer, ao interesse positivo do contrato, que não é indenizável.

[71] Compartilha desse entendimento o jurista brasileiro Regis Fichtner Pereira (FICHTNER PEREIRA, Regis. **A responsabilidade civil pré-contratual**. Rio de Janeiro: Renovar, 2001, p. 385)

[72] Além dos danos patrimoniais (danos emergentes e lucros cessantes) compõe a indenização da responsabilidade pré-contratual o dano moral, quando da violação da boa-fé objetiva também é lesada a honra da parte frustrada nas negociações, todavia essa modalidade de dano não provoca grandes divergências no direito brasileiro, razão pela qual não será tratada neste artigo.

ASPECTOS PRÁTICOS DA FASE PRÉ-CONTRATUAL

Não se ignora que há posições diversas a respeito da extensão dos danos a indenizar pela ruptura das tratativas.

É possível, adverte o autor, que a indenização compreenda a vantagem que a parte obteria celebrando o contrato com outra pessoa (p. 385), mas a apelante não afirmou que podia ter comprado a energia pelo mesmo preço com outro fornecedor, o que, em consequência, não lhe pode ser concedido.

Em síntese, o pedido é o de interesses positivos, que, portanto, não são indenizáveis. (Tribunal de Justiça de São Paulo. Apelação n.º 0200890-97.2010.8.26.0100, 33ª Câmara de Direito Privado, Desembargador Relator: Hamid Bdine, J. 21/10/2013).

No mesmo sentido, o Tribunal de Justiça do Rio Grande do Sul se manifestou rejeitando a possibilidade de indenização dos interesses positivos:

(...) Os tratos preliminares, as 'relações jurídicas de confiança', podem autorizar, tão somente, a indenização pelo chamado 'interesse negativo', decorrente de eventual *culpa in contrahendo* do município. (Tribunal de Justiça do Rio Grande do Sul. Apelação nº 584033179, 1ª Câmara Cível, Desembargador Relator: Athos Gusmão Carneiro, J. 04/12/1984)

Superadas as divergências quanto à abrangência da responsabilidade pré-contratual no que se refere aos interesses negativos e positivos do lesado, o dano na fase das tratativas é ainda motivo de outra discussão, consubstanciada na teoria de que o interesse positivo deveria servir como limite à indenização pré--contratual pelos danos negativos.

Trata-se aqui de saber se o quantum indenizatório, referente ao interesse negativo, ao interesse em não ser envolvido em negociações inúteis, pode superar o valor que a parte obteria com a execução do contrato planejado, o que, em caso afirmativo, colocaria a vítima do abandono injustificado das conversações em uma situação melhor do que a que se encontraria caso o negócio tivesse sido celebrado.[73]

Todavia, não obstante a coerência dessa discussão, uma vez que soa provocante o fato da parte frustrada poder auferir maior vantagem com o abando ilegítimo das negociações do que com a própria celebração do contrato, nos parece que a limitação do dano, em qualquer hipótese, não seria compatível com o ordenamento jurídico brasileiro que adotou a teoria do ressarcimento integral, positivada, sobretudo no artigo 944 do Código Civil de 2002.

Do exposto, verifica-se que apesar de estar inegavelmente amparada pelo Código Civil de 2002 com a normatização da boa-fé objetiva pelo artigo 422, a responsabilidade pré-contratual continua sendo matéria extremamente controversa e instável nos tribunais brasileiros, já que implica a análise de comportamentos humanos que possuem alto grau de relatividade, o que provoca insegurança jurídica ao período das negociações.

5. A Autonomia Privada como Mitigadora dos Riscos da Fase Pré-Contratual

O que pode parecer motivo legítimo e justo para uma das partes pode ser recebido como ilegítimo e abusivo pela outra, e ainda ser entendido pelo Poder Judiciário como abusivo, contudo, não indenizável. Como analisado, diversos são os pontos de divergência quando o assunto é a responsabilidade pré-contratual e, não obstante a evolução doutrinária e jurisprudencial,

---

[73] FRITZ, Karina Nunes, A responsabilidade pré-contratual por ruptura injustificada das negociações. **Doutrinas Essenciais Obrigações e Contratos,** v.4, jun. 2011, p. 149/198.

os deveres e principalmente os limites da responsabilidade das partes nesse período de formação dos contratos permanecem oscilantes nos tribunais.

Essa instabilidade decorre do fato da responsabilidade pré-contratual ser um tema essencialmente sensível. Por um lado, envolve a vontade das partes, no sentido da liberdade de contratar, e, de outro lado, a necessidade do estado tutelar a confiança, a fim de garantir que as negociações sejam conduzidas com o mínimo de lealdade e probidade, evitando comportamentos contrários ao direito. Soma-se a isso, o fato de que sua configuração está exclusivamente atrelada à análise do caso concreto que, ao passar pelo juízo de valor de cada magistrado, originam decisões desuniformes, o que desestimula as partes a negociarem com intensidade.

Contudo, o período das negociações é de fundamental importância para que as partes atinjam o máximo de eficiência na contratação. Sem ela viu-se que a assimetria de informações impera, os investimentos pré-contratuais se suprimem e o preço dos contratos sobem não pelo valor agregado do negócio entabulado, mas pelas incertezas que o circundam, fazendo com que em alguns casos a operação seja inviabilizada.

Pois bem, é neste ponto que os acordos pré-contratuais desempenham fundamental importância no direito, pois estando as partes em uma "zona" de proteção legislativa vaga (a responsabilidade pré-contratual está amparada pelo dever geral de boa-fé), cabe a elas se utilizarem da própria autonomia privada para através de figuras jurídicas atípicas complementarem, reforçarem ou até mesmo regularem os deveres de conduta e consequências legais da fase pré-contratual.

5.1. Os Acordos Pré-Contratuais

Os acordos pré-contratuais são instrumentos preparatórios ao contrato definitivo pelos quais as partes documentam atos, estabelecem padrões de conduta a serem observados e disciplinam consequências para a fase das negociações, podem ser cartas, protocolos e memorandos que *são apenas formas cuja relevância somente pode ser determinada mediante seu exame em concreto.*[74]

São instrumentos que atuam de forma simultânea aos ditames da boa-fé objetiva, tal qual prevista no ordenamento jurídico, de maneira que as partes direcionam expressamente os deveres de conduta impostos pela lei àquele caso concreto, bem como instituem deveres objetivos adicionais. Neste sentido, leciona Menezes de Cordeiro que a responsabilidade pré-contratual *"pode ser invocada em concorrência com outros institutos, como sejam a invalidade ou a resolução de um contrato, o regime de bens defeituosos ou a existência de acordos preparatórios explícitos."*[75]

No que tange à classificação, a doutrina propõe a sua divisão em (i) preparatórios, (ii) temporários e (iii) parciais[76]. Todavia, para os fins do presente artigo importa apenas separamos as suas funções, que basicamente se distinguem em (i) criar regras procedimentais a serem seguidas pelas partes durante a negociação ou (ii) documentar pontos do contrato definitivo[77],

---

[74] ZANETTI, Cristiano de Sousa. **Responsabilidade pela Ruptura das Negociações**, São Paulo: Editora Juarez de Oliveira, 2005, p. 34.

[75] CORDEIRO, Antonio Menezes. **Tratado de direito civil**. v. 2. parte geral. 4 ed. Coimbra: Almeidina. 2014. p. 277.

[76] PIGNATTARO, Gisella. **Buona fede oggettiva e rapporto giuridico precontratuale: gli ordenamenti italiano e francese**. Napoli: Edizioni Scientifche Italiane, 1999, p. 97. In: ZANETTI, Cristiano de Sousa. **Responsabilidade pela Ruptura das Negociações**, São Paulo: Editora Juarez de Oliveira, 2005, p. 18.

[77] Sobre essa funcionalidade dos acordos pré-contratuais assevera Wanderley Fernandes que: "Para evitar discussões inúteis de itens sobre os quais as partes já chegaram a um acordo, são elaborados documentos como cartas, atas de reunião ou qualquer outra forma, pelos quais focam registrados os itens (pontos) sobre os quais as partes já chegaram a um acordo e que, concluído o contrato- ou melhor, concluído acordo quanto aos elementos essenciais do contrato –, já não seriam mais objeto de discussão entre as partes. É evidente que tais documentos ainda não tem caráter contratual, pois salvo se definidos

aos quais as partes forem ao longo da negociação estabelecendo consenso, sem que isso vincule às partes a celebração do contrato definitivo.

Assim, para a primeira funcionalidade, pode-se citar o acordo de exclusividade, por meio do qual as partes voluntariamente se comprometem a negociar o objeto daquele contrato unicamente entre elas. No que se refere à segunda hipótese, tem-se, por exemplo, o memorando de entendimentos, pelo qual as partes estabelecem que, não obstante o consenso em relação a pontos contratuais específicos, deverá ser apurada determinada condição suspensiva, sem a qual não se concluirá o negócio.

Note-se que, para o primeiro caso, se uma das partes abandonar as negociações por ter recebido uma proposta mais vantajosa, não precisará o Poder Judiciário interpretar se aquela ruptura foi abusiva ou decorreu de exercício do direito, visto que objetivamente terá a parte infratora violado acordo expresso que vedava aquela prática. De igual forma, no segundo exemplo, caso uma das partes deixe as negociações porque aquela condição suspensiva não se implementou, não precisará o magistrado analisar se o motivo de fato era justo ou se tratou de mero oportunismo da parte que rompeu as tratativas, bastará verificar se aquilo efetivamente foi estipulado no instrumento pré-contratual, caso positivo não há que se falar em violação à boa-fé objetiva e, portanto, em responsabilidade pré-contratual.[78]

---

os elementos essenciais do futuro contrato -, seu caráter obrigatório somente esxurgirá depois de estabelecido o consenso quanto aos elementos essenciais naquelas operação econômica."(FERNANDES, Wanderley (Coord.). **Contratos empresariais: fundamentos e princípios dos contratos empresariais**, São Paulo: Saraiva, 2007. Serie GVlaw, p. 223)

[78] Sobre a violação dos acordos pré-contratuais afirma Almeida Costa que: "Não é a respeito desses negócios preliminares que o caracterizado problema da responsabilidade na formação dos contratos se põe: a sua violação gera

ESTUDOS APLICADOS DE DIREITO EMPRESARIAL

Com efeito, além de colaborar com a formação progressiva do consenso contratual, a instrumentalização das tratativas também confere às partes a segurança jurídica no sentido de que o comportamento a ser seguido nas negociações será aquele que elas mesmas estabeleceram como o adequado.

Neste sentido, bem se encaixa a lição de Wanderley Fernandes:

> (...) o registro do comportamento das partes permitirá uma melhor avaliação da sua responsabilidade no processo de formação do contrato. Documentados os eventos e atos praticados nesse procedimento, a regra de não-contradição, por exemplo, decorrente do princípio da boa-fé, poderá ser melhor apreciada diante de elementos objetivos constantes dos documentos que integram a fase do processo de formação dos contratos.[79]

Também é brilhante o ensinamento de Karina Nunes Fritz ao enfatizar a importância dos acordos pré-contratuais como elementos objetivos a demonstrar a eventual confiança gerada por uma das partes na outra quanto à certeza na celebração do contrato:

> Os instrumentos utilizados pelas partes para documentar as negociações e fixar os pontos já acordados ganham relevância na medida em que contribuem para a formação da confiança legí-

responsabilidade própria do incumprimento de um contrato. A questão apenas se levanta quanto aos actos pré-negociais destituídos de qualquer garantia contratual específica como em regra sucede." (ALMEIDA COSTA, Mário Julio de. **Responsabilidade civil pela ruptura das negociações preparatórias de um contrato.** Coimbra: Coimbra, 1984. p. 47)

[79] FERNANDES, Wanderley (Coord.). **Contratos empresariais: fundamentos e princípios dos contratos empresariais,** São Paulo: Saraiva, 2007. Serie GVlaw. p. 223/224.

ASPECTOS PRÁTICOS DA FASE PRÉ-CONTRATUAL

tima na celebração. Estes acordos produzem como consequência primeira a prova da existência das negociações e, além disso, são aptos a comprovar que a confiança surgida na contraparte acerca da celebração do contrato foi legítima, justificada, pois amparada em dados objetivos, de forma que qualquer pessoa naquela situação também confiaria que o negócio seria celebrado.[80]

A presença de figuras com eficácia jurídica própria auxilia na resolução dos conflitos de interesses verificados no período das negociações, tutelando os interesses do prejudicado, sem que seja necessário recorrer a qualquer outro vetor decisório.[81]

5.2. Estudo de Caso

Com o intuito de comprovar a efetividade prática das lições acima transcritas, traz-se ao presente artigo julgado do Tribunal de Justiça de São Paulo que tratou de ação indenizatória promovida pela Apelante Incobrasa Industries Ltda. em face das Apeladas Archer Daniels Midland Company e ADM do Brasil Ltda.

A pretensão indenizatória da Incobrasa fundava-se na suposta ruptura ilegítima das negociações, em razão da desistência da ADM do Brasil (controlada e subsidiária da norte americana Midland Company) em adquirir a sua planta industrial de moagem de soja, localizada em Gilman, Illinois, EUA, provocando na vendedora Incobrasa perda do valor de mercado, dentre outros prejuízos decorrentes da confiança de que a ADM do Brasil iria concluir o negócio.

As tratativas foram conduzidas pelo Presidente da Incobrasa, Sr. Renato Bastos Ribeiro, e pelo Vice Presidente da ADM Brasil e da Midland Company, Sr. Matthew James Jansen, sendo

---

[80] FRITZ, Karina Nunes, A responsabilidade pré-contratual por ruptura injustificada das negociações. **Doutrinas Essenciais Obrigações e Contratos**, v.4, jun. 2011, p. 149/198.

[81] ZANETTI, Cristiano de Sousa. **Responsabilidade pela Ruptura das Negociações**, São Paulo: Editora Juarez de Oliveira, 2005, p. 34.

ESTUDOS APLICADOS DE DIREITO EMPRESARIAL

precedidas de telefonemas, e-mails, e vistas pessoais, o que demonstra a seriedade e maturidade das negociações. Após, oferta inicial de US$ 80.000.000,00 pela Incobrasa, as negociações avançaram até a formalização de uma *Letter of Inttent* (Carta de Intenções), na qual estabeleceu-se o preço da planta em US$ 52.800.000,00, bem como, condicionou-se a aquisição à *"conclusão favorável da due dilligence"* e a *"obtenção das aprovações regulamentares"*, o que seria formalizado através de contrato definitivo de venda e compra.

No entanto, como relata o acórdão de lavra do Desembargador Pedro de Alcântara da Silva Leme Filho, para decepção da vendedora *"ao fim do 'due dilligence', em 03 de março de 2005, nova Carta de Intenções foi redigida pela ADM com a contraproposta de compra da planta por US$ 36 milhões, o que não foi aceito pela Incobrasa, encerrando-se as negociações em 08 de março de 2005, quatro meses após o início das tratativas."*

A Incobrasa então, alegando que as partes já teriam chegado a um acordo quanto aos elementos essenciais do negócio e por já ter sido paralisada as atividades da fábrica *"com os armazéns de soja vazios e limpos e a planta (...) pronta para ser entregue à ADM"*, bem como terem os seus funcionários recebido o *"aviso de dispensa"*, entendeu que a ADM e a Midland estariam violando o princípio da boa-fé objetiva ao apresentar novo preço, que para Incobrasa inviabilizou a venda, razão pela qual deveria lhes serem imputada a responsabilidade pré-contratual pelos prejuízos sofridos no período das negociações.

O Tribunal, se apoiando nos documentos negociais registrados pelas partes ao longo das negociações, julgou improcedente o recurso de apelação interposto pela Incobrasa, negando o pleito indenizatório, por considerar que a ADM e a Midland Company agiram nos termos da Carta de Intenções firmada pelas partes, a qual, apesar de estabelecer o preço da planta industrial, condicionou a aquisição a outras condições que não foram superadas, sendo que a contraproposta em preço inferior se deu justamente em razão de que as condições previstas não alcançadas (*due dilligence* favorável).

Confira neste sentido, a ementa que muito bem reúne os principais fundamentos do acórdão, assim como o trecho pelo qual esclarece o Tribunal não ter vislumbrado ofensa à boa-fé objetiva, justamente por ter a decisão da compradora em não adquirir o ativo, respaldo no instrumento firmado pelas próprias partes para regular as negociações que promoviam, *in verbis*:

> Pedido indenizatório decorrente de ruptura da negociação após assinatura da "Carta de Intenções". Documento que não vincula as partes ao contrato definitivo. Efeitos dependentes de condição suspensiva (conclusão positiva do *"due dilligence"*). Responsabilidade pré-contratual decorrente tão-somente da quebra da boa-fé objetiva, não verificada no caso. Corrés que agiram com transparência durante toda a negociação, conduzindo-se nos termos acordados. Desativação da planta industrial e demissão dos funcionários por mera precipitação da autora. Perda de mercado. Responsabilidade por eventuais prejuízos daí decorrentes que não pode ser imputada às corrés.
>
> (...) Sem dúvida que a fase de debates ou negociações preliminares não vincula os participantes quanto à celebração do contrato definitivo; todavia, é necessário verificar, caso a caso, se as partes agiram nessa fase em consonância com o princípio da boa-fé objetiva, relacionada com os deveres anexos de cuidado, colaboração, informação, confiança, lealdade, razoabilidade e equidade, consoante dispõem os Enunciados nº 25 e nº 170 do CJF/STJ.
>
> Da longa narrativa dos fatos não se verifica, em hipótese alguma, que a interessada ADM agiu com dolo ou reserva mental, esclarecendo a vendedora acerca de todos os procedimentos e agindo conforme previamente ajustado da Carta de Intenções. O resultado das diligências foi insatisfatório, conforme alegam,

ESTUDOS APLICADOS DE DIREITO EMPRESARIAL

autorizando a ADM a usar da faculdade de rever o preço inicialmente estimado ou não concretizar o contrato definitivo (até porque proibição alguma nesse sentido havia na "Carta de Intenções"); ao final, quem preferiu interromper as negociações foi a própria vendedora não havendo na "Carta de Intenções" assinada por ambas as partes qualquer menção ao caráter vinculante ou não da proposta; na verdade a autora, no afã de ver concretizado o negócio, acabou por precipitar seus atos, provocando, para si mesma, os prejuízos que alega ter suportado com o fim das negociações. (Tribunal de Justiça de São Paulo, Apelação n. 9191408-83.2007.8.26.0000, 8ª Câmara de Direito Privado, Desembargador Relator Pedro Alcântara da Silva Leme Filho, J. 02.10.2013)

Assim, independentemente da inegável instabilidade dos tribunais pátrios no que tange à responsabilidade pré-contratual, tratando-se de operações complexas em que são naturalmente aceitos elevados custos de transação justamente para trazer maior segurança jurídica às partes, é fundamental que estas estejam assessoradas na documentação e registro dos atos negociais, por meio dos acordos pré-contratuais, evitando surpresas para qualquer um dos negociantes no caso das tratativas se desviarem do caminho desejado.

6. Considerações Finais

O estudo aprofundado do período de formação do contrato revelou a importância da fase pré-negocial ao direito contratual, sobretudo quando se trata de transações empresariais complexas e de elevado interesse econômico, em que as negociações demandam muito mais esforços das partes do que o momento da conclusão do negócio, já que o mútuo consenso em relação ao contrato é constituído de forma progressiva.

É, por isso, através de um intricado processo de negociação que as partes absorvem todas as informações técnicas que necessitam, avaliam e alocam riscos, bem como discutem responsabilidades. Quanto melhor conhecerem a operação a ser contratada e menos incertezas tiverem sobre ela, maior será eficiência na conclusão do contrato, tanto no que diz respeito ao preço pela parte contratante como no que tange à margem de lucro pela parte contratada, fazendo com que o negócio seja "ótimo" do ponto de vista econômico.

Por outro lado, justamente por demandar consideráveis custos de transação que a fase pré-contratual dos contratos empresariais passou a ser alvo de grande preocupação do direito, uma vez que no caso de insucesso das tratativas, terá sido investido considerável volume de tempo e dinheiro, sem a expectativa de retorno. Se o insucesso decorreu de um comportamento contrário aos deveres da boa-fé objetiva, deve ser apurada a responsabilidade da parte infratora por eventual dano causado à parte inocente, que confiou no curso de uma negociação leal.

A preocupação é confirmada após a análise do instituto da responsabilidade pré-contratual no ordenamento jurídico brasileiro, visto que por se tratar de tema essencialmente sensível, que tangencia princípios essenciais do direito contratual como a liberdade de contratar e a boa-fé objetiva, diversos são os pontos de divergência que surgem na doutrina e refletidos nos tribunais.

Diante deste cenário de insegurança jurídica, destacou-se e comprovou-se o fundamental papel desempenhado pelos acordos pré-contratuais no período das negociações, tanto no que tange ao estabelecimento de regras a serem observadas pelas partes durante as tratativas, quanto no que se refere à documentação de termos e condições do próprio contrato, que já foram objeto de consenso pelas partes.

Tudo isso colabora para a criação de elementos concretos durante as tratativas um período no qual a subjetividade e a informalidade dos atos imperam. A documentação das negociações empresariais é, portanto, essencial para a segurança jurídica do período pré-contratual, pois acima de tudo, permite ao Poder Judiciário (caso acionado) analisar objetivamente se a conduta posta *sub judice* se encontra em harmonia com a boa-fé objetiva "estabelecida" pelas partes para aquela relação negocial ou não, imputando, se o caso, a responsabilidade por eventuais danos.

A despeito das conclusões trazidas pelo artigo, cumpre, por fim, esclarecer que, não obstante os apontamentos quanto à instabilidade dos tribunais acerca da configuração e alcance da responsabilidade civil nas negociações, não se quer aqui promover a normatização do período pré-contratual como recentemente tem sido defendido por alguns juristas[82]. Pelo contrário, entende-se que o período das negociações deve gozar da mais ampla autonomia da vontade, tendo como regra a liberdade de contratar, sendo que a regulação das negociações configuraria um retrocesso ao direito contratual. A crítica realizada cingiu-se a melhor utilização das figuras jurídicas pré-contratuais para regular o período das negociações, tendo sido demonstrado que é ferramenta suficiente para, em complementariedade com a lei (art. 422, CC), prover aos negociantes a segurança jurídica necessária para formalização de tratativas eficientes.

Referências

AGUIAR JUNIOR, Ruy Rosado de. *Extinção dos contratos por incumprimento do devedor*, São Paulo: Aide, 2003.

ALMEIDA COSTA, Mário Julio de. *Responsabilidade civil pela ruptura das negociações preparatórias de um contrato*. Coimbra: Coimbra, 1984.

---

[82] Dos que defendem a positivação da responsabilidade pré-contratual, mais razoável é a proposta de Christian Lopes na sua obra "Responsabilidade pré-contratual: subsídios para o direito brasileiro das negociações" que sugere a criação de uma norma supletiva, derrogável pela vontade das partes. (LOPES, Christian Sahb Batista. **Responsabilidade pré-contratual: subsídios para o direito brasileiro das negociações**, Belo Horizonte: Del Rey, 2011.)

AMARAL, Francisco. *Direito civil: introdução*, 8 ed. rev., atual. e aum., Rio de Janeiro: Renovar, 2014.

AMORIM, Diego Felipe Borges. *Os conceitos de risco e incerteza*. publicado em 05.06.2016 e disponível em: <http://www.administradores.com.br/artigos/academico/os-conceitos-de-riscos-e-de-incertezas/96423/> Acesso em: 08.06.2017

ARAUJO, Paulo Dóron Rehder, Tratamento contemporâneo do princípio da boa-fé objetiva nos contratos, In: PEREIRA Antonio Jorge; JABUR Gilberdo Haddad. *Direito dos Contratos*. v. 2. 1 ed., São Paulo: Quartier Latin, 2008.

AZEVEDO, Antonio Junqueira de, Insuficiências, deficiências e desatualização do projeto de Código Civil na questão da boa-fé objetiva nos contratos, *Estudos e pareceres de direito privado* São Paulo: Saraiva, 2004.

AZEVEDO, Antonio Junqueira de. Responsabilidade pré-contratual no Código De Defesa do Consumidor: *Estudo comparativo com a responsabilidade pré-contratual no direito comum*, São Paulo: Editora Revista dos Tribunais, Abr.-Jun. 1996.

AZEVEDO, Antonio Junqueira de. *Negócio jurídico: existência, validade e eficácia*. 4. ed. atual. São Paulo: Saraiva, 2002.

CALÇAS, Manoel de Queiroz Pereira. *Revisão judicial de contratos entre empresários*, Revista dos Instituto de pesquisas e estudos, Divisão jurídica. Bauru: Instituição Toledo de Ensino, 2000.

CARVALHO SANTOS, José Manoel de. *Código Civil brasileiro interpretado*. v. 15, 3 ed. Rio de Janeiro: Freitas Bastos, 1945.

CHAVES, Antonio, *Responsabilidade pré-contratual*, Revista de Direito Civil, RDCiv. 23/1983, jan.-mar., 1983.

COELHO, Fabio Ulhôa. *Curso de direito civil: contratos*, v. 3, 8. ed., ver., atual. e ampl., São Paulo: Editora Revistas dos Tribunais, 2016.

CORDEIRO, Antonio Menezes. *Tratado de direito civil*. v. 2. parte geral. 4 ed. Coimbra: Almedina. 2014.

COSTA, Judith H. Martins, *As cartas de intenção no processo formativo da contratação internacional: os graus de eficácia dos contratos e a responsabilidade pré-negocial*. Revista da Faculdade de Direito da Universidade Federal do Rio Grande do Sul. v. 10. Porto Alegre: 1994.

COSTA, Judith H. Martins. *Um Aspecto da Obrigação de Indenizar: Notas para uma sistematização dos deveres pré-negociais de proteção no direito civil brasileiro*. Doutrinas Essenciais de Direito Civil, v. 4, out. 2010. Disponível em <http://revistadostribunais.com.br/maf/app/widgetshomepage/doc ument?&src=rl&srguid=i0ad8181600000154d06a8d0a87d63d4c&doc guid=I6b90f8e0f2511dfab6f010000000000&hitguid=I6b90f8e0f2511

1dfab6f010000000000&spos=3&epos=3&td=39&context=67&startC hunk=1&endChunk=1.> Acesso em 05.06.2017.

COSTA, Mariana Fontes da. *Ruptura de negociações pré-contratuais e cartas de intenção*, 1 ed. Coimbra: Coimbra Editora, 2011.

COSTA, Francisco; BRAGA, Marcus. Corrupção e custos de transação. *Valor Econômico*. artigo publicado em 09.06.2017, disponível em <http://www.valor.com.br/opiniao/4998782/corrupcao-e-custos-de-transacao>. Acesso em: 10.06.2017> Acesso em 10.05.2017

DINIZ, Maria Helena. *Curso de direito civil brasileiro: teoria das obrigações contratuais e extracontratuais*, v. 3, 27. ed., São Paulo: Saraiva, 2011.

FERNANDES, Eduardo Miguel Sefarini, *A aplicação da teoria dos jogos na negociação de contratos com cláusula compromissória*. Ciências Sociais e Jurídicas. Universidade Federal do Rio Grande do Sul, Porto Alegre: 2010.

FERNANDES, Wanderley (Coord.). *Contratos empresariais: fundamentos e princípios dos contratos empresariais*, São Paulo: Saraiva, 2007.

FICHTNER, Regis Pereira. *A responsabilidade civil pré-contratual*. Rio de Janeiro: Renovar, 2001.

FRITZ, Karina Nunes, A responsabilidade pré-contratual por ruptura injustificada das negociações. *Doutrinas Essenciais Obrigações e Contratos*, v.4, jun. 2011. Disponível em < http://revistadostribunais.com.br/maf/app/widgetshomepage/document?&src=rl&srguid=i0ad8181600000154d0 6a8d0a87d63d4c&docguid=I6b90f8e0f25111dfab6f010000000000&h itguid=I6b90f8e0f25111dfab6f010000000000&spos=3&epos=3&td=3 9&context=67&startChunk=1&endChunk=1> Acesso em 05.04.2017.

GOETZ, Charles J. & Soctt, Robert E. Enforcing promises: an examanation of the basis of contract. *The Yale Law Journal*, New Haven, v. 89, n. 7, jun. 1980. Disponível em: <http://www.yalelawjournal.org/> Acesso em 22.05.2017.

HART, Oliver D. Incomplete contracts and the theory of the firm. In: Williamson, Oliver E. & Winter Sidney G. *The nature of the firma: origins, evolution and development*, Oxford: Oxford University Press, 1993.

KATZ, Avery. When should an offer stick? The economics of promissory estoppel in preliminary negotiations. *The Yale Law Journal*, New Haven, n. 105, Mar. 1996. Disponível em: < http://www.yalelawjournal.org/> Acesso em 22.05.2017.

LOPES, Christian Sahb Batista. *Responsabilidade pré-contratual: subsídios para o direito brasileiro das negociações*, Belo Horizonte: Del Rey, 2011.

MANKIW, N. Gregory. *Introdução à economia*. Tradução Allan Vidigal Hastings, Elisete Paes e Lima, Ez2 Translate; Revisão técnica Manuel José Nunes Pinto, São Paulo: Cengage Learning, 2015.

MESSINEO, Francesco. *Il contrato in genere*. Milano: Giufreé, 1973.

MOREIRA ALVES, José Carlos *A boa-fé objetiva no sistema contratual brasileiro*, Revista Roma e América, n. 7, 1999.

PELA, Juliana Krueger, *O contrato preliminar*, Revista de Direito Mercantil, Industrial, Econômico e Financeiro, n. 130, abr./jun., 2003.

PIGNATTARO, Gisella. *Buona fede oggettiva e rapporto giurdico precontratuale: gli ordenamenti italiano e francese*. Napoli: Edizioni Scientifche Italiane, 1999.

PONTES DE MIRANDA, Francisco Cavalcanti, *Tratado de Direito Privado*. v. 2., 4 ed. São Paulo: Revista dos Tribunais, 1984.

POPP, Carlyle. *Responsabilidade Civil Pré-Negocial: O Rompimento das Tratativas*. 1 ed. Curitiba: Juruá, 2011.

ROPPO, Vincenzo. *O contrato*. Tradução Ana Coimbra e M. Januário C. Gomes. Coimbra: Almedina, 1988.

RUSSO JÚNIOR, Rômulo. *Responsabilidade pré-contratual*. Salvador: JusPODIVM, 2006.

TEIXEIRA, Tarcisio, *O contrato preliminar empresarial*, Revista da Faculdade de Direito da Universidade de São Paulo, v. 101, jan./dez. 2006.

VARELA, João de Matos Antunes. *Das obrigações em geral*. 10 ed. rev. e atual. Coimbra: Almedina, 1919.

VENOSA, Sílvio de Salvo. *Direito civil: teoria geral das obrigações e teoria geral dos contratos*. 5. ed., São Paulo: Atlas, 2005.

ZANCHIM, Kleber Luiz, *Contratos empresariais, interface com contratos de consumo e paritários – Revisão Judicial*, São Paulo: Quartier Latin, 2012.

ZANETTI, Cristiano de Sousa. *Responsabilidade pela ruptura das negociações*, São Paulo: Editora Juarez de Oliveira, 2005.

SOBRE OS AUTORES

Eduardo Augusto Arenas da Silva
Advogado, Pós-Graduado em LLM – Master of Law – Direito dos Contratos pelo Insper, Bacharelado em Direito pela Faculdades Metropolitanas Unidas – FMU. Especialista em Direito Imobiliário, Contratos e Societário.

Lívia Souza Jorge
Advogada no Itaú Unibanco, formada pela Universidade Presbiteriana Mackenzie, Pós-graduada em direito dos Contratos pelo Insper, atuou nas áreas cível e direito digital. Foi membro AIJA - association of young lawyers com participação em alguns fórum internacionais e ainda participante do "The 4th International Conference on Cyberlaw" em Arlington, Virginia.

Marilia Santos Ventura de Souza
Formada em Direito pela Faculdade de Direito de São Bernardo do Campo. Pós graduada em Direto dos Contratos (LLM) pelo Insper – Instituto de Ensino e Pesquisa. Atua no Jurídico Corporativo da Companhia de Gás de São Paulo – Comgás desde 2014, data em que foi transferida da Raízen Energia S/A, empresa pertencente ao mesmo grupo econômico da Companhia de Gás de São Paulo – Comgás. Responsável por toda consultoria e análise de contratos relacionados às áreas de Contratações, Tesouraria e Relações com Investidores, além de ser responsável pela área Societária da Companhia.

Paula Arrivabene Maino

Formada em Direito pela Pontifícia Universidade Católica de São Paulo (PUC-SP) em 2013. Em 2017, concluiu o curso de Pós-Graduação – LLM. em Direito dos Contratos no Insper. Atua há mais de 7 (sete) anos na área empresarial imobiliária de Pinheiro Neto Advogados, em casos envolvendo diversos temas do Direito Imobiliário, Agrário e Registral. Atualmente, integra a Comissão de Locação e Compartilhamento de Espaço do IBRADIM – Instituto Brasileiro de Direito Imobiliário.

Ricardo Amadeu Sassi Filho

Advogado e sócio do escritório Falletti Advogados, formado pela Pontifícia Universidade Católica de São Paulo e pós-graduado em Direito dos Contratos pelo Insper.

ÍNDICE

APRESENTAÇÃO   5

PREFÁCIO   11

SUMÁRIO   13

O Contrato "Built to Suit" e a Responsabilidade do Cedente
de Posição Contratual
Eduardo Augusto Arenas da Silva   15

Principais Aspectos dos Contratos Eletrônicos no Âmbito
do Direito do Consumidor
Lívia Souza Jorge   67

Os Contratos Associativos e a Obrigatoriedade de Submissão
Prévia ao CADE – Conselho Administrativo de Defesa Econômica
Marilia Santos Ventura de Souza   123

Concentração dos Atos na Matrícula: Implicações na *Due Diligence*
Imobiliária e a Aparente Desarmonia com o Novo Código
de Processo Civil
Paula Arrivabene Maino   171

Aspectos Práticos da Fase Pré-Contratual
Ricardo Amadeu Sassi Filho   225

SOBRE OS AUTORES   287